AF393688

Roland Steinle

...

Barbarische Weisheiten

oder:

Wie man auf einem untergehenden Schiff Spaß hat

...

Inhalt

Anstatt eines Vorworts eine Warnung

Eine Warnung vorab: dieses Buch ist toxisch. Es vergiftet seinen Leser, führt ihn an Abgründe und flüstert dann: Spring, vielleicht werden Dir Flügel wachsen, vielleicht nicht.

Es wurde von einer Person geschrieben, die mehrfach von sich behauptet „ein Fremder in einem fremden Land zu sein." Mit „fremdem Land" meint der Autor schlicht die Zivilisation Westlicher Prägung. Die Fremdheit, die er empfindet und die sein Denken auf groteske Weise pervertiert, besteht in seiner offensichtlichen Unfähigkeit, sich mit den Werten und Einrichtungen dieser Zivilisation zu identifizieren. In gewisser Hinsicht scheint der „Barbar", wie er sich selbst zu nennen pflegt, in einer ähnlichen Situation zu sein wie ein Kind der Zivilisation im tiefsten Dschungel. Das innere Wesen steht in krassem Kontrast zu den äußeren Umständen. Dieser Kontrast bedingt eine Zerrissenheit, die einer Geisteskrankheit ähnlich den Barbaren in einen Zustand versetzt, den ich als latent wahnsinnig oder schizophren bezeichnen würde.

Fakt ist, der Barbar leidet an den Umständen seiner Existenz. Und mehr noch leidet er an der Gewissheit, diesen Umständen nicht effektiv entfliehen zu können. Er fühlt sich gefangen, nein: begraben. Er hasst die Zivilisation, weil er glaubt, sie würde ihn von seinem wahren, archaischen Selbst entfremden (Zerrissenheit), was immer dieses Selbst auch sein mag. Paradoxerweise räumt er implizit ein, nicht nur unter den Umständen zivilen Daseins zu leiden, sondern auch von ihnen in seinem Denken und darin in seiner Kritik geprägt worden zu sein.

Die Pyramide, die mehrfach in kurzen, aber aufschlussreichen Gedankenfragmenten genannt wird, steht für seine morbide Auffassung des Lebens im „artifiziellen," meint: zivilisierten sozialen Raum. Die Pyramide stellt als Bauwerk einen Höhepunkt zivilisatorischer Errungenschaften dar. Gewaltige Ressourcen, ausgefeilte Logistik, technische Kompetenz, effiziente Befehlsketten und ein unbändiger Wille zu Schaffen sind nötig, solch ein Wunderwerk zu errichten. Als Ding jedoch ist sie nichts weiter als ein Grabmal. Für den Fortbestand und das Gedeihen der Zivilisation hat sie keine Bedeutung. Sie ist überflüssig. So steht die Pyramide als Symbol für die suizidale Verschwendung vitaler Kräfte. Der Barbar fühlt, dass die Zivilisation, die ihn gefangenhält und niederdrückt, selbst dem Untergang geweiht ist. Sie ist vom Lebensraum zum Grabmal degeneriert, ein Prozess, den der Barbar mit bittersüßem Humor erforscht und dokumentiert.

Auf der anderen Seite scheint der Autor voller Bewunderung für die Wohltaten zu sein, die ihm jenes „fremde Land" kontinuierlich erweist – einschließlich der geistigen und materiellen Ressourcen sein kleines Unbuch zu verfassen. Zweifellos verfügt er über einige Bildung, wenn auch keine formale. Aus einigen Hinweisen ist zu entnehmen, dass er zumindest zeitweise eine Universität besucht hat, wenn auch ohne besonderen Erfolg oder Genuss. Die Auswahl an Büchern und Schriftstellern, die ihn angeblich geprägt haben, liegt eher im Bereich des Unorthodoxen, Radikalen, wo auch sein Denken seinen Ursprung hat. Es mag indes sein, dass er uns hier an der Nase herumzuführen versucht und uns die eigentlichen Urheber seiner Gedankenwelt verschweigt – auch hierauf finden sich Hinweise.

Was diese sonderbare Gedankenwelt angeht, scheint der Barbar keiner spezifischen intellektuellen Richtung anzugehören. Es gibt eine Reihe vager Ankerbegriffe, um die er herumkreist, ohne sie jedoch genau zu definieren. Dieses Buch enthält dementsprechend keine systematische Philosophie, noch folgt es einer bestimmten Ideologie. Tatsächlich gibt es nicht einmal eine spezifische Fragestellung. Der Barbar, der dieses Buch verfasst hat, ist in geistiger Hinsicht wohl einfach zu unzivilisiert, um die Disziplin des „strengen Denkens" einzuhalten.

Weiterhin gehört er keiner politischen Gruppe an, deren Dogma er verinnerlicht hat. An verschiedenen Stellen wird ein Schamane erwähnt, der vielleicht als eine Art Lehrmeister oder intellektueller Ziehvater Einfluss auf das Denken des Barbaren hatte. Allerdings erfahren wir über diesen Schamanen nichts weiter, weder über seine Vorstellungen, noch über die Beziehung zu seinem Schützling.

Was die hier vorgestellten Ansichten und Ratschläge anbelangt, wiederhole ich meine Warnung: dieses Buch ist toxisch. Es bietet weit mehr als einen Einblick in die labyrinthischen Gedanken eines Unzufriedenen oder Entfremdeten. Gerade die Weise seiner unsystematischen, scheinbar chaotischen Ausarbeitung verleiht ihm die gefährliche Eigenheit, gewissermaßen in das Denken des Lesers einzusickern, sofern dieser keine innere Distanz hält. Und diese Distanz zu halten ist schwierig. Denn der Barbar versucht nicht zu überzeugen oder zu überreden, vielmehr plaudert er, dies oft in einem witzigen und ansprechenden Ton. Andere Passagen machen dagegen den Eindruck eines wirren Selbstgesprächs oder einer unbeholfenen Meditation über ein gewisses existentielles Unbehagen, das nicht in klare Worte zu fassen, sondern nur irgend symbolisch oder allegorisch in Sprache zu übersetzen ist. Die Fragmentierung des Textes führt dazu – vielleicht ohne das dies je intendiert war –, die intellektuellen Filter, die uns erlauben, Sinnvolles von Unsinnigem zu unterscheiden, zu umgehen. Wie Sporen dringt das „barbar" in das unvorbereitete Hirn und sät dort sonderbare Ideen. Es ist wie eine ansteckende Krankheit.

Was soll man mit so einem Buch? Kaufen und im Giftschrank verschwinden lassen, um sich mit dem prickelnden Wissen zufrieden zu geben, etwas Verbotenes zu besitzen? Keine schlechte Idee. Denn einfach lesen kann man es nicht, nicht ohne sich in eine Gefahr zu begeben, in der man leicht, sehr leicht umkommen kann. Oder man findet sich plötzlich am Ufer einer neuen Welt wieder, ein Schiffbrüchiger, ein „Fremder in einem fremden Land." Das Ergebnis seiner Erfahrung hängt mehr denn je vom Leser ab. Dieses Buch, ich sagte es bereits, spricht nicht an, sondern es ruft in die Nacht hinaus. Es tut das in einem Ton, der uns nahe, vertraut und zugleich fern und fremd ist. Jedes Wort, jeder Satz reicht tiefer als seine unmittelbare Bedeutung. Tatsächlich kann man an mehreren Stellen deutlich beobachten, wie verschiedene Sinnbilder und Bedeutungsstrukturen miteinander kommunizieren und so neue Verständnishorizonte eröffnen, die sich abseits des Geschriebenen erstrecken.

Für den Barbaren fungiert das Buch dagegen als Katalysator eines Urgefühls, das sich in seinem Herzen schlummernd, träumend erhalten hat und verzweifelt in einem Medium Ausdruck sucht, das ihm diametral entgegensteht. Der Barbar hat die Unfähigkeit in Worte zu fassen, was über die Fassung des Wortes hinausgeht, mehrfach selbst herausgestellt. Es ist, als versuche man einen Sonnenaufgang durch eine mathematische Formel zu beschreiben.

Der Leser, der dem Ruf folgt und in die Tiefen des Labyrinths steigt, wird sich im Letzten auf seinen eigenen Instinkt zu verlassen haben, will er die Irrgänge navigieren. Während man dem Barbaren lauscht und seinen sonderbaren Geschichten folgt, wird die Stimme dieses Instinkts immer deutlicher und drängender, der Schritt des Wandernden sicherer und gewisser. Ab und an wird man in die Irre gehen, doch nie für lange. Allmählich dann beginnt man in der Dunkelheit zu sehen und eines Tages mag der Leser das Buch aus der Hand legen und einer Welt sein Auge öffnen, die er nicht mehr wiedererkennt: Dann ist auch er ein Fremder in einem fremden Land.

Meinem Sohn Joel

Menschliches, Barbarisches

Der Barbar und seine Zunge

Die alten Griechen nannten Barbaren, wer ihre Sprache nicht sprach. Der Name kommt vom *„barbar"*, der unverständlichen, dem hellenischen Ohr abscheulichen Rede der Nicht-Griechen. Im Deutschen und Englischen ist das *„barbar"* als *„blabla"* bekannt.

Dieses Buch wurde von einem Barbaren auf barbar geschrieben.

Duales Leben

Die Kategorie, unter der der Barbar sein Leben betrachtet, ist das Leben selbst. Offensichtlich fällt es in zwei Bereiche: Leib und Seele oder Körper und Geist oder das Bewegte und das Bewegende oder Selbst-Bewusstheit und Instinkt oder Bios und Zoe. Dieses nackte Faktum der Existenz, dass sie eben dual, zweiseitig ist, gehört zum Urwissen der Menschheit und ist so selbstevident wie das Dasein selbst. Warum sonst hat man zwei Augen, zwei Arme, warum gibt es Tag und Nacht, warum hat jede Sache genau ein Gegenteil, warum hat die These eine Antithese usw.? Warum hat das Weib zwei Brüste, warum der Mann zwei Hoden?

Warum aber nur einen Schweif, ein Herz, ein Hirn? Mag sein, wir sind in manchem zu kurz gekommen...

Selbstbewusstsein

So wurde der Mensch sich seiner selbst bewusst: Er spazierte durch eine prähistorische Landschaft und trat auf einen spitzen Stein. „Auuuuh", heulte er und wurde damit nicht nur zum sich selbst bewussten Menschen, sondern auch zum Philosophen. Denn der Schmerz in der Sohle vergewisserte ihn seines leiblichen Daseins. Der wütende Ausruf vergewisserte ihn seiner Existenz als Träger eines Bewusstsein, das seine Umwelt (und sich in ihr) sinnlich wahrnimmt und über sie im Medium der Sprache abstrahiert.

Die erste Frau, die sich ihrer selbst bewusst wurde, setzte sich übrigens am gleichen Nachmittag auf eine prähistorische Biene, die sie in gerechter Verfolgung ihrer eigenen Lebensinteressen in den Hintern stach. Der sich selbst bewusste gewordene Mann musste sehr darüber lachen: Der Humor war erfunden.

Verstand

Gott blies dem Menschen durch die Nase Verstand ins Hirn.

Die Voraussetzung des Denkens

Was der Schlange ihr Biss, der Spinne ihr Netz, dem Löwen Schnelligkeit und Kraft ist dem Menschen sein Verstand. Der Verstand abstrahiert über die Umwelt. Diese Abstraktion ist die Voraussetzung ihrer Manipulation. Um dem Verstand zu erlauben, diese Abstraktionsarbeit zu vollbringen, war es erforderlich, den Menschen aus dem unbewusst-tierischen in einen selbst-bewussten Zustand zu überführen. Jemand oder etwas hat ihn verführt, sein Hirn zu benutzen und Dinge zu unterscheiden, die dem Tier gleich sind.

Mangelwesen

Der Mensch ist ein Mangelwesen. Der Mangel nötigte ihn, Sprache zu entwickeln und Verstand und Selbstbewusstsein und Besonnenheit. So wurde er ein geistiges Wesen, das sich nicht einer Umwelt fügt, sondern sie seinen Erfordernissen anpasst. Er beugt sich nicht dem Gegebenen, sondern manipuliert es, dass es ihn dienstbar wird.

Fuchshirn

Vom Bücherlesen wird man nicht klüger, sondern belesener. Wem es um Scharfsinn geht, soll Fuchshirn verzehren.

Genealogie

Meine Ahnen lebten auf Mauritius. Sie sind nicht mehr. Mein Frau ist ein Kiwi. Meine Kinder Pinguine. Mein Totem ist das Schnabeltier. Ich bin ein fleischgewordener Scherz. Wir alle sind fleischgewordene Scherze. Die Götter lachen uns aus.

Anthropologie

Das grundlegende Axiom der Anthropologie lautet: Der Mensch ist Leib <u>und</u> Selbst-Bewusstsein. Alle spätere Wissenschaft vom Menschen besteht nur in weiterer Aufteilungen und Einzelbetrachtungen jener zwei Dimensionen, deren unauflösliche Verschmelzung den sich selbst bewussten und darin eigentlich existierenden Menschen ausmacht.

Mensch und Welt

Allein weil er sich als ein Selbst versteht, vermag der Mensch über seine Umwelt als ein Nicht-Selbst zu reflektieren. Das Medium dieser Reflexion ist die Sprache. Sprache bildet Wirklichkeit, indem sie das Wahrgenommene und Reflektierte im Bewusstsein als Abbild der äußeren Welt re-kreiert. Was wir denken ist Wirklichkeit. Wir können über Wirklichkeit nachdenken und so immer neue Wirklichkeiten generieren, die wiederum in neue Welten übersetzt werden können. Die Fähigkeit über diese innere Wirklichkeit weiter und immer weiter zu abstrahieren nennen wir Phantasie. Der Mensch enthält in sich potentiell unendlich viele Welten, die doch allesamt der gleichen Quelle entspringen: Dem Selbst.

Doch wer oder was denkt dieses Selbst ins Leben? Die Welt...die echte Welt, die künstliche Welt oder unendlich viele ihrer Variationen? Sind wir am Ende die Traumgespinste eines schlafenden Gottes?

Bios, Zoe

Bios ist Dasein des Leibes, Zoe ist Er-leben des Bios, seine Verwirklichung als Selbst-Bewusstsein – das durch und durch gefühlte „Ich lebe!" Das waren übrigens auch Caligulas letzte Worte: „Ich lebe!"

Traum vom Tod

Wer schläft existiert nicht. Mit offenen Augen schlafen können.

Lebenszyklus

Das Kind, indem es entdeckt und erforscht und

dabei an Kraft und Fähigkeiten zunimmt, *integriert* die es umgebende Welt in sein Dasein als Wirklichkeit. Es ist der Mittelpunkt dieser Welt, das Epizentrum seiner inneren Wirklichkeit und wie ein verrückter Gott streckt es seine Finger aus, um mehr und mehr formloser Ursubstanz zu ergreifen und nach dem eigenen Abbild und Wollen zu gestalten und seinem Reich hinzuzufügen. Wann immer ein Kind spielt, erobert es eine Welt.

Der Mann *stagniert* in diesem Prozess. Er lässt die äußere Welt frei, erlaubt ihr eine eigene, unabhängige Existenz, zu der er sich wie zu einem Gegenüber verhält. Er gestaltet und auferbaut nicht mehr, sondern interagiert mit seiner Wirklichkeit. Er ist in der Welt. Er ist die Welt.

Der an sich selbst müde gewordene Greis *desintegriert* Welt. Er zieht sich aus ihr und in sie zurück. Die Ehre und Wertschätzung, die er der äußeren Welt noch im Mannesalter entgegengebracht hat, verweigert er ihr nun. Sie ist ihm öde und er sich selbst zu viel in ihr. Während die äußere Welt um ihn kollabiert, glimmt noch einmal seine innere, seine erinnerte Welt auf. Auf Augenblicke wird er wieder zum Kind. Zu einem unendlich müde gewordenen Kind. Mit dem Menschen geht seine Welt und alle Welten unter.

Freuden des Alters

Der Lebenszyklus beginnt mit einer leiblichen Phase. Ihr folgt eine geistig-soziale. Jener folgt wiederum eine leibliche.

Das Kind ist allein um leibliches Wohlsein besorgt. Es flieht allem, was dieses Wohlsein mindert. Unleckeres Gemüse und Hausaufgaben sind ihm grässlich. Ein Stück Torte macht es indes selig.

Der herangereifte Mensch in, wie man sagt, den besten Jahren, hat gelernt, dass es nicht auf das eigene

Wohlsein ankommt, sondern auf den Erfolg. Und so folgt er den Ansprüchen, die die „Gesellschaft" vermeintlich an ihn stellt, und sucht sie zu befriedigen, um sich „Respekt" und „Ansehen" in den Augen der Anderen zu erwerben. Dabei vernachlässigt er sich selbst und sein Wohlsein, oder genauer: er opfert es um Willen eines höheren sozialen Seins. Wir sehen ihn, den Menschen bester Jahre, den braven Zivilisten, allerlei Dinge tun und glauben, die dem Kind unverständlich wären. Warum unverständlich? Weil es sich um unangenehme Dinge handelt und der Glaube an Staat, Gesellschaft, Menschheit usw., sich als anstrengend und fruchtlos erweist. Eine Erlösung ist unmöglich. Wir alle haben gefehlt, sagt Paulus, der Erfinder einer der unbequemsten und menschenfeindlichsten Religionen überhaupt (noch heute wird verzweifelt an der Humanisierung des Christentums gearbeitet...) – diese Feststellung trifft das Selbstbild des Menschen bester Jahre. Er hat gefehlt, hat in doppelter Hinsicht gefehlt: Denn die Ansprüche der Welt, die zu erfüllen er sich entschlossen hat, sind unerfüllbar; sich selbst aber hat er verraten, weil er sich wissend in die Sklaverei nie enden wollender Danaidenarbeit begeben hat – denn wer wüsste nicht, dass es mit dem Zirkus, den wir Zivilisation nennen, nicht gerade viel auf sich hat?

Indes wie im Film wird auch im Leben am Ende alles wieder gut und heil. Am Grund von Pandoras Krüglein findet sich ein Gran Hoffnung. Der allmähliche körperliche Zerfall, das Alter, treibt die bösen Geister aus dem sich langsam in Geist und Fleisch zur Ruine verwandelnden Menschen. Je weiter der Verfall voranschreitet, desto mehr zieht sich der Mensch wieder aus seinen sozialen Verstrickungen zurück. Er kann den Stein nicht mehr rollen, also bleibt er in dessen Schatten hocken und beginnt den Sand seiner Erinnerung durch die Finger rieseln zu lassen. Das Außen verliert mehr und mehr seine Macht über ihn. Das eigene, leibliche Wohlsein gewinnt dagegen an Bedeutung. Weltpolitische Probleme verblassen, wenn es im Rücken zwickt und kneift. Am Ende freut man sich wie ein Kind über ein Stück Diabetikertorte, das man beim Leichenschmaus für alten Bekannten vorgesetzt bekommt, und freut sich auch teuflisch, dass man den Eingesargten überlebt hat, und wenn nur um ein paar Jahre.

Den Körper kennen

Im übrigen sollte man stets und genau auf *seine* körperliche Befindlichkeit achten. Aufmerksam ist daher von jeder Äußerung des Fleischapparats Notiz zu nehmen, den wir gemeinhin – unbelehrbare Barbaren, die wir nun einmal sind und bleiben – oft leider mehr als Werkzeug, denn als Gefährten oder gar Geliebten betrachten. Es ist, was es ist. Aber: Wenn wir den Körper, den wir benutzen, schon nicht lieben, sollten wir wenigstens dafür sorgen, dass er uns nützlich bleibt.

Freund Fleisch

Es ist weise, vertraulich mit dem eigenen Leib zu stehen. Eine stabile Freundschaft, die auf das Wohlergehen des Körpers zielt, ist ideal. Man lernt einander erst in der Jugend richtig kennen. Wenn der Leib sich geschlechtlich zu verändern beginnt und darin ein „eigenes" Wesen, einen eigenen Willen offenbart – der Kindesgeist kann nur in Union mit dem Fleisch denken –, beginnt eine tragische Liebe. Schüchtern und neugierig zugleich umkreist der Mensch gedanklich, sinnlich sein Fleisch, entdeckt es gleichsam an sich und sich an und in ihm. „Dieser Arm, diese Brust, dieses Gesicht bin ich!" Stärken und Unvollkommenheiten offenbaren sich dem Reifenden wie Prophezeiungen oder Versprechen. Der Horizont von Tun und Erleben rückt plötzlich nahe und wie von unsichtbarer Kraft gezogen, wandert man ihm zu. Man spielt mit den neuen Machtmitteln, entdeckt die Möglichkeiten dieses Fleisches, das man ist. Man probiert, scheitert, fällt und steht wieder auf. (Theseus, Steinrücker, reist auf dem gefährlichen Weg über Land nach Athen, dem greisen Vater das blutige Schwert seiner Jugend darzubringen). Man lernt ein Maß. Das Maß des Leibs. Das *Eigenmaß*. (Der Freund lehrt uns.) Man legt es endlich an, an sich, an die Welt, und erlangt so über die Jahre eine zunehmende Gewissheit der eigenen Mächtigkeit, der *Eigenmacht*. Man lernt den Körperfreund zu schätzen. Man wird von ihm erzogen und getadelt. Man wird auch belohnt. Vor allem wird man enttäuscht, wenn man sich ins Unmäßige verirrt. Aber man trägt nicht nach, man vergibt, gleich wie einem vergeben wird. (Wer dem Leib nicht vergeben kann, begeht eine Todsünde, eine Sünde zum Tode). Man lernt die Tugenden der Demut und Nachsicht. (Das Fleisch ist schwach...und süß.)

Oh, und dann... Man altert. Man zerfällt. Die Kraft verbraucht sich, das Maß nähert sich seiner Erfüllung, wird endlich voll, vollendet. Die Zeit kommt, langsam und allmählich, das Eigenmächtige loszulassen; die Forderungen an den Freund, der mit den Jahren wie man selbst müde zu werden begonnen hat, zurückzunehmen, um schließlich in stiller Würde Abschied von Bios zu nehmen und... mit ihm zu gehen. Das ist das Ideale.

Vater und Mutter

Schmerz und Lust sind Vater und Mutter der Zoe.

Vergängliche Schönheit

Der eigene Leib auf das Podest eines artifiziellen

Ideals gestellt, wird zum übelwollenden und lächerlichen Abgott. Der „perfekte Leib" genährt, geformt, trainiert und operiert, ist die groteske Perversion natürlicher Anmut. Er wird zum Fleischgefängnis für einen besessenen Geist – besessen vom Dämon maschineller Perfektion.

Doch auch diese Irrung geht immer gut aus, weil sie immer schlecht ausgeht. Wir brauchen keinen Exorzisten, der den bösen Geist beim Namen und zur Ordnung ruft. Ungebrannter Lehm zerfällt mit der Zeit und durch sie, dank ihr und ganz wie von selbst. Was bleibt vom Abgott Fleisch? Das Testament eines kranken Geistes geschrieben auf die gespannte und gegerbte Haut eines Schweins.

Leib und Geschichte

Am Leib zerbricht die Geschichte. Kinder, Kranke und Kreißende kennen keine Geschichte – nur Augenblicke.

Sarkophag

Die Pyramide ist ein Grab, das ein Grab enthält. Der Bau gewaltiger Quader umwuchert den Sarkophag, den fleischfressenden Stein. Sie ist Apotheose und Anathemata eines universalen Todes.

Leib und Vergessen

Sinngemäß aus Hanns Henny Jahnns „Perrudja": Glückselig der Mensch, der nach vierundzwanzig Stunden vergisst.

Paradies

Ein hartes Bett, eine ehrliche Mahlzeit, eine
gebärwillige Frau – das wiedergefundene Paradies.

Das eigene Verhalten beobachten

Wie wir die bewusste Entscheidung zu einer
Handlung treffen oder zu treffen meinen, so
entscheidet auch unser Körper weit über das Maß des
Reflexes oder des erlernten Verhaltens hinaus über
zahlreiche Verhaltensweisen. Dieses *instinktive*
Verhalten wird vom Verstand oft gar nicht als solches
wahrgenommen und im Nachhinein mit irgendeiner
rationalen Erklärung versehen, die den Glauben des
Geistes an seine Befehlsgewalt zu bewahren sucht. In
Wirklichkeit sind fast alle unsere Handlungen und
Worte Folge einer instinktiven Reaktion, die erst im
Nachgang rationalisiert wird. Erst tun wir etwas und
dann, auf Nachfrage, erfinden wir plausible Gründe,
die unser Verhalten vernünftig erklären. (Vergleiche
hierzu auch Bourdieu´s Habitusbegriff, wenn du
willst.)
Das instinktive Verhalten an einem selbst zu
beobachten, gibt viele Aufschlüsse über Wesen und
Zustand des Körper-Selbst, das uns doch sonst oft
wunderlich, fremd und sonderbar erscheint, das wir
aber *mehr* sind als das Verstandes-Ich, welches ja in
seiner Genese von vielen äußeren Faktoren wie
Sprache, Kultur, Erziehung usw. abhängt. Wir sind
unser Körper, aber sobald wir denken, sind wir nur
noch *durch* ihn *für* die Welt – alles Denken ist Ich-
Welt-Projektion.
Einige Beispiele für instinktives Verhalten:
Kinder und Schwangere haben oft Heißhunger auf
gewisse Lebensmittel. Die meisten Männer urinieren
im Freien an Bäume. In bestimmten Stimmungslagen
suchen wir bestimmte Plätzen auf usw. Diese

instinktiven Verhaltensweisen, diese Handlung gewordenen Neigungen dienen dem Leben und Überleben abseits aller Berechnung und Erwägung durch den Verstand. Es sind archaische Verhaltensweisen, die auf die Bedienung der Grundbedürfnisse abzielen und durch den Leib erzeugt, vermittelt und befriedigt werden.

Alle Wesen gleichen einander darin, dass sie leibliche Bedürfnisse wie Nahrung, Schlaf usw. leiden. Die ideale Stillung dieser Bedürfnisse ist indes sehr individuell. Was den einen nährt, schadet dem anderen; was dem einen als bequemes Lager erscheint, ist dem anderen eine Folterbank. Durch genaue Beobachtung unserer archaischen Verhaltensweisen können wir erraten, wessen wir wirklich bedürfen, um an Leib und Seele heil zu sein.

Die Frage „Wer bin ich?" ist so gesehen völlig idiotisch. Sie verweist auf die Unfähigkeit des Verstandes-Ichs, eine eigenmächtige Identität zu konstituieren, weil es immer auf den Leib angewiesen ist, jenen aber gedanklich nicht zu abstrahieren vermag. Im Gegensatz zur Umwelt, die sprachlich gefangen werden kann, führt der Körper ein fröhliches und beängstigendes Eigenleben. Wer die Frage nach der eigenen Identität zu beantworten wünscht, soll einfach ein Tagebuch anlegen, in dem er nicht vermerkt, was er gedacht, sondern wonach er gelechzt hat. Dieses Lechzen verweist auf das, was das Fleisch verlangt. Dieses Verlangen konstituiert das Fleich-Selbst im Gegensatz zum Geist-Ich, welches eine Konstruktion des Artifiziellen Raums ist, wie wir später sehen werden.

Das Selbst des Barbaren oszilliert zwischen dem Verlangen nach Geschlechtsverkehr, dem Verzehr rohen Fleisches und dem Wunsch den Feind zu massakrieren und sein Blut zu saufen. Darüber hinaus schätzt er ein gepflegtes Schachspiel im Park und ein Nickerchen am Nachmittag.

Rebhühner

Mein Nachbar besitzt einen kleinen Hof mit ein paar Pferden, zu vielen Hunden, einer Katze usw. Hinter seinem Hof läuft ein Bach und dahinter erstreckt sich ein Stück wilder Prärie über der des Abends die Sonne majestätisch verglüht. Eines Tages schaffte er sich sechs Rebhühner an. Die Anwesenheit der Rebhühner veranlasste die Kojoten in der Gegend, den kleinen Bach regelmäßig zu überqueren, nur um vom Gebell der Hunde zurückgetrieben zu werden. An einem nassen Regentag, an dem die Wächter sich im Haus ihres Herrn gemütlich vor dem Ofen gelagert hatten, gelang es den Räubern endlich, den Verschlag der Rebhühner zu erstürmen und sich der Beute zu bemächtigen.

Libido und Alter

Mit dem Alter wächst die Geilheit und die Fähigkeit sie zu befriedigen.

Die Weisheit des Alters

Das Kind interessiert sich für das, was die anderen tun; die Jugend für das, was gesagt wird; das Mittelalter für das, was man selbst tut und sagt; der Greis für die nächste Mahlzeit – es könnte seine letzte sein.

Torheit und Weisheit

Man irrt, wenn man behauptet, die Jugend sei närrisch, das Alter weise. Zwischen närrischem Jüngling und weisem Greis liegt nur die Summe schlechter Erfahrungen.

Mann und Frau

Der Junge will, doch kann nicht. Der Alte kann, doch will nicht. Zwischen diesen Extremen steht der Mann. Er will und kann – nur weiß er nicht wie und was! Gegenstück und Mittel seiner Erlösung ist die Frau: Sie braucht *ihn*, weil sie durch ihn *kann*, was sie *will*.

Mutterliebe

Die vielgepriesene Mutterliebe ist eine verklärte Konstruktion unserer Zivilisation. Die Mutter liebt den Säugling, weil er von ihr abhängt, und er liebt sie aus dem gleichen Grund. Sobald die Abhängigkeit aufhört, stirbt die Liebe. Es sind später vor allem die brachen Mütter, die an ihren letzten Kindern, den sogenannten Nesthäkchen hängen, weil sie von ihnen geliebt werden *wollen* und weil sie nur von ihnen jene kompromiss- und vorbehaltlose Kinderliebe bekommen, derer sie *bedürfen*. Und ist kein Kind da, schafft man sich ein Hündlein oder Männlein als Ersatz an...

In einem unschuldigeren und wahrhaftigeren Zustand sehen wir – etwa im Tierreich – die Mütter in dem Maß das Interesse an ihren Kindern verlieren, wie deren Selbstmächtigkeit zu- und Abhängigkeit abnimmt. Evolutiv macht dieses Verhalten Sinn. Die Mütter einer säugenden Spezies mit zahlenmäßig geringer Nachkommenschaft richten ihre ganze Energie auf das gerade an der Brust liegende Kindlein. Ist jenes entwöhnt, folgt normalerweise die nächste Schwangerschaft, so dass die Fortsetzung intensiver Pflege ohnehin praktisch ausgeschlossen ist. Die Mutterliebe begleitet und katalysiert dieses Verhalten lediglich. In seiner Leib-Wesentlichkeit ist das Weibliche nicht durch seine Liebesfähigkeit, sondern durch die Fähigkeit, Leben zu reproduzieren, definiert. Die Frau ist Pforte des Lebens und nicht Quell der Liebe.

Die exzessive Mutterliebe der zivilisierten und domestizierten Frau verweist paradoxerweise auf einen Liebesmangel. Anstatt einer Pralinenschachteln in Herzform, sollte Mann besser dafür sorgen, dass die Mutter Mutter bleibt und ihr eine neue Schwangerschaft bescheren. Nichts ist heilsamer für eine Frau, als Kinder auszutragen.

Sexueller Kannibalismus

Im Reich der Insekten kommt es bei manchen Arten vor und ist dort als gute Sitte angesehen, dass das Weibchen nach erfolgter Befruchtung das Männchen als Morgengabe verzehrt. Der gleiche Vorgang dauert beim zivilisierten Bürger des Westens zwar Jahrzehnte, gilt aber auch dort als gute und rechtmäßige Sitte. Die Altenheime sind von Weibern bevölkert. Wer Augen hat zu sehen…

Freud

Wenn wir schon dabei sind, eine kleine Kritik an Freud <u>und</u> seiner Rezeption in unseren Tagen: Man kann nicht alles auf das Sexuelle zurückführen! Man soll es aber versuchen…

Liebe machen

Man sollte weder achtlos, noch selten Liebe machen. Der Akt körperlicher Vereinigung ist heilig und heilsam. Er ist die reinste Art, Leben zu empfinden und die Voraussetzung seiner Weitergabe und Mehrung. Liebe machen heißt leben.

Pforte des Lebens

Die Frau ist Pforte des Lebens oder Abgrund.

Geschlechtskrankheiten

Man sollte die eigene und die Gesundheit des Bettgenossen vor dem Beginn einer lustigen Freundschaft sicherstellen. Von Krankem kommt Totes.

Die Jugend vor Geschlechtskrankheiten warnen!

Besser als jeder gelehrige Rat mit Argument und logischem Schluss ist ein Reim, leicht auswendig gelernt und den Kindlein früh genug beizubringen, zum Beispiel: „Wenn es juckt und wenn es zwickt, hat man die Falsche falsch gefickt.“

Gesundheit kommt von...

Sich mit Lebendigem und Überlebendigem umgeben. Kinder, Frau, Tiere, ein Haus aus Holz auf starkem Fundament nahe eines fließenden Gewässers, eines Waldes, einer Wiese.

Totes

Totes und Sterbendes um sich haben, in sich lassen, in sich zulassen, macht krank und...tötet. Der Tod ist ansteckend, hässlich, er stößt ab. Man hat daher zu allen Zeiten Todkranken, also die mit dem Zeichen der Vernichtung Gebrandmarkten, räumlich und geistig ausgesondert – und wenn es nur ein Zimmer am Ende des Hauses war, die Siechenkammer. Im Judentum wird schwere Krankheit, sei sie körperlicher oder geistiger Natur, direkt mit Tod gleichgesetzt. Der Kranke gilt für die Dauer seiner Krankheit als tot, weil seine Lebensempfindung massiv vermindert ist. Er ist für die anderen tot, weil er leidend, vergehend nicht mehr er selbst ist. Auch Tiere halten sich instinktiv von ihren todkranken Artgenossen fern. Nicht weil sie diese Artgenossen hassen, sondern weil sie den Tod fürchten, deren Kinder jene geworden sind.

Eine zivilisatorische Maske legt der Tod an, wenn er uns als das Sterile, mithin Saubere entgegentritt. Dieser Tod *verführt* zum Un-Leben. Man betrachte nur, was uns in der Welt der Eitelkeit als leibliche Schönheit präsentiert wird: spindeldürre Mädchen bar aller geschlechtlicher Merkmale, feminine Männer, fernab archaischer Ideale wie Schöpfungskraft, Wille zur Macht, Kriegertum usw. Puppen aus Porzellan, fragil, zerbrechlich, hübsche Nutzlosigkeiten, langweiliges Spielzeug.

Man darf nicht vergessen, das ästhetische Empfinden quellt nicht aus dem Intellekt, sondern dem Geschlecht. Und dort adelt es jeden Eindruck mit Wohlgefallen, der Leben in Fülle repräsentiert oder verspricht. Das hochbusige Mädchen ist schön, weil es voller Leben ist und Leben verspricht. Gleichsam ist der tatkräftige Mann schön, weil seine Kraft verheißt, das neue Leben zu schützen und zu fördern. Greise sind dagegen hässlich und abstoßend – nicht nur, weil ihr Leib zerfällt, sondern weil eben dieser Zerfall auf den ewigen Tod, der alles Fleisch bereits vom Moment seiner Zeugung an erfasst hat, hinweist. Der Greis ist indes nicht zu verachten, sondern vielmehr zu ehren. Nicht weil er alt ist. Sondern als das Mahnmal, als Erinnerung, dass das Leben flüchtig ist und man nicht zögern darf, es zu mehren. Der Greis, den die Schar der Enkel und Urenkel umgibt, preisen wir glücklich.

In Wahrheit verzeihen wir ihm nur die verpestende Nähe zum Tod, weil er einmal Pforte des Lebens gewesen ist. Der kinderlose Greis dagegen erweckt in uns Mitleid und die Angst, selbst so zu enden.

Rein bleiben

Was steril ist, zerfällt, krankt, ist zu meiden. Kinderlose Menschen sind verdächtig.

Ruf und Beruf

Schon als Kind wollte ich Maler werden. Das war mein tiefster Wunsch, mein innerstes Bedürfnis, mein...Ruf. Noch heute träume ich gemalte Bilder, sehe komplexe Kompositionen von Figuren vor mir, Muskeln, Gelenke, Augen, Blicke, Gesten, das Spiel von Licht und Schatten, Perspektive, Tiefe und Täuschung. Ich sehe magische Landschaften vor mir, dunkle Wälder, himmelhohe Bergformationen, endlose Steppen. Ich kann kein Museum betreten, ohne selbst auf das künstlerische Mittelmaß neidisch zu werden. Ich denke, meine Neigung zur Malerei entspringt einem inneren Bedürfnis das labyrinthische Chaos meines Innenlebens leichter und schneller ausdrücken und dadurch loswerden zu können, so wie man einen Schmerz durch einen Schrei aus dem Leib entlässt. Malerei, nein, der Akt des Malens bedeutet für mich Flucht vor den Dämonen der Seele. Was man darstellt, kennt man und was man kennt, braucht man nicht mehr zu fürchten – man hat es in eine Gestalt gebannt.

Leider steckt kein Maler in mir. Und weil ich keinen geraden Strich zeichnen kann – und hinge mein Leben davon ab! – werden mich die Lemuren wohl irgendwann zu fassen bekommen. Denn so schnell wie sie sich in mir vermehren, kann ich sie mir nicht von der Seele schreiben. Am Ende erwartet mich die verdiente Strafe dafür, ein Schmierfink gewesen zu sein.

Kleinwuchs, Großkotz

Als Kind war ich mir meiner körperlichen Kleinheit sehr bewusst. Ich nahm es irgendwann als selbstverständlich hin, in einer Welt von Riesen zu leben. Ich habe dieses Gefühl nie verloren. Ich bin ein kleiner Mensch in einer Welt von Riesen. Das einzig große an mir sind meine Träume. Sie halten mich wach.

Reinigung durch die Natur

Letzte Nacht wütete ein schweres Unwetter und brach die morschen Zweige und Äste von den Bäumen in meinem Garten. Die frischen überdauerten. Sie tanzten mit dem Sturm.

Hygiene

Ich halte auf Hygiene. Ich entleerte mich täglich von allem, was mein leibliches Wohlsein inwendig *bedrängt*. Urin, Speichel, Kot, Samen. Das bereitet mir nicht immer Freude, aber Schmerzfreiheit – ich nenne das meine pathologische Reinheit.

Gute Omen

Das beste Omen für einen guten Tag ist eine kräftige Morgenerektion. Ein schlapper Schwanz gibt Anlass zur Sorge.

Die eigene Größe feststellen

Es ist unanständig, gehört aber in dieses Buch, gewissermaßen als augenzwinkernde Verbeugung in Richtung jener Plätze, wo unsere Empiriker und Ethiker mit den Operngläsern sitzen und kritisch die Nase rümpfen:

Das durchschnittliche Glied misst – gleich welcher Rasse – irgendwo zwischen 11.5cm und 13.5cm in erigiertem Zustand. Angeblich ist der weiße Mann ein wenig besser bestückt als der Rest, der Asiate dagegen weit weniger schlecht gestellt, als sein Ruf es vermuten lässt.

Mit diesen Daten zur Hand kann man herausfinden, ob man ein großer Mann ist. Mein Glied misst stolze 19.3cm! Ich übertreibe nicht, das Maß ist geeichelt, die Erektion ehrlich. Aufgrund meiner Größe gelte ich selbstverständlich als Autorität in sämtlichen Lebensfragen. Unterhielte ich eine Praxis, würde ich mir anstatt von Urkunden und Diplomen einen Gipsabdruck meines Gliedes auf den Schreibtisch stellen.

Freilich kann von einem Neider eingewendet werden, die Größe allein genüge noch nicht, auch auf Schönheit und Nützlichkeit komme es an. Solchen Vorbehalten entgegne ich: Vier Söhne hat dieses Stück Fleisch ohne viel Mühe und Warterei gezeugt. Und schön ist es, beschnitten, mit sanfter, dem Weib angenehmer Biegung, perfekt proportioniertem Durchmesser und einem Paar wundervoller Hoden zur Verzierung des Schaftes. Ein Freuden- und Lebensspender! In meinen Glied erweist sich die antike Gleichsetzung des Schönen mit dem Nützlichen und Guten als wahr. Ich bedauere lediglich in einer monogamen Kultur leben zu müssen. Wie viele brache Äcker weinen nach mir!

Schicksalsschläge

Jedes mal, wenn Fortuna zuschlägt, wird man ein wenig schwächer und ein wenig klüger. Belehrt und weise sinkt der Barbar in den Staub.

Lebensbahn

Wie das Leben beginnt, so geht es weiter, so endet es. Die Geschichte der Menschheit wie die des Einzelnen vollzieht sich in spiralförmiger Progression mit immer wiederkehrenden Motiven, die sich nur oberflächlich voneinander unterscheiden. Das selbe Thema in neuer Variation.

Vielleicht hat uns deshalb die Natur blind für die Architektur des eigenen Schicksals gemacht, dass wir nicht auszumachen vermögen, wohin *unsere* Reise geht. Für fremde Geschicke dagegen sind wir boshaft hellsichtig. Wir wissen instinktiv, dass die Sache, die ein Bekannter betreibt, gelingen oder scheitern wird, weil es eben schon „immer schon so war" und daher auch „immer so sein" wird.

Kenntnis der eigenen Lebensbahn

Wer durch Betrachtung und Meditation über den eigenen Fall Kenntnis von Lauf und Ziel der eingeschlagenen Lebensbahn erhalten hat, der hat, da er die Frucht der Erkenntnis gekostet, zugleich Pandoras letzte Gabe ohne Not verschwendet. Dem Unwissenden bleibt wenigstens die Hoffnung.

Meine Lebensbahn

Eine biographische Notiz mag vielleicht nützlich sein, die Hirngespinste des Barbaren besser zu fassen:

einen großen Teil seiner Lebenszeit war er krank. Wenn er nicht krank war, war er traurig. Wenn er weder krank, noch traurig war, wurde um und in ihm zufällig und meist ohne Vorwarnung gestorben, was neuerliche Krankheit und Trauer zur Folge hatte. In illo tempore formierte sich daher und deshalb in ihm eine spezielle und schmerzliche Daseinsdisposition. Er ist zerrissen. Er leidet am Widerspruch zwischen dem grenzenlosen Willen zum Leben und dem Mangel der Mittel, diesen Willen voll in Tat und Gebärde zu übersetzen. Dieser Graben von Wollen und Können definiert die Innerlichkeit des Barbaren. Er will, aber kann nicht, was er will.

Wer will, aber nicht kann, dem bleiben wie dem impotenten Liebhaber nur zwei Möglichkeiten: Entweder er verzweifelt oder er wird irre. Der Typos des verzweifelten Barbaren, des Panthers im Käfig oder Eunuchs im Harem, ist in den Gefilden der Zivilisation als tragischer, doch harmloser, ein wenig lächerlicher Antiheld durchaus üblich und akzeptiert. Der Irre dagegen ist gefährlich, unberechenbar und also: persona non grata. Man verbrennt ihn, dessen Mund nie zu fordern, zu fluchen, zu lachen aufhört, auf Scheiterhaufen vor Universitäten und Ämtern, sperrt ihn – trefflich! – ins Irrenhaus, schimpft ihn einen Idioten oder...setzt ihn auf einen Thron und beugt das Knie vor ihm. Ewige Saturnalien!

Memento

Wenn ich auf mein Leben blicke, ist es so voller kurioser Abenteuer und bizarrer Begebenheiten, dass ich manchmal versucht bin, seine Geschichte aufzuschreiben. Dann aber, wenn ich mich zu erinnern beginne, will ich sofort wieder alles vergessen. Mein Leben ist wert, vergessen zu werden.

Einsicht in das Scheitern

Ein großer Mann, wer zu sich sagen kann: „Es ist mir bestimmt, gering zu blieben" und dabei weder verzweifelt, noch je aufgibt, dem inneren Ruf gerecht zu werden.

Selbstliebe

Narziss starrte verliebt auf sein Spiegelbild und der Spiegel starrte verliebt zurück – den Teil der Geschichte kennt man. Unbekannter ist seltsamerweise, wie die Sache mit Narziss ausging: Weil er den Blick nicht abzuwenden vermochte, verhungerte er.

Reue

Am Ende bereut man alles, was man nicht getan hat. Das Ungetane klagt an.

Hunger, ganz einfach Hunger

Gegen den Hunger haben wir den Überfluss industrieller Fütterung erfunden. Ich sage bewusst: Fütterung, nicht Nahrung. Man schlachtet nicht mehr, was man selbst aufgezogen hat, sondern kauft es abgepackt und dank ungebrochener Kühlkette haltbar gemacht im Supermarkt. Obst und Gemüse gleichen heute jenen Plastikattrappen in den Einrichtungshäusern der achtziger Jahre, die wir als Kinder voller Staunen betrachtet haben und zwanghaft immer wieder anfassen wollten, bis unsere Eltern es uns mahnend verbaten: „Das ist nicht echt. Das ist nur Plastik. Das kann man nicht essen." Oh doch! Heute, erwachsen geworden, dürfen und müssen wir jene optisch vollendeten und weitgehend nährstofffreien, dafür zuckersüßen Früchte essen - wären nur unsere Eltern noch da und mahnten uns, die Finger von dem Zeug zu lassen. Dann wieder... was sollen wir fressen?

Wir nähren uns nicht, wir fressen. Wir stillen nicht den Hunger des Leibes nach Lebens-Mitteln (Mittel, die erlauben, unser schwindendes Leben mit fremdem zu ergänzen), sondern wir unterdrücken das Hungergefühl, indem wir uns vollstopfen. Die Stärkung des Körpers ist nicht mehr das eigentliche Ziel einer Mahlzeit, sondern ein kollaterales Ereignis, das keineswegs immer und mit Notwendigkeit eintreten muss.

Im Raum der Zivilisation verhungert man nicht, man frisst sich zum Tode.

Im Raum der Zivilisation isst man nicht, um zu leben, sondern man lebt, um zu schmecken.

Genusssüchtig

Wahrer Genuss ist der Lohn weiser Entscheidungen. Drückende Mühsal ist der Preis der Dummheit.

Gründlich waschen

Beim Baden sind alle behaarten Teile des Körpers mit Seife zu waschen. Baden sollte man wenigstens einmal in der Woche. Wer stark schwitzt sollte sich, wenn möglich, täglich duschen. Es scheint mir klüger, sich am Abend unmittelbar vor dem Zubettgehen gründlich zu waschen. Aber auch die frühmorgendliche Dusche geht völlig in Ordnung. Wichtig ist, gründlich muss man sein. Reinlichkeit erhält die Gesundheit des Körpers, bestärkt aber auch den Geist. Wer sauber ist, fühlt sich gut. Er hat dem eigenen Leib einen wichtigen Liebesdienst erwiesen. Auch die Mitmenschen werden das er- und anerkennen. Wer sich selbst respektiert, wird auch von anderen respektiert. Ich halte es für statthaft beim Duschen zu onanieren. Beim Baden ist das schwieriger. Der schwimmende Samen heftet sich leicht an die Haut und muss daher später abgewaschen werden. Für Frauen gelten wie üblich andere Regeln.

Lustmord

Wenn man das nächste Mal onaniert soll man sich die mittelalterliche Vorstellung vergegenwärtigen, dass im Samen bereits vollständig ausgebildete Menschen enthalten sind, die von der Frau lediglich ausgebrütet werden. Alles, was nicht im Schoß der Mutter landet, stirbt konsequenterweise. Wir sind Lustmörder. Milliardenfache Lustmörder.

Beschränkung der Lust zwecks ihrer Steigerung

Es ist eine feine Sache, lustig, d.h. lustvoll zu leben. Warum sich beschränken, warum sich zurückhalten, wo doch alle Becher voll sind und alle Tische sich unter der Last exquisiter Köstlichkeiten nur so biegen? Vorsichtig! Die Alten, die alles besser wussten, weil sie in der guten, alten Zeit lebten, warnten, dass die Gewöhnung an den Genuss ihn fahl mache. Um die gleiche Sensation zu erfahren, müssten die Genüsse immer weiter gesteigert werden, was wiederum unlustige Konsequenzen nach sich ziehe, Zeit und Ressourcen koste, die man besser anders genutzt hätte. Am Ende steht uns der Sklave seiner Genusssucht vor den staunenden Augen, ausgelaugt, pleite und unfähig sich an überhaupt noch etwas zu erfreuen. Weil er alles geschmeckt hat, ist ihm alles abgeschmackt.

Wer sich dagegen in allem, auch was den Genuss angeht, immer mit dem Wenigen und Nötigen bescheidet, der kann stets aus dem Vollen schöpfen und in der kleinen Lust seines kleinen Herzens schwelgen.

Geht es etwa im Bett nicht mehr so gut, ist es weise, sich an paar Nächte lang vom Partner fernzuhalten, bis der Appetit sich beiderseitig wieder erneuert hat. Dem Hungernden ist auch einfache Kost ein Festmahl.

Sex unter der Dusche

Bei Sex unter der Dusche ist auf sicheren Stand zu achten. Rutschmatten, wie sie häufig in Pflegeheimen Verwendungen finden, reduzieren auch bei heftiger Aktivität die Wahrscheinlichkeit eines schmerzhaften Sturzes. Die kleinen Noppen massieren zusätzlich die Fußsohlen. Zwecks Schimmelbildung ist die Matte regelmäßig gründlichst zu reinigen.

Moloch

Obwohl die Karthager zur Zeit der punischen Kriege eine weit höher entwickelte Zivilisation besaßen, sahen die Römer in ihnen nichts als Wilde und Barbaren, weil sie ihrem Gott Moloch ihre Kinder opferten. Wie mögen uns, die Männer Westens, die aufstrebenden Reiche des Südens ansehen, wo wir doch auch unsere Kinder nimmersatten Göttern als Opfer darbringen?

Krankheit

Gegen Krankheit haben wir ein komplexes System biochemischer Substanzen erfunden, die den *gesunden* Krankheitsverlauf abkürzen, wenn nicht gar ganz suspendieren. Das *Er- und Durchleben* der Krankheit soll möglichst unterdrückt werden. Die Krankheit ist, wo nicht gefährlich, so doch störend. Sie hemmt die Produktivität und den genussvortäuschenden Konsum – beides Aspekte, die für das Leben des Zivis fundamental sind.

Dass hier, bei der artifiziellen Beschneidung des Krankheitsverlaufs, ein wesentlicher Aspekt der Lebens- und Leiberfahrung ohne Not ausgehebelt wird, erregt Besorgnis. Dass, um es weiter, allgemeiner zu fassen, jede zur Gewohnheit gewordene Verzärtlung Verweichlichung, jede Verweichlichung aber allgemeine Schwächlichkeit bedingt, liegt ebenfalls auf der Hand. Wird der Körper krank, kämpft er ganz im Sinne des Wortes gegen das, was seine Krankheit hervorruft. Der Sieg lässt ihn stärker, zäher zurück als er war, wenn auch mit Narben gezeichnet wie nach jedem guten Kampf. Wer nicht kämpft, bleibt schwach und wird am Ende Opfer eben jener Schwäche. Das Ende des Zivis tritt ein, wenn er gegen seine Schmerzmittel und Antibiotika so resistent geworden ist, wie das Ungeziefer gegen unsere Pestizide. Mit einem allergischen Niesen wird Adams Seele aus seiner Nase schlüpfen.

Ich bin – ich fühle mich von rechtlichen Gründen genötigt dies hier klarzustellen – übrigens kein Feind moderner oder gar mordender Medizin. Alles, was dem Leben und seiner Mehrung dient ist, befürworte ich. Lediglich das Zuviel lehne ich ab, das Unnötige, das Überflüssige und Gefährliche.

Gesund krank sein

Das Ringen des Leibes um sein Leben...spüren. Weisheit lernen. Die Wahrheit des Daseins an der eigenen Haut erfahren. Schmerz, Agonie, das Gefühl, nicht mehr Herr seiner selbst zu sein, ausgeliefert den

Kräften eines Körpers, der gerade in der Krisis zugleich extrem nah und extrem fern ist.

Der Kranke ist nicht mehr er selbst, weil er seines Leibes verlustig gegangen ist. Das Mittel, mit der Wirklichkeit zu interagieren, jenes Werkzeug, Freiheit in Tat umzusetzen, wird zum Hindernis, zum Kerker. Auf der anderen Seite ist er, der Kranke, gerade in jenem Zustand des Nicht-mehr-Könnens der Wirklichkeit seiner körperlichen Existenz näher als je zuvor. Nie ist sie ihm dringlicher und dinglicher als im Moment ihres Verlustes. Erst, wenn wir etwas verloren haben, wissen wir um seinen Wert. Gesund krank-sein. Wo möglich, den Dingen ihren Lauf lassen, Blatt im Wind sein, sich als Opfer für sich selbst darbringen. Die Grenze ist freilich das Leben und die Möglichkeit seiner Erfahrung. Wo jene in Gefahr geraten, zur Unzeit zu verlöschen oder dauerhaft gemindert zu werden, ist jedes Mittel erlaubt, dies zu verhindern. Biochemie sei Dank.

Lehm und Blut

Die Finger in kalten Lehm tauchen oder in heißes Blut.

Lustvolles Kranksein

Die Phasen der Krankheit: Erkranken, Ausbruch, Beschleunigung, Krisis, Abklingen, Wiedergesunden, gleichen den Phasen, die beim Geschlechtsverkehr erlebt werden: Begehren, Penetration, Akt, Höhepunkt, Erleichterung, Wunschlosigkeit.

Erste Welt Krankheiten

Fühllosigkeit, Apathie, das eigene Dasein wie

unter einem Schleier wahrnehmen: das ist die Krankheit, an welcher Zivis zum Tode leidet. Betäubte Sinne, die nur noch auf stärkste Reize reagieren. Zivilisation zombifiziert, mumifiziert. (Nicht Metropolen, sondern Nekropolen; lebendig begraben.) Der Zivilist vegetiert in einem Zustand existentieller Bewusstlosigkeit in den weiten, engen Räumen der artifiziellen Sphäre. Er wandelt wie ein Schatten durch die grauen Gefilde der Unterwelt, die er sich selbst als zweites Paradies erschuf. Nicht mehr lebendig, noch nicht tot. Irgendwo dazwischen, untot, unlebendig. (Seine Zeit ist die graue Stunde zwischen Tag und Nacht; nie endet sie ihm) Aristoteles vergleicht Menschen, die etwas offensichtlich Logisches nicht begreifen wollen mit Pflanzen. Ein schöner, passender Vergleich, vor allem auf dem Boden seiner eigenen Terminologie. Das Leben der Pflanze ist rein vegetativ, ohne innere Triebstruktur (Tier) oder Reflexionsvermögen (Mensch). Zivis vegetiert, obwohl er einen Verstand besitzt, der mächtig wäre, die Umstände seines Unglücks zu durchschauen. Indes, eine sozialisierte Schwäche, die Angst sich mit den Lebensechtheiten auseinanderzusetzen und ein Hang, sich über gegenstandslose Dinge den Kopf zu zerbrechen, nehmen dem Schwert des Geistes jede Schärfe. Der vitale Trieb überdauert in Zivis stark genug, wenn auch in pervertierter Gestalt, da er seinem Sehnen oft genug indifferente oder gar lebensfeindliche Ziele steckt, die ihm vom Artifiziellen Raum als Ersatz für die echten vorgesetzt werden. Dort, in den verfluchten Städten, ist keine Rettung. Wir alle wurden betrogen. Man hat uns den Himmel versprochen und der Hölle überliefert. Wir sagen: „Lasst die Toten ihre Toten begraben" und „Wer Ohren hat zu hören, der halte sie sich zu."

Geometrie

Eine Pyramide besteht aus Dreiecken, deren Grundlinien mit den Außenlinien eines Vielecks identisch sind und deren Spitzen in einem Punkt zusammenlaufen. Ein Kegel ist eine Pyramide, die auf einer kreisförmigen Basis steht. In gewisser Hinsicht ist alles eine Pyramide.

Der reinigende Lebenstrieb

In der Natur ist sehr deutlich das Prinzip zu beobachten, dass das Leben versucht, lebensfeindliche Zustände zu vermeiden oder, wenn sie eingetreten sind, zu beenden. Im Dasein des Einzelnen wirkt dieses Prinzip oft durch instinktive Präferenzen und Animositäten. Der Heißhunger der Schwangeren, um nur ein Beispiel zu nennen, verweist auf einen Nährstoffmangel, der die optimale Versorgung des Mutter-Kind-Komplexes bedroht. Unser allgemeiner Widerwille gegen Hässliches und Krankes und Fremdes soll unser Leben schützen. Wo ein Mensch sich gegen sich selbst wendet, etwa, wenn er ohne Not kinderlos bleibt oder sich gegen seinen Instinkt mit Hässlichem, Krankem und Fremdem einlässt, heilt die natürliche Ordnung die Sünde, indem sie den Sünder auslöscht. Diese destruktiven Verhaltensweisen manifestieren sich auch auf der Ebene des Artifiziellen Raums als zerstörerische und unversöhnliche Kräfte, die das Leben zu bekämpfen suchen und sich dadurch selbst vernichten. Dass unsere Zivilisation, nein, jede Zivilisation auf dem Höhepunkt ihrer Entfaltung alles tut, um sich selbst abzuschaffen, spiegelt dieses Prinzip auf einer höheren sozialen Ebene wider und führt uns deutlich den Stand unserer Welt vor Augen.

Ein Epitaph verfassen

Die Vernichtung des Fleisches wird dank zivilisatorischer Errungenschaften entweder vor den Blicken der Bevölkerung weithin versteckt oder tritt nur in stark verzerrter und medial gebrochener Weise hervor. Das hat einen Grund und dieser liegt keineswegs darin, dass der Tod an sich etwas Schreckliches wäre, das verdient, versteckt zu werden. Das Gegenteil. Der Tod war in seiner vertrautesten Inkarnation als Leiche zu fast allen Zeiten Gegenstand furchtsamer Verehrung. Von der Mumifizierung, über die Totenmaske bis hin zum epochalen Grabmal oder der festlichen Feuerbestattung wurden fast wahnwitzige Anstrengungen unternommen, um den Tod mit dem Leben zu versöhnen, ihm eine festen und vor allem sichtbaren Teil im selbstvergessenen Alltag einzuräumen.

Heute ist das anders. Wir leugnen, verstecken den Tod. Gestorben wird im Krankenhaus, in einem sterilen Zimmer, oft alleine und ohne Würde. Der anonyme Grabstein auf dem anonymen Gräberfeld sind ärmliche Überreste gesünderer Zeiten. Warum hat Zivis solche Probleme mit dem Faktum seiner Endlichkeit? Warum versucht er sich mittels irgendwelcher Jenseitsvorstellungen über sein Leben, das eigentlich und einzig relevante, hinwegzutrösten? Warum lenkt er sich überhaupt mittels Konsum und reiztechnologischer Stimulierung von seinem Dasein ab?

Der Grund ist einfach und grausam: Ein bedeutungsloses Leben endet mit einem bedeutungslosen Tod, nach dem es so ist, als hätte man nie existiert. Die Sinnlosigkeit des zivilisierten Lebens wird durch den sinnlosen Tod offenbar. Die Pharaonen wurden nicht müde, ihre Taten in alle Tempel des Landes eingravieren zu lassen, auf dass sie nicht in Vergessenheit gerieten. Die Römer formulierten Reden, Schriftstücke, die sie tausendfach verbreiten ließen. Der moderne Mensch benennt Entdeckungen oder Schöpfungen nach sich und wenn es nur die eigenen Kinder sind, die durch den Namen an ihre Erzeuger erinnern…

Namen, Namen… Mir dreht sich der Magen um. Unsere Namen bedeuten nichts mehr, folgen Trends, Moden. Oft werden sie nur noch in verkrüppelter Form verliehen: Leni, Finn, Maja, Klaus sind keine Namen, sondern Abkürzungen. Man kann über den Namen recht sicher auf das Geburtsjahrzehnt einer Person schließen. Mandi, Paul, Kevin, Justin, Karl-Heinz… Aber hören wir auf, mit den Namen.

Was ist mit den Taten unseres Lebens? Sind sie wert, erinnert zu werden? Verfassen wir ein Epitaph, das sie verewigt und die Nachgeborenen mit Staunen und Bewunderung erfüllt! Hier liegt Matthias Berghuber, Industriekaufmann bei der Schlüssel GmbH. Er baute ein Einfamilienhaus in einem Neubaugebiet, heiratete und hatte zwei Kinder. Er fuhr gerne zum Campen nach Belgien und sammelte im Alter Bierdeckel. Was für ein Leben. Er verdient wahrlich…vergessen zu werden.

Man muss sein Leben so einrichten, dass die Überlebenden Geschichten davon erzählen. Meine Frau und ich sprechen zum Beispiel oft von ihrem Großvater. Das ist besonders bemerkenswert, weil ich den Mann nie kennenlernte. Er starb als meine Frau ein kleines Mädchen war. Indes, die ganze große Sippe dieses Abrahams wird nicht müde, von seinen Taten und Untaten zu berichten, wenn man bei gelegentlichen Festen zusammenkommt. Der Anlass des Festes spielt übrigens bald keine Rolle mehr. Nach ein, zwei Stunden hockt man bei Bier und Wein zusammen und erzählt vom Vater Johann. Selbst meine Kinder sprechen von ihm, wenn auch mittlerweile in mythischer Überhöhung, die ich nach allen Kräften unterstütze. „Stimmt es", fragen sie, „dass der Vater Johann in Sibirien mit einem Rudel Wölfe kämpfte?" „Aber ja", sage ich. „Ich selbst habe die Mütze gesehen, die er aus dem Fell eines weißen Wolfs gemacht hat, der doppelt so groß wie ich war."

Vater Johanns Körper ist schon lange verschwunden. Sein Grabmal ist ein bemooster Stein auf einem erbärmlichen Dorffriedhof, den keine zwei Leute im Monat besuchen. Niemand kümmert sich um das Grab, denn es ist leer. Johann dauert in den Köpfen und Herzen derer fort, die seiner Taten gedenken. So ist er wie ein Heros der alten Welt der Unsterblichkeit teilhaftig geworden.

Einmal, das weiß ich sicher, werden meine Kinder den ihren die Geschichten vom Vater Johann erzählen, und jene den ihren und so weiter. Lebhaft werden sie einem Mann gedenken, den sie nie mit eigenen Augen sahen und den sie doch mit Grausen und insgeheimer Verehrung lieben. Meine Ururenkel werden noch dem Vater Johann gedenken, wenn sie mich schon lange vergessen haben.

Euthanasie

Sprechen wir von den Siechen und Alten – wir werden dieser traurigen Gemeinde wohl eher früher als später einmal selbst angehören. Man lässt sie verschwinden, die Alten und Siechen. In Pflegeheimen oder Krankenhäusern. Man schiebt sie dorthin ab, weil sie störend geworden sind, lästig, unnütz, unproduktiv. Man will sich nicht mit ihnen abgeben oder kann es nicht oder redet sich ein, es nicht zu können, oder lässt es sich so einreden von einem, der es besser weiß, weil er es anders weiß, als wir es...fühlen. Der Beruf, die eigene Familie, das eigene ungestörte Idyll eines intakten und bedeutungslosen Daseins, geht der Pflicht, das Sterben der Anderen zu ertragen, voran. Wir wollen (können, sollen) unsere Lieben nicht sterben sehen, also schaffen wir sie uns aus dem Blick. Was in illo tempore als bestialischer Akt gebrandmarkt worden wäre – die eigenen Eltern zu entsorgen – erhält heute das fadenscheinige Gewand fadenscheiniger Rechtfertigung. Die Alten hätten es dort *besser*, würden gepflegt, seien unter ihresgleichen – als wären die Alten eine eigene Spezies! Es sei ja *heutzutage* kaum möglich, sie auf ihrem Weg aus dem Leben ordentlich zu begleiten. (Es heißt in den Broschüren der sogenannten Pflegeheime vollmundig: Neuer Lebensabschnitt! Wer hier nicht auflacht, gleicht einer Pflanze – die haben ja bekanntlich auch nichts zu lachen). Da brauche man Profis, die das könnten. Was für eine Schweinerei!

Wir dürfen uns indes einreden, schuldlos zu sein. Die Alten haben es uns ja vorgemacht, als sie uns mit zarten Jahren in staatlich-industrielle Obhut zwecks Aufzucht und Ausbildung überstellten. Auch das mit bestem Gewissen versteht sich, nämlich, damit aus uns *etwas* wird. So verlebten wir unsere Kindheit in Kita und Schule unter Neonlicht und im steten Takt der Glocke. Es hat sich gelohnt. Es wurde etwas aus uns. Wesen, die ihre Eltern abschieben. Gute Menschen also.

Großonkel Willi

Ich wuchs bei meinen Großeltern in einem kleinen Dorf ländlicher Prägung auf. Die Leute besuchten einander am Wochenende. Uns suchte der Bruder meiner Großmutter Willi regelmäßig am Samstagmorgen heim. Während er mit meiner Großmutter in der Küche schwatzte und selbstgebrannten Schnaps trank, saß ich auf seinem Schoß. Er roch stark nach Alkohol und Zigarren. Wenn er nach einer guten halben Stunde aufbrach, drückte er mir ein Fünfzigpfennigstück in die Hand und kniff mir schmerzhaft in die Wange.

Im Alter von 76 Jahren erlitt Willi einen Schlaganfall, der ihn in den Rollstuhl brachte. Er verließ das Haus nicht mehr und schrie den ganzen Tag seine Frau an. Aus irgendwelchen Gründen gab er ihr die Schuld an seinem Zustand. Knapp sechs Monate später erschoss er sich mit seiner Jagdflinte im Wohnzimmer. Er hatte sich so platziert, dass das Innere seines Schädels sich über den neuen Teppich und die Couchgarnitur verteilte, die meine Großmutter sich im Vorjahr gegen den ausdrücklichen Widerstand ihres Mannes angeschafft hatte.

Der gestohlene Tod

Die Zivilisation beraubt ihre Kinder eines guten Todes.

Von wem ich lernte, den Tod nicht zu fürchten

Sokrates? Augustin? Diogenes? Seneca? Die großen Lehrer versagten bei mir. Mein kleiner Sohn hatte indes Erfolg. Anstatt zu dozieren, ging er voraus in die Schatten.

Ein guter Tag

Heute war ich ein wenig wie Gott. Ich bin mit Aurora aufgestanden, den Tag über habe ich, Helios folgend, körperlich und schöpferisch mit Hephaistos gearbeitet, am Abend mit Aphrodite geschlafen und endlich mit Dionysos getrunken. Ich pflanzte den Baum verbotenen Wissens in die schwarze Erde der Mitternacht. Möge sich nur jemand an seinen Früchten zu schaffen machen! Es war ein guter Tag.

Der letzte Tag

Eine platte, aber wichtige Lektion: Irgendwo bei den Stoikern las ich von einem Senator, dem am Morgen sein Todesurteil überbracht wurde. Er war beim Kaiser in Ungnade gefallen. Ihm blieb bis zum Abend, seine Angelegenheiten zu ordnen. Die Freunde, die beim Empfang der Nachricht zugegen waren, gerieten außer sich. Nachdem sie sich ein wenig beruhigt hatten, fragten sie ihren Freund, was er denn nun an seinem letzten Tag in der Gemeinschaft der Lebenden zu tun gedenke. Er antwortet überrascht: „Das gleiche wie jeden anderen Tag auch. Lasst uns Sport treiben und danach frühstücken."

Wer sein Leben gut eingerichtet hat, wird seinen letzten Tag nicht anders verbringen als den vorletzten. Das Wort „Lebe so, als wäre dies dein letzter Tag" wird gemeinhin als Aufruf zu einer enthemmten und maßlosen Lebensweise verstanden. Wer dem Ruf in dieser Weise folgt, lebt zweifellos falsch. Wer aber die Schultern zuckt und ehrlichen Herzens sagen kann: „Mag der Tod nur kommen, er findet mich weder unvorbereitet, noch schneidet er mein Dasein zur Unzeit ab", der versteht zu leben.

Geheuchelte Schönheit

Ein gesunder, schlanker Körper, geformt von natürlicher Bewegung und geadelt mit Jugend, verträgt auch ein unansehnliches Gesicht, ohne seine Anmut zu verlieren. Umgekehrt vermag auch der hübscheste Kopf auf einem hässlichen Leib keine mildernden Umstände im Auge des Betrachters zu erwirken. Diese simple, doch harte Wahrheit hat innerhalb unserer Zivilisation bizarre Blüten getrieben. Es ist nämlich so, dass sich eine Kultur des Betrugs und der Täuschung über körperliche Dinge, vor allem aber über körperliche Schönheit, etabliert hat. Was anderes als Täuschung ist es denn, wenn eine Person den durch unsachgemäße Benutzung, mangelnde Pflege oder schlicht per Verdikt eines boshaften Schicksals entstellten Leib unter allerlei Kleidung versteckt, dann aber Gesicht und Haar bemalt und zurichtet, um eine Illusion von Schönheit zu erzeugen? Der Barbar muss sich vor roten Lippen in Acht nehmen: Sie lügen!

Macht und Ohnmacht

Effizientes Management

Der beste Staat wird vom Besten, dem Optimus, geführt. Das heißt nicht, dass jener der beste Anführer ist, in dem Sinn, dass er die Macht des Staates ausdehnt oder das Wohlergehen seiner Subjekte fördert. Optimus nennen wir den Besten im Erwerben, Ausüben und Erhalten seiner Macht, sprich: Machiavellis Prinz. Ob das Volk als Quelle und Werkzeug der Macht unter Leitung des Optimus gedeiht oder verreckt – es steht auf einem anderen Blatt im großen Buch der Geschichte notiert, das gemeinhin überblättert wird.

Menschenfreundliches Management

Ich will nicht nur Dunkles reden müssen, darum nenne ich hier einige Merkmale, wie man einen menschenfreundlichen Führer identifizieren kann, wenn man einen solchen denn sucht:

(1) Wenigstens fünf Kinder hat dieser Freund des Lebens gezeugt. Die Anzahl der Partner spielt dabei übrigens keine wesentliche Rolle. Er ist eine Pforte der Lebens. Er weiß um dessen Wert und es ist ihm daher natürlich und selbstverständlich jenes zu fördern. Auch machen ihn seine Kinder verwundbar, weswegen er verantwortlich handeln wird, auf dass nicht ein Zorn, dem er vielleicht entgehen kann, jene trifft.

Die ohne Not Kinderlosen muss man meiden wie der Teufel das Weihwasser. Es sind grenzenlose Egoisten, deren Perspektive auf die Zeit, die *ihnen* bleibt, beschränkt ist. Wer wollte einem Egoisten sein Wohlergehen anvertrauen?

(2) Schöne, meint: natürlich *anmutige* Menschen sind generell auch anständig. Das kommt daher, dass

man ihnen stets zugelächelt und ihre Freundschaft gesucht hat. Ihr Herz ist weich, voller Wärme, Güte und generellem Wohlwollen, angefüllt also mit jenen Gefühlen, die man ihnen zwangsläufig entgegenbringt. Sie kennen nur das Edle, das Gezierte in den Menschen und verhalten sich entsprechend.

Dies also, Kinderreichtum und Schönheit, sind zwei leichthin sichtbare Merkmale, durch die die Menschenfreundlichkeit eines potentiellen Anführers ermittelt werden kann.

Freilich sitzen solche Heilige nur selten auf den Thronen dieser Welt. Warum sollte sich auch ein schöner und geliebter Mensch, in dessen Seele bereits aller Reichtum des Kosmos angehäuft ist, sich dazu herablassen, seine unglücklicheren Artgenossen bessern zu wollen? Und wenn sich einer einmal dorthin verirrt haben sollte, dauert es meist nicht lange, bis er von Optimus verjagt wird. Dieser ist gewiss kein Menschenfreund, nein, aber er taugt dazu, über Menschen zu herrschen.

Der Philosophenkönig

Wie Platon richtig herausstellt, wird der Menschenfreund, der sich theoretisch aufs Regieren verstünde, alles tun, um einer Führungsverantwortung zu entgehen. Er ist weitsichtig und tiefblickend genug, um seine ultimative Machtlosigkeit, seine Ohn-Macht, zu ahnen. Ein Staat ist wie ein gewaltiges Schiff, das auf unsteter See treibt, und dessen viel zu kleines Ruder selbst in der Hand des besten Steuermanns weithin nutzlos bleibt. Ein sanfter Führer kann im besten aller Fälle den Kurs ein klein wenig zum Besseren wenden. Dem Eisberg, sollte dieser schon am Horizont erschienen sein, wird aber auch er nicht auszuweichen vermögen.

Der sanfte Führer sieht das Schicksal des Staates, in welchem er zufällig enthalten ist, voraus. Auch darum sträubt er sich, seiner Pflicht nachzukommen. Steuert das Schiff seinem Untergang zu, so weiß er sich ohnehin machtlos. Segelt es in Richtung guter Gefilde – was muss er noch eingreifen?

Über-Macht

Optimus versteht, sich in einen mythischen Charakter zu verwandeln. Die Menschen wollen nicht von ihresgleichen beherrscht werden. Sie ertragen es nicht. Tatsächlich ist die tiefsitzende Angst vor ihrer eigenen Unvollkommenheit einer der Gründe, warum sie ihr Schicksal lieber in die Hände des Großen Mannes legen – jemand der besser weiß, was gut für sie ist, jemand, der sie umsorgt wie eine Mutter und anleitet wie ein Vater. Die Größe des Optimus ergibt sich keinesfalls aus dem Verhältnis zum Plebs, wie man gemeinhin annimmt. Optimus kann und darf nicht als ein besonders begabter Plebejer gelten, also als einer, der *nur* besser ist als der Rest. Er muss unter einer eigenen Kategorie betrachtet werden. Er ist der Riese im Land der Zwerge, der Über-Mensch. Ein Mensch, der das Menschliche selbst transzendiert, wird zum Gott unter Sterblichen.

Mythos, Symbol und Macht

Götter werden nicht geboren, sondern gemacht. Selbst die größten Gestalten der Geschichte schissen sich als Säuglinge voll, litten Ängste, trafen Fehlentscheidungen, wurde ge- und enttäuscht. Indes gelang es ihnen, die wie ein Makel ihnen anhaftende Menschlichkeit geschickt zu verbergen. Sie hüllten ihre Nacktheit in das Gewand von Mythos und Symbol. Zeichen der Autoritas, Hofzeremonien und -riten, Titel, Geburtsmythen, Ahnentafeln, Kronen, Orden usw. – all diese sichtbaren und denkbaren

Zeichen der Macht dienen allein dazu, das Menschliche in das Übermenschliche zu übersetzen. Umgekehrt wird der Optimus mit und durch eben seine Symbole zu Fall gebracht. Alles kann seine Autorität ertragen, außer der in Form von Spott vorgetragenen Wahrheit, die seine Subjekte daran erinnern, Optimus ist gleich ihnen nur ein Mensch.

Mythos als Fundament der Autoritas

Jede Handlung des Optimus, jedes Wort, jeder Befehl muss vor dem Hintergrund einer mythischen Überhöhung geschehen, durch die die alltägliche Wirklichkeit, in der Plebs existiert, über-formt wird. Durch Befolgung des quasi heiligen Edikts erhält Plebs Anteil an der Majestät des Optimus. Er wird mehr als er ist, darf sich als Teil einer großen, universellen Bewegung empfinden, die seinem erbärmlichen Dasein Sinn und Würde verleiht. Optimus erhellt die Finsternis der bedeutungslosen Existenz des Plebs, wofür er dessen Ehrfurcht und Liebe als Tribut empfängt.

Gott und Erlöser

Optimus muss strafender Gott und barmherziger Erlöser zugleich sein. Er muss gefürchtet <u>und</u> geliebt werden.

Heros und Tyrann

Eine Zivilisation beginnt mit einem Heroen und endet mit einem Tyrannen. Zwischen diesen Charaktertypen scheiden nur die zufälligen Umstände der Zeit. Der Heros des Endes ist Tyrann, der Tyrann des Beginns ist Heros.

Der liebevolle Vater

Wenn unsere Führer uns liebten, wie sie es uns glauben machen wollen, wenn es ihnen wirklich um das Wohlergehen ihrer Untertanen ginge, würden sie alles in ihrer Macht Stehende tun, um Schaden von ihnen abzuwenden, was sie ja versprechen, wenn sie Krone und Zepter empfangen. Da aber nichts dergleichen geschieht, muss man davon ausgehen, dass unsere Führer uns nicht lieben. Unsere Führer lieben allein sich selbst. Ich habe noch keinen Mächtigen erlebt, der sich selbst abgeschafft hätte mit Ausnahme Sullas. Sulla war ein großer Mann.

Gewalt löst keine Probleme...außer die, die sie löst.

Man lehrt den Plebs, Gewalt löse seine Probleme nicht. Er habe sich ruhig zu verhalten und die Autoritäten sein Wohlsein besorgen zu lassen. Unter keinen Umständen dürfe er sich ein Beispiel an einem Kohlhaas nehmen und sich auf eigene Faust Recht zu verschaffen suchen, wo die Obrigkeiten ihn im Stich gelassen haben. Tritt man ihn etwa in der U-Bahn zusammen, so habe er dort in fötaler und fataler Haltung, den Kopf mit den Händen schützend, still zu liegen, bis die barbarischen Jugendlichen von ihrem Scherz ablassen oder er den Geist aufgibt. Das vergewaltigte Mädchen muss Verständnis für die Not ihres Peinigers zeigen, der nunmehr durch sie vor Gericht steht, wo er doch lieber anderswo wäre. Was immer also geschieht, nur keine Gewalt, denn Gewalt löst keine Probleme.

Ich frage mich nur, wenn Gewalt keine Lösung ist, warum halten sich die Mächtigen dann Heere von Polizei und Militär, die bis an die Zähne bewaffnet sind?

Die Genese des Zivis

Es ist eine der wesentlichen Aufgaben des Optimus dem Plebs das Gefühl zu vermitteln, sein kleines Leben habe Wert, da er Teil einer „größeren" Bewegung sei. Es genügt dabei nicht, einfach darauf hinzuweisen. „Du bist Teil von etwas Größerem, Freundchen, sei zufrieden!" – dieses Wort ist und bleibt abstrakt. Der kluge Optimus verbindet mit dem gewissen Wort eine gewisse Tat und schafft so einen Ritus. Der Ritus nämlich überführt das Abstrakte ins Konkrete, Erlebbare – die Religionen haben das alle gut begriffen und halten auf ihre Riten. Man sagt also dem Plebs: „Weil du Teil von etwas Größerem bist, will ich, dass du dies und jenes für dieses Größere tust. Ich will das du Zeugnis ablegst für mich und mir so deinen Wert beweist, Freundchen." Es sind kleine Dienste, die der Leviathan verlangt, symbolische Gesten in Gestalt eines ewig sich erneuerndem Ritus: Das Singen einer Hymne, das Wedeln einer Fahne beim Fußballspiel, die Abgabe einer Stimme usw. – all diese „sakralen" Handlungen vergewissern Plebs, dass er ein Teil des Leviathans ist und, so er denn die Riten brav erfüllt, sich seiner Anerkennung sicher sein darf.

Wer rastet rostet

Gelegentliche Krisen eignen sich zur Wiederbelebung stumpfsinnig gewordener Riten. Im Bunker betet und singt es sich doppelt schön. Die zerfetzte Fahne auf dem Schlachtfeld, meint: das Feld der Ehre, weht viel ansehnlicher vor dem blutroten Hintergrund einer brennenden Stadt als die hastig beim Fußballspiel aus dem Handgelenk gewedelte. Man muss Zivis überhaupt ständig bei Laune und in einem Zustand latenten Aufruhrs erhalten. Immer muss er liebend und flehend zu Optimus emporblicken, Weisung und Kommando hoffend und fürchtend.

Wenn alle Stricke reißen, wenn sich Langeweile breitmacht und selbst die Jagd auf Sündenbockminderheiten oder – mehrheiten nicht mehr hilft, hilft ein kleiner oder großer Krieg. Nichts ist für das Selbstgefühl des Plebs förderlicher als das Vergießen des eigenen Blutes. Er liebt es, sich als Opfer auf dem Altar des Leviathans darzubringen. Es bedeutet ihm die höchste Auszeichnung. Es adelt seine erbärmliche Existenz.

Nicht das Unmögliche, sondern das Gewollte fordern

Optimus wird nie fordern, was unerfüllbar ist. Er würde dadurch loyale Untertanen zu Rebellen wider Willen machen. Vielmehr wird er nur verlangen, was seine Subjekte ohnehin tun wollen, aber nicht ohne vormalige Sanktionierung durch eine Autorität zu tun wagen. So entspricht er mit seinem Befehl in Wahrheit ihren dunkelsten Wünschen und Sehnsüchten. Man irrt daher, wenn man bei den großen Tyrannen der Geschichte von Volksverführern spricht. Das Volk wird nicht verführt – es führt. Die Gesinnung des Einzelnen spielt in dieser Hinsicht keine Rolle. So oder so ist er erbschuldig.

Dezimierung als Beispiel guter Herrschaft

Optimus korrigiert die Handlungen und Gesinnungen seiner Subjekte gelegentlich auch durch Strafen. Deren Wirksamkeit beruht nicht so sehr im bloßen Anwenden von Gewalt als im Zeigen der Autoritas. Das Beispiel der Dezimierung aus dem römischen Militärwesen führt das schön vor Augen.

Benahmen sich die Legionen nicht den Erwartungen ihrer Anführer entsprechend, meuterten sie, erschlugen ihre Offiziere oder flohen vor dem Feind, disziplinierte man sie mittels Dezimierung. Bei der Dezimierung wird, wie der Name ahnen lässt, einfach jeder zehnte Soldat hingerichtet. Man lässt die Truppe in Gruppen zu Zehn Aufstellung nehmen. Wen das Los trifft, der wird von der Hand seiner Kameraden erledigt. Diese Art der Bestrafung ist in vielerlei Hinsicht brillant. Ich will vier wesentliche Aspekte herausstellen.

(1) Zunächst stärkt die kollektive Bestrafung das Gefühl von Einheit und brüderlicher Zusammengehörigkeit. Der Druck von außen verdichtet das Innere einer Gemeinschaft. Ob Bomben fallen, ob man einem gemeinsamen Feind nachsetzt oder ob das Schwert der Obrigkeit unter den Kollegen wütet – solange man mit ihm leidet, liebt man den Nächsten. Im Falle der Dezimierung gilt das doppelt. Denn das Urteil kommt von Außen, vom Befehlshaber, vollstreckt aber wird es von den Schuldigen, was diesen eine aktive Rolle bei der Wiedergutmachung ihres Verbrechens gibt. Indem die Neun den Zehnten töten, geben sie sich selbst ihre Ehre zurück, anstatt sie im Akt demütigender Vergebung aus der Hand der Autorität zu erhalten. Der Legionär, der die Dezimierung überlebt, ist in aller Würde und allem Recht wiederhergestellt, er selbst hat gut gemacht, was schlecht geworden war.

(2) Das Werk verweist auf den Meister zurück, die Tat konstituiert den Täter. Weiter oben haben wir herausgestellt, dass ein optimaler Führer sich mit einem mythischen Gepräge umgeben muss. Er muss die Sphäre des Menschlichen verlassen, muss Übermensch sein, um über seine Mitmenschen wie ein Gott herrschen zu können. Jede Handlung des Optimus muss dabei diesem übermenschlichen Machtanspruch adäquaten Ausdruck verleihen. Wie aber straft ein Gott? Er straft universal nicht

individuell, und er straft nicht mit eigener Hand, sondern stets mittelbar. Während der Einzelne und sein „Einzelfall" immer mit einem gewissen Quantum Nachsicht von Seiten des Richters rechnen darf, fällt die abstrakte Menge notwendig einem allgemeinen Zorn zum Opfer. Gott straft daher durch Naturkatastrophen, Pestilenzen, Kriege, Hungersnöte – Ereignisse, die sich gerade durch ihren überindividuellen Charakter definieren. Sie wägen nicht den Einzelfall, sondern vertilgen blind und in Menge. Die von der universalen Strafe Bedrohten plädieren demzufolge auch nicht als Einzelne, sondern fallen der Gottheit als vereinte Gruppe hilfesuchend vor die Füße. Die Gottheit stärkt mehr als durch das Wunder am Einzelnen durch kollektive Strafen die Zuneigung und furchtsame Liebe ihrer Kindlein. Die römischen Cäsaren und Generäle haben also gut und weise daran getan, den Ungehorsam ihrer Legionen unpersönlich (Los) und mittelbar (durch die Soldaten selber) zu korrigieren, wurden sie doch dadurch im Ansehen der Truppe wie Götter. Und für einen Gott geht ein Sterblicher jubelnd durch die Hölle.

(3) Und dann ist bei der Dezimierung noch ein weiterer Aspekt bedeutsam, der vor allem für die Selbstbestätigung der Zivilisation, in welcher diese Strafe Anwendung findet, relevant ist: Rechtlichkeit. Jede Zivilisation – die römische als direkter Vorläufer des Westens ist hier besonders gemeint – brüstet sich damit, den Kommerz des Plebs „rechtlich" zu regulieren. Man tut also nicht mehr aneinander, wie man meint oder empfindet, sondern man folgt einer Art Gebrauchsanweisung, dem Gesetz und seiner Interpretation durch Anwälte und Richter. Das Gesetz strebt danach, das Licht der Rechtlichkeit in alle Bereiche des öffentlichen und viele Bereiche des privaten Lebens zu tragen. Rechtlichkeit ist freilich nicht mit Gerechtigkeit zu verwechseln. Die Rechtlichkeit oder Ordentlichkeit entfernt lediglich das Willkürliche oder Zufällige aus den Beziehungen

der unter diesem Recht Lebenden. Das ist alles. Weitere moralische Implikationen gibt es nicht. Natürlich rechtfertigt man in einem Staatsgebilde die Rechtlichkeit, in der man ihr Attribute wie Sicherheit, gemeinsames Wohl usw. zur Seite stellt. Was das aber im und für den Einzelfall bedeutet, steht auf einem anderen Blatt geschrieben. Zurück zur Dezimierung. Die Rechtlichkeit ist hier im Begriff selbst ausgedrückt. Man straft nicht alle – das wäre willkürlich –, man straft nicht Einzelne – das wäre zufällig –, sondern jeden Zehnten, was rechtlich und recht zivilisiert ist. Dass das Los gezogen werden muss, also ein Grad Zufälligkeit sich in den Prozess geschlichen hat, ist ein notwendiges Übel, das dadurch suspendiert wird, dass es bei der Dezimierung eben nicht um die Vernichtung von Einzelnen geht, sondern die Truppe Objekt und Subjekt der Strafe ist. Der Einzelne, der unten den Schwerthieben seiner Kameraden fällt, ist nicht das eigentliche Ziel der Strafe, sondern nur Mittel zur Erziehung der Allgemeinheit.

(4) Eine Strafe ohne Barmherzigkeit, ein Urteil ohne Hoffnung auf Verbgebung, gerät leicht in den Verdacht schlichter Grausamkeit. Diese vermag zwar kurzfristig die Ordnung mittels Angst wiederherzustellen, langfristig aber schwächt sie den Stand des Herrschers, der auch auf der Liebe und dem Vertrauen seiner Subjekte beruht. Bei der Dezimierung ist das Moment der Gnade, der unverdienten Vergebung in brillanter Weise systemisch in den Akt der Strafe selbst integriert. Die Legion hat als Ganzes, als Einheit gefehlt. Jeder ist schuldig geworden und alle verdienen bestraft zu werden. Die Gnade ist, dass eben nicht alle gestraft werden, sondern nur jeder Zehnte. Das Los, das den einen verurteilt, spricht zugleich neun andere frei. Die Neun aber, die unverdient dem Schwert entgehen, werden gegen die Autorität die gleiche Dankbarkeit und Respekt empfinden wie gegen einen strengen,

doch gerechten Vater.

Als Randnotiz möchte ich hinzufügen, dass sich das Christentum, die verständigste aller Religionen, exakt des gleichen psychologischen Mechanismus bedient, wenn es verlautbart: Jeder ist schuldig und verdient Vernichtung, aber nur einer wurde für alle geopfert, sein Tod kauft das Leben der anderen. Ohne dein Zutun wurdest du schuldig, ohne dein Zutun bist du gerettet. Nun liebe und falle auf die Knie.

Von neuen und alten Herrn

Jede Zeit hat ihre bevorzugte Staatsform. Dies ist jene, die unter den bestehenden sozialen, wirtschaftlichen und technologischen Umständen am geeignetsten ist, den Artifiziellen Raum stabil und funktionell zu erhalten. Die Staatsform ist der Modus operandi des Artifiziellen Raums, des menschlichen Habitats. Wir genießen in unserer Gegenwart die letzten Züge einer sonderbaren Hybridform. Auf der einen Seite haben wir die von der Antike gefürchtete Herrschaft des Mobs (Demokratie), auf der anderen Seite, wohl um jene einzuschränken, die Herrschaft des Gesetzes, getragen und eingefordert durch eine vom demokratischen Prozess weithin abgelöste Bürokratie. Das ganze von wunderbaren Kräften zusammengehaltene Gefüge steht weiterhin unter dem Einfluss wirtschaftlicher Entitäten, denen es gleichfalls um Geld und Macht geht, sowie der Presse, die als bezahlte Propagandatruppe die Interessen bald dieser, bald jener Fraktion vertritt.

Es ist anzunehmen, dass in absehbarer Zukunft die Reste der Westlichen Zivilisation neue Staatsformen ausbilden, die ihren Niedergang verwalten oder eine Renaissance einleiten werden. Ich stelle drei wahrscheinliche Kandidaten kurz vor:

(1) Die wahrscheinlichste Option ist, dass die bereits verdeckt sehr einflussreiche in eine offene

Korporatokratie/Technokratie übergehen wird. Und warum auch nicht? Sollten uns nicht jene Unternehmen legal beherrschen, für die wir ohnehin schuften und aus deren Hand wir unser täglich Brot empfangen? Kein Gott, kein König, kein Präsident kann gerechter, weiser und gütiger agieren als eine Aktiengesellschaft, in der Hand einiger „stiller Teilhaber.“

(2) Der Neomarxismus oder Kulturmarxismus ist das ideologische Gift der Sklavenkaste, deren Ziel die Herstellung absoluter und personaler Gleichheit im Artifiziellen Raum ist. Die Sklavenkaste, die sich traditionell aus den Lebensschwachen, moralisch und leiblich Degenerierten und der politisch weithin ohnmächtigen Gruppe der Modernisierungsverlierer rekrutiert, verlangt diese Gleichheit, weil sie unfähig ist, im Wettbewerb um Ressourcen im Artifiziellen Raum mitzuhalten. Weil sie nicht gewinnen kann, möchte sie die Regeln des Spiels dahingehend ändern, dass es ultimativ von niemandem mehr gewonnen werden kann. Das neomarxistische Gift wirkt indes noch auf andere Weise. Es konstituiert in seinen Gläubigen eine Wirklichkeit, die sie sowohl in ihrer Erbärmlichkeit positiv affirmiert als auch ihre vermeintlichen Gegner dämonisiert. Sie sehen sich als ewige Opfer und die Opfer ihrer Aktionen brandmarken sie als Täter. So wird jeder gesunde Trieb der Selbstverbesserung ideologisch ausgehebelt, der Ruf nach Gleichheit aber zum Kampf ums Dasein stilisiert.

Eine neomarxistische Episode wird, so sie denn eintritt, von kurzer Dauer sein und nur den Übergang zu einer anderen, stabileren Staatsform darstellen. Die primitiv-sozialistischen Experimente, die sich von Zeit zu Zeit auf dem Boden destabilisierter Nationen ereignen, haben den Hang dazu, sich selbst zu vernichten, sobald sie keine inneren oder äußeren Gegner finden, deren Existenz die ihre ideologisch rechtfertigt. Ist also der letzte Unterdrücker und

Klassenfeind beseitigt, beginnt die Bewegung, sich in atemberaubender Geschwindigkeit selbst zu zerfleischen.

(3) Im besten, aber unwahrscheinlichsten Fall würde unsere Zivilisation nach dem Zusammenbruch in einen Zustand übergehen, der den Widerstreit zwischen dem Menschen als Leibwesen des Primordialen Raums und dem Menschen als Schöpfer und Geschöpf des Artifiziellen Raums versöhnt. Wie eine solche Versöhnung aussehen kann, zeigt das sogenannte archeofuturistische Modell. Diesen genialen Entwurf haben wir dem etwas wirr aussehenden Franzosen Faye zu verdanken, der ihn mit philosophischem Weitblick und einem spektakulären Untalent für Prosa in seinem gleichnamigen Buch „Archeofuturismus" formuliert hat. Viel Klugheit in diesem Büchlein, viel Polemik auch, viel Lächerliches, Peinliches, Deplatziertes. Der Mann lässt uns seine Herkunft nie vergessen und offenbart zwei so vielen französischen Denkern eignende Charakteristika: Unbegründete Selbstverliebtheit und den Hang, sich von der eigenen Begeisterung ver- und vorführen zu lassen.

Nichtsdestotrotz ist Größe und Schönheit in der Idee, das archaische mit dem artifiziellen Element zu versöhnen, eine Versöhnung, die vor allem dem Barbaren zugute käme, müsste er dann doch nicht mehr als Fremder in einem fremden Land leben, sondern könnte die Zivilisation, die ihm sein Barbarentum lässt, Heimat nennen. Er könnte sie sich einverleiben, anstatt von ihr einverleibt zu werden. Als ich das Buch gelesen habe, wurde ich weiterhin das Gefühl nicht los, dass Faye eine Welt wie sie in Herberts „Wüstenplanet" beschrieben ist vor Augen hatte: Traditionelle und archaische Aspekte wie religiöser Fanatismus, ein mythisches Seinsverständnis, mittelalterliche Feudalstrukturen, Kastenwesen usw. auf der einen, Hochtechnologie, Raumfahrt, Telepathie, Eugenik bis weit in den

Bereich aktiver genetischer Manipulation hinein auf der anderen Seite. Wie dem auch sei, die Idee des Archeofuturismus ist wert weitergedacht, weiterentwickelt und zumindest zum Spaß implementiert zu werden. Wenn nicht nach diesem Kollaps, vielleicht nach dem nächsten…

Die Beschäftigung mit der Zukunft des Artifiziellen Raums ist für Optimus obligatorisch. Dies nicht, um sie zu verändern. Optimus hat kein Interesse daran, Zukunft, wie man so sagt, positiv zu gestalten, nahende Gefahren abzuwenden und mögliche Chancen zu ergreifen. Optimus einziges Interesse ist der Erhalt seiner Macht und dazu ist die Kenntnis der Richtung, in welche sich der Artifizielle Raum bewegt, unabdingbar. Denn wohin immer sich der Artifizielle Raum auch wendet, Optimus muss immer schon dort sein, damit er im Nachgang jeglicher Veränderung als deren eigentliches Ziel begriffen werden kann. Der Erlöser kommt nicht von irgendwoher. Er ist immer schon da und wartet nur darauf gefunden zu werden.

Realpolitik

Dient es seinen Zwecken, wird Optimus Plebs sein freundliches Gesicht zeigen. Ist es auf der anderen Seite erforderlich, Grausamkeiten zu begehen, um ihn in der Stellung absoluter Dominanz und Kontrolle zu halten, wird er auch davor nicht zurückschrecken. Er ist ein Mann der Tat.

Demokratie und Republik

Demokratie ist nach Aristoteles die enthemmte Gewaltherrschaft des Pöbels. Ihr Gegenpart ist die Republik, welche die Tyrannei des Pöbels durch Gesetze einzuschränken sucht. Res Publica bedeutet zwar, dass Staatsangelegenheiten im *öffentlichen* Interesse liegen, nicht aber, dass sie auch vom Plebs entschieden werden. Stattdessen regeln Gesetz und eine institutionalisierte Administration (Bürokratie) das Zusammenleben.

Die Demokratie ist die schlechtestmögliche Staatsform. Tatsächlich verwendet Aristoteles das Wort Demokratie in herabsetzender Weise. Lebte er heute, würde er von der Tyrannei des Mobs sprechen und er hätte Recht.

Paradoxe Anforderungen

Wahlen? Ich habe nie verstehen können, warum man zum Führen eines Fahrzeugs eine Prüfung absolvieren muss, zum Führen eines Staates aber genügt es, ein bestimmtes Alter erreicht zu haben.

Menschenfreund

Was immer man sich an Bösem, Verdorbenem und Lebensfeindlichem wünschen kann – Plebs enttäuscht nie.

Chirurgische Demokratie

Ein Gedanke von Aristoteles, der den Unsinn allgemeiner Wahl recht deutlich herausstellt: Das Schiff lässt man vom Reeder bauen, das Auto vom Ingenieur konstruieren, das Essen von einem Koch zubereiten. Den Staat aber dürfen alle führen! Wehe uns, wenn die Demokratie in den Operationssälen Einzug hält.

Weisheit des Wahlvolks

Volksmund: Nur die aller dümmsten Kälber, wählen ihre Schlächter selber.

Stimmabgabe

Bevor ich meine Stimme *abgebe,* lasse ich mir lieber die Zunge raus schneiden!

Wahlen

Pepsi oder Cola – Diabetes bekommt man von beidem.

Reform des Wahlrechts

Als mein Schamane einmal zu viel getrunken hatte und die lästigen Geister aus dem Äther nicht mehr von ihm ablassen wollten, begann er laut über das geltende Wahlrecht zu jammern und verlangte dessen Reform:

„Wer mehr zu verlieren hat, weil er mehr investiert hat, dessen Stimme sollte logischerweise auch schwerer wiegen, wenn wir uns denn schon dazu herablassen wollen, unsere Wohlfahrt dem Glücksspiel einer Volkswahl anzuvertrauen? Wir wögen daher nicht nur das Steueraufkommen, sondern auch die familiäre Struktur und das Alter.

Je älter, desto erfahrener, desto mehr zähle die Stimme. Ich bin ein alter Sack. Meine Stimme, Freundchen, sollte dreimal zählen. Und je mehr Kinder einer hat, desto interessierter ist er wohl am Überleben des Gemeinwesens, und also zähle seine Stimme mehr. Ich habe sieben Bastarde gezeugt, was mit meinem Alter zusammen zehn Stimmen bedeutet! Und je schlauer einer ist, desto mehr zähle seine

Stimme. Ich bin ein Schlaumeier, wie ihn dieses Land kein zweites Mal gesehen hat, noch ertragen könnte. Zehn weitere Stimme für mich!

Weiterhin sollte jeder Wähler vor jeder Wahl eine Prüfung ablegen, bei der ermittelt wird, ob er sich überhaupt darüber bewusst ist, wen und was er denn wählt. Zur Wahl zugelassen sei zudem je nur das Oberhaupt eines Haushalts, der per Geburt und seit wenigstens drei Generationen Bürger des Staates ist, in dem er wählt. Ohne eigenen Haushalt, kein Recht zur Wahl. Wollten wir denn jemandem Mitsprache im Volkshaushalt zugestehen, der noch nicht einmal einen eigenen Haushalt unterhält?" So und weiter lamentierte der Schamane, bis er endlich müde wurde und einschlief.

Teilen und Herrschen

Optimus muss stets für die Anwesenheit eines Feindes sorgen, der die Kräfte seiner Subjekte organisiert und bündelt. Ist kein ausreichender äußerer Feind in Sicht, müssen innere Konkurrenzen wie etwa arm gegen reich, Arbeiter gegen Unternehmer, Frauen gegen Männer, alt gegen jung, liberal gegen konservativ usw. geschaffen werden. Weiterhin können aggressive kulturfremde Elemente eingeführt werden, um die Bevölkerung ein wenig zu terrorisieren. Die aggressive Minderheit sollte solange offen oder versteckt von den Institutionen der Öffentlichkeit unterstützt werden, bis der Ruf nach einem Erlöser laut wird. Dann ist die Zeit für den bis dato sich in Schweigen gehüllt habenden Optimus gekommen, seine Subjekte zu retten und dafür ihre Dankbarkeit und Unterwürfigkeit zu ernten. Erweist sich indes die Mehrheit als zu degeneriert, um nach dem starken Mann zu rufen (denn ein bisschen Mut und Lebenswillen braucht man auch dafür), sollte sich Optimus offen auf die Seite der Minderheit, die

nurmehr zweifellos die neue Machtelite bilden wird,
stellen, die *schweigende* und *duldende* Mehrheit noch
härter unter das Joch spannen oder schlicht der
Vernichtung preisgeben. Was immer angemessen ist
und...gefällt.

Heilspropheten

An ihrem Äußeren sind sie zu erkennen, die
Heilspropheten unserer Tage, wie eine Uniform tragen
sie ihr Fleisch: Grauhaarige Männer, gepflegte
Erscheinung, sauber, mit wohl gestutzten Bärten und
sanften Stimmen, aus denen Vernunft und das
verkehrte Maß des Plebs sprechen. Diesen Propheten
des Status Quo ist nicht zu trauen. Ihre Sekundanten
sind Wesen mit hohlen Wangen und seltsam bohrend-
argwöhnischen Blicken, in denen Missgunst und
Verrat glühen. Zum Beweis zitiere ich den größten
Kenner der menschlichen Seele, Shakespeare (Julius
Caesar I,2):

> *„Let me have men about me that are fat;*
> *Sleek-headed men and such as sleep o' nights:*
> *Yond Cassius has a lean and hungry look;*
> *He thinks too much: such men are dangerous. "*

Unterschied zwischen Gott und Optimus

Marginal aber entscheidend: Optimus verlangt
Proskynese, er will seine Subjekte *unter* sich haben.
Der gute Gott im Himmel dagegen wünscht sich wie
der gute Vater: Mögen meine Kinder mich *über*treffen,
auch wenn sie mich dabei abschaffen.

König und Kaiser

Die Römer verabscheuten den Titel des „Rex",
wenn sie auch mit dessen Funktion, wie die
Geschichte bewiesen hat, keine Probleme hatten.
Tatsächlich kann es als Treppenwitz und Lehrstück
der Geschichte angesehen werden, dass gerade die
Königshasser vom Tiber das Kaisertum erfanden.

Triumph

Wenn der römische Feldherr sich in
hervorragender Weise um das Wohl der Res Publica
auf dem Schlachtfeld verdient gemacht hatte,
gestattete man ihm, einen Triumph zu feiern – die
höchste Ehre, die einem Sterblichen verliehen werden
konnte. Wenn er dann vom Senat in pompöser
Zeremonie die Insignien dieser Ehre empfing, flüsterte
ihm ein Mann die Worte zu: „Vergiss nicht, du bist
sterblich." Wer einen solchen Souffleur hat, hat
wahrlich einen Triumph verdient.

Politischer Realismus

Wer sich bescheidet und mit wenig zufriedengibt,
kann auch in Claudius einen Gott entdecken.
Wer sich bescheidet und mit wenig zufriedengibt,
kann auch in einem Claudius Gott entdecken.

Des Kaisers Kleider

Wir haben die Tendenz, Autoritäten zu vertrauen.
Wir beten Macht an, verstecken uns hinter der Masse,
folgen der allgemeinen Meinung und Mode. Dieses
Verhalten, tief eingesenkt in das Gewebe unseres
Verhaltens, ist notwendig um soziale Gefüge zu bilden
und zu erhalten. Ginge jeder seinen eigenen Weg und
folgte seinem eigenen Wirrkopf, könnten wir uns

unmöglich in arbeitsteiligen Gemeinschaften organisieren. Jeder muss am gleichen Strang ziehen und in die selbe Richtung rennen, damit die Maschine unserer Welt weiterlaufen kann. Diese Richtung, so glauben wir, geben uns unsere Gebieter, die Autoritäten, die großen und gewaltigen Personen und Institutionen der Gesellschaft vor. Und damit wir ihnen glauben, bekleiden sie sich mit den Symbolen der Macht und sprechen die Sprache der Macht, sodass der dumme Plebs begreift: Dieser Mann dort ist die Autorität, seinem Gebot folge ich. Trüge nämlich der König keine Krone auf den Haupt und keinen Titel auf dem Namen, man könnte ihn glatt mit einem normalen Menschen verwechseln.

Dem Steuermann misstrauen

Edgar Allen Poe hat in seinem Arthur Pym eine wundervolle Szene beschrieben, die das Grauen der Erkenntnis, dass unser Schicksal nicht in der Hand von Göttern, sondern von Schwachköpfen ruht, brillant fasst. Es geschieht ziemlich zu Beginn des Buches. Arthur und Augustus, zwei Jugendliche, trinken bei einem Fest verbotenerweise Alkohol. Und wie es eben so ist, kommen einem im Rausch immer die besten Ideen. In diesem Fall entschließen sich die beiden, das Fest vorzeitig zu verlassen und eine kleine nächtliche Segeltour einzulegen. Nach einer Weile auf hoher See zieht ein Sturm auf. Arthur wird unruhig, sagt aber nichts, denn er sieht seinen Freund in der Dunkelheit aufrecht und kraftvoll das Steuer halten. Der Sturm wird stärker und das kleine Gefährt zunehmend zum Spielball der Urgewalten. Doch Arthur schweigt, denn in der Finsternis sieht er die Umrisse des Augustus, der das Steuer hält und sich nicht rührt, so als wäre alles in bester Ordnung und er Herr der Lage. Endlich zerreißt ein Blitz die

Dunkelheit und Arthur gelingt ein flüchtiger Blick auf seinen Freund. Augustus starre Haltung erweist sich keineswegs als Selbstgewissheit und Souveränität, vielmehr klammert er sich starr vor Grauen an das Ruder, ist bleich und seine entgleisten Züge bezeugen, dass er weder Herr der Lage noch seiner selbst ist. Während Arthur vertraute und schwieg, hatte Augustus bereits die Kontrolle verloren und so trieben die beiden hilflos in die Gefahr.

Wie Arthur geht es auch uns, wenn wir mit rührseligem Vertrauen auf unsere Herren und Meister blicken. Wir lauschen ihren nichtssagenden Reden, nicken, wenn sie uns versichern, alles sei gut und es bestehe kein Grund zur Sorge. Wir sagen uns: Was weiß ich kleiner Mensch schon? Dieser dort im Fernsehen weiß es besser, sieht die Dinge aus der Adlerperspektive und kann sie daher „objektiver" beurteilen. Man unterstellt, dass der, der Macht hat, wie Gott sein müsse, weil das Göttliche und die Macht im Verstand stets wundervoll zusammengehen. Natürlich ist dem nicht so. Der Anführer ist, wie gesagt, auch nur ein kleiner Mensch, der sich kaum anders von seinen Mitmenschen unterscheidet als durch die Symbole der Macht hinter denen er seine Kleinheit zu verbergen sucht. Gewiss, es mag sein, er verfügt über ein breiteres Spektrum an Informationen, die ihm mittels des Staatsapparates zugetragen werden. Aber auch hier arbeiten Menschen, die ihre eigenen Meinungen und Gefühle einbringen, wie eben jener (oder jene), der am Ende die Entscheidung trifft oder nicht. Errare humanum est.

Ich halte es für richtig, den Autoritäten gegenüber mehr als kritisch zu sein und der öffentlichen oder propagierten Meinung grundsätzlich zu misstrauen. Dieses Misstrauen ist übrigens logisch begründet und erwächst keineswegs aus einem irrationalen Vorbehalt. Selbst den höchstentwickelten Staaten ist es nie gelungen, basale und sehr offensichtliche soziale Probleme zu lösen. Oft erkennen sie diese nicht einmal oder weigern sich, sie ernst zu nehmen. Bei jeder Wahl geht es beispielsweise um soziale Gerechtigkeit. Jede Partei hat Ideen, nein, hundertprozentige Rezepte, wie dieser ominöse Zustand sozialer Utopie herzustellen sei, sofern der Plebs nur bereit ist, sein Kreuz im richtigen Kästchen zu malen. Ich frage mich, wenn die Sache so klar und der politische Gegner immer so völlig daneben liegt, warum haben wir denn nicht längst diese soziale Gerechtigkeit? Wir haben sie nicht, weil man eben kein Licht in einen dunklen Raum tragen kann wie die Schildbürger, meint: Das Problem selbst ist düster, ist vielleicht überhaupt kein Problem, sondern ein schlichter Sachverhalt, vielleicht gibt es so etwas wie soziale Gerechtigkeit überhaupt nicht, vielleicht ist das nur ein leerer Begriff, an den man eine Meinung wie an einen Hacken hängt… Ein echtes Problem, das leicht zu lösen wäre, ist die rückläufige Geburtenrate. Hierfür interessiert man sich im Westen von Seiten der Politik indes nicht. Hat man zu wenig Personal holt man sich die Dritte Welt ins Haus – zu beiderseitigem Schaden. Damit könnte man leicht durch finanzielle Anreize und ein wenig Propaganda die autochtone Bevölkerung dazu bringen, sich ein paar Kindlein mehr anzuschaffen – die meisten wollen ja, trauen sich nur nicht…

Kulturheroen

Zivilisation entsteht durch Helden, durch große Figuren, denen es gelingt, Arbeit und Wollen der Vielen in die gleiche Richtung, auf das gleiche Ziel hin zu lenken. Ist dieser Prozess einmal in Gang gesetzt, d.h. ist die Zivilisation geboren und erweist sie sich als lebensfähig, vollzieht sich der weitere Lebenszyklus automatisch. Solange sie auf dem Pfad bleibt, den die Kulturheroen eingeschlagen haben, wächst und gedeiht die Zivilisation. Gerät sie aber auf

Abwege, beginnt der Prozess ihres Niedergangs.

Kein Homo Politicus

Als Barbar will man sich von den niederen Gefilden, in denen sich soziale Macht wie Schlamm am Grund eines stehenden Gewässers ablagert, möglichst fernhalten. Die Gebieter und Verwalter der Zivilisation sind keine besseren, klügeren, weiseren Menschen. Meist ist das Gegenteil der Fall. Die erbärmlichen Geschöpfe der Macht, die sich in den trüben Gewässern und stinkenden Morasten des Artifiziellen Raums (genauer: Subraum der politischen Akteure) tummeln, um einander aufzufressen und auszukotzen, sind dringend zu meiden. Hände weg! Man möchte sich ja nichts einfangen.

Politische Geisteskrankheiten

Die meisten Menschen haben eine natürliche Scheu, sich vor ihren Mitmenschen zu exponieren. Bei einigen wenigen liegt die Sache indes andersherum: Sie empfinden diese Scheu nicht, das Gegenteil, sie schätzen es, in der Öffentlichkeit zu stehen, bewundert und verehrt zu werden, es geht ihnen dann einer ab, wie man so sagt.

Ich habe einmal, ich weiß weder wo noch von wem, einen Artikel gelesen, der paraphrasiert behauptet: Wer freiwillig in die Politik geht, leidet an einer Art Geisteskrankheit, einer Persönlichkeitsstörung. Diese Behauptung, die nicht unplausibel scheint, wurde in besagtem Text vielfach belegt – eine leichte Übung ist doch die Geschichte voll von Cäsarenwahnsinn. Ich gebe wieder, woran ich mich erinnere:

(1) Menschen haben einen Hang dazu, ihre

Sichtweisen klar zu definieren und an ihnen festzuhalten, während der Politiker eben diese Sichtweisen permanent alternieren muss, um dem jeweiligen Wahlvolk „nach dem Maul" reden zu können. Diese Alternation führt notwendig zur wohlbekannten Wahrnehmung beim Plebs, dass Politiker immer lügen. Das ist streng genommen nicht richtig. Sie lügen nicht in dem Sinne, dass sie die Unwahrheit sagen. Sie besitzen nur eben kein festes Konzept von der Wahrheit. Sie sagen daher immer das, was nach ihrer Meinung in der jeweiligen Situation gut räsoniert. Dass jemand, der kein festes Konzept von der Wahrheit besitzt, die Wirklichkeit seiner Existenz selbst wie einen formlosen Abgrund empfinden muss, liegt auf der Hand.

(2) Macht macht Angst. Macht ist nicht etwas, wonach man strebt, sondern wovor man sich gemeinhin in Acht nimmt. Die Symbole der Macht sollen erschrecken und damit Ehrfurcht erzeugen. Jene, die sich mit diesen Symbolen bekleiden, sind gegen diesen Effekt keinesfalls immun. Das Gegenteil: Sie scheinen selbst noch größere Furcht zu empfinden als ihre Subjekte. Sie sind Sklaven der Symbole, voller Angst und voll des Bewusstseins der eigenen Minderwertigkeit.

(3) Allen Politkern eignet die Fähigkeit und gleichzeitig das Bedürfnis, anderer Menschen Wohlwollen zu erwecken. Diese Fähigkeit tritt besonders bei Personen auf, die in der Kindheit selbst wenig Zuwendung erfahren haben. Sie entwickeln daher gewisse Taktiken, um eben jene „Liebe" bei Eltern, Lehrern, Mitschülern usw. zu erzeugen, an deren Mangel sie seelisch leiden. Beides, das Bedürfnis nach Anerkennung und der Zwang diese Anerkennung permanent bekommen zu müssen, sind tief in ihr Seelenleben verankert und bestimmten etliche ihrer Verhaltensweisen.

Wie ich dem Minister widerfuhr

Zum eben Genannten fällt mir eine seltsame Geschichte ein. Ich hatte einmal einen Job bei einem Catering Service. Man teilte mich als Bedienung für den Stehempfang irgendeines Ministers zwecks Eröffnung irgendeines Neubaus für die lokale Universität ein. Der Stundenlohn war akzeptabel und ich rechnete, kostenlos Häppchen und Alkohol abstauben zu können! Den ganzen Abend lief ich mit einem Tablett voller Sektgläser (von denen ich manches selbst leerte) zwischen Professoren, Assistenten, Stadträten, Bürgermeistern und was nicht alles an Würdenträgern umher. Irgendwann beschloss ich, eine Pause zu machen. Ich glaube zu diesem Zeitpunkt war ich bereits stark angetrunken, aber noch Herr meiner selbst – ich gehöre zu den Glücklichen, die auch berauscht noch gerade gehen und Liebe machen können. Anstatt den Saal zu verlassen oder mir in der Küche ein Plätzchen zu suchen, wie ich das hätte tun sollen, nahm ich ein Bad in der Menge. Da wir alle Anzüge trugen, fiel ich nicht weiter auf. Ich streunerte also umher, gesellte mich bald zu dieser Gruppe, bald zu jener, lauschte, nickte, lachte, trank ein Gläschen hier und noch eines dort und hatte eine gute Zeit. Irgendwann fand ich mich in der Menschentraube wieder, die sich um den Star des Abends, den Herrn Minister, gebildet hatte. Oh, wie begehrlich und selig leuchteten die Augen der Dekane und Lehrstuhlinhaber und Lokalpolitiker und Journalisten beim Anblick jenes größeren, helleren Gestirns, um das sie kreisten wie Planeten um eine Sonne oder Fliegen um einen Haufen Scheiße. Jedes Wort, das der Minister äußerte, wurde mit Wohlgefallen, ja Wonne aufgenommen. Welch höheres Glück mussten jene Erwählten empfinden, an die der Mann von etwas gedrungener Statur aber mit guter, geübter Stimme ab und an mit einer kleinen unverbindlichen Frage (Wie handhaben sie das hier in

X, Herr Professor? - Ach so, das ist ja interessant.") das Wort richtete! Ich trank ein wenig mehr und weil ich mich zu langweilen begann, begann ich meinen Gedanken nachzuhängen. Zurück an die Arbeit zu gehen, hatte ich übrigens völlig vergessen. Nun, ohne es zu merken, sank ich über die nächsten Minuten langsam durch die Menschenpfütze bis ich im direkten Gesichtskreis des Herrn Ministers urverwandt wieder auftauchte. Ein echter Minister, schau einmal an, dachte ich mir. Und musterte das seltene Geschöpf aufmerksam von oben bis unten. Ich fand den etwas zu kleinen, ergrauten Mitfünfziger, glattrasiert mit winzigen, sehr flink umherblickenden Äuglein eher unscheinbar. Das sollte ein Minister ein, ein gewaltiger Mann, vor dem alle Welt den Bückling machte? Er erinnerte mich vielmehr an einen Gartenzwerg in einem Maßanzug mit Ansteckerl in Landesfarben. Je länger ich da stand und ihn musterte, je häufiger begannen sich unsere Blicke zu treffen. Etwas irritierte ihn. Verstohlen sah ich an mir herunter. Vielleicht ein Fleck auf dem Hemd oder ein offener Hosenstall? Dann begriff ich. Alkoholisiert wie ich war, *starrte* ich den armen Wicht mit unabsichtlich grimmigem Blick an. Er musste glauben, dass ich ihn und seine Rede zutiefst missbilligte.

Ich denke jeder andere Mensch hätte sich nun ein Lächeln abgerungen und wäre der Szene diskret entwichen. Aber wenn man angetrunken ist, hat man meist bessere Ideen als einfach den Rückzug aus einer peinlichen Situation anzutreten. Ich begann periodisch den Kopf zu schütteln, zynisch zu grinsen, die Brauen hochzuziehen und Zischlaute von mir zu geben. Der arme Gartenzwerg war völlig verwirrt. Seine Rede – er monologisierte zu diesem Zeitpunkt – begann ihren Elan zu verlieren. Er merkte das, was seine Unsicherheit noch weiter steigerte. Unsere Blicke trafen sich immer häufiger. Endlich war es ihm zu viel. Abrupt beendete er den Satz, wandte sich mir zu, streckte mir die Hand entgegen und sagte: „Wir wurden uns noch nicht vorgestellt, Herr…?"

Ich wünschte ich könnte die Geschichte mit einem Paukenschlag beenden, einem klugen Scherz oder wenigstens einer grandiosen Unverschämtheit, aber ich kann es nicht. Ich wurde rot – ich spürte, wie mir das Blut in die Wangen schoss– und stammelte: „Ich bediene hier nur."

Der Minister schmunzelte. „Na, dann bedienen sie mal, junger Mann!", sagte er. Die Umstehenden brachen in Gelächter aus. Wie ein begossener Pudel zog ich mich zurück.

Mit dieser hoffentlich nicht zu langweiligen Anekdote will ich die schwerwiegende Abhängigkeit des Politikers von der Meinung seiner Mitmenschen deutlich machen. Sicher, es ist ein Einzelfall, aber das Prinzip wird doch sichtbar. Würde es einen gesunden Mann interessieren, ob irgendjemand ihm Grimassen schneidet? Würde er das freche Verhalten nicht einfach ignorieren oder patzig nach dem Grund der Gesichtsakrobatik fragen? Gewiss. Die Meinung des Anderen ist für das eigene Wohlbefinden irrelevant und darum kann man Grobheiten mit Grobheiten vergelten und tut das auch. Der machtvolle Politiker hat diese Option nicht, weil sein Wohlbefinden, eben vom Wohlwollen seiner Subjekte abhängt. Ein trauriger Mann, der Sklave seiner Sklaven ist, und ein wahrlich kranker Mann, der dieses Schicksal auch noch begehrt.

Idealer Staat

Eine ideale Zivilisation, eine Utopie, wenn man so will, würde nie den Zustand ihrer gesunden Jugend verlassen. Sie würde beständig hinzufügen und wachsen und ihre Träger würden beständig und fanatisch die unwandelbaren Grundwerte des Staates, ihres Staates, im und durch das eigene Leben umzusetzen suchen, würden sich also ganz und völlig mit diesem Staat identifizieren. Eine solche Zivilisation der ewigen Jugend könnte nur im Spannungsfeld zwischen Expansion in allen Bereichen und vollkommenem Stillstand existieren. In einem solchen Staat könnte sogar der Barbar heimisch werden, wenn er ihn nicht gar selbst in einem Moment der Schwäche oder geistigen Abwesenheit gegründet haben würde. Weil es aber einen solchen Staat nicht gibt, muss der Barbar als Fremder unter Fremden leben, stets darauf bedacht, sich nicht an der Krankheit des allgemeinen Niedergangs anzustecken und selbst korrumpiert zu werden. Er haust auf einem verwesenden Leichnam.

Entscheidung und Effizienz bei der Staatsführung

Das Konzept der Entscheidungseffizienz, das wir in seinen Grundzügen von Aristoteles (oder war es Platon? Oder beide?) her kennen, ist ein einfaches, doch aussagekräftiges Modell, einen guten, d.h. handlungs- und überlebensfähigen Staat bestimmen zu können. Hier die Idee: Der oder die Führer eines Staates müssen Entscheidungen über dessen Wohl und Wehe treffen. Treffen sie „richtige" Entscheidungen gedeiht der Staat, schlechte Entscheidungen verursachen dagegen Schaden. Aristoteles (diesmal bin ich mir sicher) unterscheidet drei Staatsformen, die er in ihrer idealen und pervertierten Gestalt verhandelt. Monarchie oder Tyrannis ist die Herrschaft eines Einzelnen. Aristokratie oder Oligarchie ist die Herrschaft einer Gruppe. Republik oder Demokratie steht für die Herrschaft der Masse. Betrachtet man die Staats- oder besser Regierungsformen nun im Zusammenhang mit der jeweiligen Entscheidungseffizienz, ergibt sich folgendes Bild:
(1) Die Monarchie ist die ideale Staatsform, sofern der Monarch weise ist und stets die bestmöglichen Entscheidungen trifft, ohne

irgendwelche Kompromisse eingehen oder Rücksichten nehmen zu müssen. Die Tyrannis dagegen wäre die schlechtestmögliche Staatsform, würde doch der Tyrann immer und unangefochten schlechte Entscheidungen treffen.

(2) Oligarchie und Aristokratie erzeugen tendenziell gute oder schlechte Entscheidungen, wobei stets ein Gran von Kompromissbildung und Rücksichtnahme mit einfließt. Es werden also gute, nicht die besten Entscheidungen getroffen, im Gegensatz aber auch nur schlechte und nie die schlechtesten.

(3) Demokratie und Republik haben die Tendenz sich irgendwo in einer indifferenten Mitte einzupendeln. Sie werden nie die besten oder auch nur gute Entscheidungen hervorbringen, allerdings auch keine katastrophal schlechten.

Zyklus von Regierungsformen

Die o.g. Staatsformen weisen die Tendenz auf, ineinander überzugehen: Demokratien und Republiken sind besonders anfällig für soziale und moralische Degeneration. Wir nehmen sie daher als Ausgangspunkte.

Bei der Republik fängt der Fisch vom Kopf her zu stinken an. Es sind die etablierten Repräsentationseliten, die durch Ausbildung einer Oligarchie suchen, ihre durch nichts als Volkes Wankelmut legitimierte Macht systemisch zu reproduzieren. Die Folgen sind weitläufige Korruption und Vetternwirtschaft, welche die Gesetzesstruktur der Republik von innen er aufzulösen beginnen. Oligarchien haben den Hang in Tyranneien überzugehen. Tyranneien haben ihrerseits den Hang von Demokratien abgelöst zu werden usw.

Bei der Demokratie hält nichts den Mob zurück, auf die tiefsten Stufen menschlicher Verkommenheit zu sinken. Wir kennen das. Zentrale Werte, die das Rückgrat jeder Gesellschaft bilden, werden zersetzt. Wertbegriffe wie Familie, Pflicht, Altruismus, Streben nach dem Höheren usw. ertrinken in einem chaotischen Strudel neuer Scheinwerte, die teils vulgär-hedonistisch, teils primitiv-egalitär formuliert sind. Der Mensch verkommt zum Vieh, die Gesellschaft sinkt in einen Zustand zwischen latentem Bürgerkrieg und individueller Apathie, der das soziale Leben zunehmend beeinträchtigt und endlich zum Erliegen bringt. Demokratien haben den Hang in Monarchien überzugehen. Bevor die Stunde Null schlägt, tritt oft genug der Große Mann als Retter der letzten Reste der alten Ordnung auf, die ihrerseits aus Mangel an Alternativen willig und bereit ist, sich der notwendigen neuen Ordnung zur Verfügung zu stellen. Der Große Mann fährt nun entweder den Karren an die Wand oder es gelingt ihm, das Ruder herumzureißen und die Gesellschaft zu reorganisieren. Der Monarch wird meist von einer relativ stabilen Aristokratie abgelöst, welche dann oft in eine Republik übergeht.

Hellsichtig nennt unsere Zeit die Nationen des Westens Demokratien, obwohl es sich technisch gesehen noch um Republiken handelt. Das republikanische Moment spielt indes in der Wahrnehmung des Plebs keine große Rolle mehr. Würde man eine Umfrage auf der Straße machen, welche Staatsform Deutschland oder Frankreich haben, wäre die Antwort fast immer: eine Demokratie, was, wie gesagt, formal falsch aber inhaltlich korrekt ist. Hier erweist sich übrigens einmal mehr die wirklichkeitsgestaltende und wirklichskeitsabbildende Kraft der Tiefsprache, die gewissermaßen nebenbei die Wahrheit ans Tageslicht bringt. Denn obwohl heute kaum noch jemand weiß, wer oder was (!) Aristoteles war, scheint doch ein unbewusstes Verständnis davon zu existieren, dass es sich bei unseren Gesellschaften nurmehr um kirksche

Schweineställe handelt, weswegen man eben von Demokratien spricht, obwohl man ja eigentlich nur die gelegentlichen Wahlen meint...

Karotte und Stock

Faye, der von sich selbst behauptet, in einem Porno mitgespielt und – gewirkt zu haben, hat bei dieser Betrachtung geholfen:

Optimus kontrolliert Plebs bevorzugt mit einer Karotte, die er vor seinen Augen baumeln lässt. Systemaffirmierendes Verhalten wird mit wertlosen Auszeichnungen und leeren Versprechungen belohnt, was dieses Verhalten wiederum affirmiert. Wer in der Schulaufgabe eine 1 schreibt, wird gelobt. Neben die Note klebt der Leerkörper ein Sternchen. Auch Mama und Papa, ebenfalls so erzogen, dass sie leere Anerkennungen von Seiten der Macht zu schätzen wissen, freuen sich sehr, kaufen dem Liebling ein Eis und erzählen in der Nachbarschaft herum: „Mein Gott, der Kleine könnte es einmal zum Beamten mit sicherem Einkommen bringen!“ Die Karotte wirkt besser als der Stock. Vor allem ist sie ressourcenschonender. Optimus kann sich mit Titelchen und Orden manchen Gulag sparen und manchen potentiellen Dissidenten, dem es in Wahrheit immer nur um ein bisschen Extra-Liebe von Seiten der Herrschenden ging, einem Krümel vom Kuchen der Macht, zu einem feurigen und loyalen Anhänger machen. Das ist besser als ihn hinzurichten, nicht? Den übellaunigsten Querulanten und treusten Heinrichen kann die Karotte zur Not sogar in den Allerwertesten geschoben werden, jenen zum Schrecken, diesen zur Freude.

Der Stock sollte dagegen immer nur temporär und immer nur gegen eine kleine Gruppe eingesetzt werden. Ein Schlag schmerzt und, schlimmer, demütigt den Geschlagenen. Dieser entwickelt naturgemäß eine starke Antipathie gegen die Hand, die straft. Sobald sich eine Gelegenheit bietet, wird er zurückschlagen.

Die Unbelehrbaren, d.h. jene Querköpfe, die nichts von der Karotte wissen wollen und die der Stock nur noch verstockter macht, sollte man von besagten Querköpfen befreien. Die Axt ist ein Stock, der wirklich überzeugt.

Wahrheit und Wirklichkeit

Wahrheit ist einfach

So sage ich mir vor, wenn der Kopf schwer und die Gedanken trübe werden: Alle Wahrheit ist einfach und selbstgenügsam und robust. Mit der Klinge des Mönchs kann man Brot und Stein gleichermaßen schneiden.

Dekonstruktion

Wenn uns etwas überaus Komplexes begegnet, haben wir es entweder mit einem aus Steinen errichteten Haus oder einem Luftschloss zu tun. Ein Hammer hilft bei der Prüfung; der Barbar hat ihn stets zur Hand.

Evola

Julius Evola war ein Schlaukopf und unzeitiger Spaziergänger. Er schreibt am Anfang des ersten Kapitels seines Buches *Revolt Against The Modern World*:

„In order to understand both the spirit of Tradition and its antithesis, modern civilization, it is necessary to begin with the fundamental doctrine of the two natures. According to this doctrine there is a physical order of things and a metaphysical one; there is a mortal nature and an immortal one; there is the superior realm of ´being´ and the inferior realm of ´becoming.´ Generally speaking, there is a visible and tangible dimension and, prior to and beyond it, an invisible and intangible dimension that is the support, the source, and true life of the former."

Einen Blickwinkel einnehmen

Wenn wir etwas nicht verstehen, weil es uns zu komplex scheint, müssen wir nur zurücktreten, bis wir einen Blick auf das Ganze erhaschen können. Das Wissen um das Allgemeine einer Sache erlaubt die sinnreiche Betrachtung ihrer Einzelteile. Man stelle sich vor, man wird mit verbundenen Augen an einen Ort geführt. Sobald die Binde entfernt ist, sieht man nur die komplexe und chaotische Maserung irgendeines Materials. Man könnte nun Mutmaßungen anstellen, was das sei: Eine Landschaft vielleicht aus großer Höhe betrachtet oder die Haut eines Elefanten aus unmittelbarer Nähe oder was auch immer. Tritt man zurück, erkennt man, es handelt sich um einen Stein. Tritt man weiter zurück findet man, der Stein ist Teil einer Mauer, die Mauer ist Teil eines Gebäudes und jenes ist Teil einer Stadt usw.

Wirklichkeit...

...wird vom Menschen für wahr-genommen oder auch nicht. Es liegt in ihm, jedoch nicht an ihm. Die Fähigkeit, Wirklichkeit nicht als unabänderliches Faktum anzunehmen (wie ein Tier), sondern als etwas Wandelbares, erlaubt dem Menschen, gestalterisch auf eben diese Wirklichkeit einzuwirken, ja sie ex nihilo zu konstruieren. Weil wir etwa vom konkreten Jetzt-Bestand einer Sache abstrahieren können, sind wir in der Lage, sie geistig auf ihr Noch-Nicht hin zu entwickeln – wir *wirken* entsprechend *auf* sie ein und verwirklichen sie so *für* uns.

Der Einwirkung auf die Wirklichkeit voraus geht, wie gesagt, deren Wahr-Nahme. Doch Wahrheit ist ebenso wandelbar wie die Wirklichkeit, die aus ihr erwächst. „Was ist Wahrheit?" fragt Pilatus, der große Philosoph des Neuen Testaments, und erhält vom Gottessohn natürlich keine Antwort. Wahrheit ist etwas, was nicht ist und daher auch nicht gefunden werden kann, sondern etwas, was man macht oder sich erwählt.

Wirklichkeit wird demzufolge auch nicht gefunden, sondern erzeugt und vermittelt. Durch Sprache, durch Sozialisation, durch Erfahrung. Dem Erleben geht der Glaube voraus, dem Fakt die Spekulation. Eine Zivilisation setzt eine gleichgeschaltete Trägerschaft voraus, die an eben die Wirklichkeit dieser Zivilisation glaubt und sie durch diesen Glauben konstituiert. Das ist ein wenig so wie mit dem Papiergeld. Allein der Glaube, wertloses Papier gegen Güter eintauschen zu können, konstituiert den *Wert* des Geldes innerhalb eines wirtschaftlichen Raums. Wenn die Menschen den Glauben an ihr Geld verlieren, verliert dieses allen Wert. Mit eiserner Hand sorgt deshalb der Staat als Wächter der Zivilisation dafür, dass solche Häresien, solche Abfälle vom rechten Glauben, nicht geschehen und die je geglaubte Wirklichkeit sich permanent im Plebs reproduziert.

Götter und Weihrauch

Die liebste Speise der Götter ist Weihrauch. Er entspricht ihrem Geschmack, weil er ihrem Wesen entspricht.

Gewebe der Wirklichkeiten

Das Gewebe der Wirklichkeit hat zwei Lagen: Das, was nach den Regeln des Glaubens für wahr genommen wird (Orthodoxie), und das, was dem Glauben zugrunde liegt (Mystizismus).

Das Für-Wahr-Genommene ist das Sichtbare. Es wird mittels einer Hoch-Sprache kommuniziert, deren Ausdruckspotential derart abgeflacht ist, dass sie allgemein in einem Artifiziellen Raum verstanden werden kann.

Das Grundlegende, Unsichtbare, Eigentliche ist das, was der Mensch als Leibwesen erfährt und erlebt. Es bildet das dunkle, formlose Material seiner Innerlichkeit. Alle Weltanschauung, die er als Gegenstand seines Bewusstseins besitzt, ist nichts als Abstraktion und Interpretation jener finsteren Formlosigkeit auf dem Grund seiner Seele.

Artifizieller und Archaischer Raum und ihre Wirklichkeiten

Allein für die Betrachtung und das Studium derselben ist es hilfreich, die ins Auge zu fassenden Daseinsbereiche menschlicher Existenz in *Räume* aufzuteilen. Ich habe bereits weiter oben mehrfach den Artifiziellen Raum genannt, weil dieser Begriff tiefsprachlich unmittelbar verstanden wird. Er beschwört Bilder von Betonwüsten, von Hochhäusern, in denen Menschen wie Vieh gelagert sind, aber auch von Hoch- und Reiztechnologien, die den Alltag der Zivilisation bestimmen. Neben dem Artifiziellen unterscheiden wir den Archaischen oder Primordialen Raum. Platt ausgedrückt könnten wir auch von Siedlung und Wildnis sprechen.

Der Artifizielle Raum erzeugt ein künstliches *Da*, einen Existenz-Ort, an welchem eine Person gemäß dieses Da′s *ist*. Der Zivilist definiert seine Existenz durch den Ort oder die Orte, die er im Artifiziellen Raum einnimmt. Zur Veranschaulichung kann das Bild eines Hauses mit seinen verschiedenen Räumlichkeiten als Vergleich herangezogen werden. In einem Wohnhaus finden wir Schlafzimmer, Wohnzimmer, Kinderzimmer, Küche, Keller usw., also Räume, in denen die Bewohner bestimmte Dinge tun. Diese Räume sind ausgestattet, diese Tätigkeiten zu ermöglichen und zu unterstützen. Ein Schlafzimmer wird durch das Vorhandensein einer Schlafstelle definiert, das Bad durch eine Badewanne und einen Wasseranschluss usw. Der Artifizielle Raum einer Zivilisation gleicht einer Stadt, in denen viele verschiedene Häuser in vielen verschiedenen Vierteln stehen. Diese Viertel könnte wir Kulturkreise nennen, die Häuser Nationen oder Vaterländer. Die Räume in diesen Häusern sind Subsysteme, Milieus, in denen sich die Zivilisten aufhalten. Unsere schöne Stadt ist in stetem Wandel begriffen. Wir haben es mit einem sich permanent veränderndem sozial-kulturellem Konstrukt zu tun, das bei aller Künstlichkeit doch nicht die organisch-chaotische Handschrift seines Künstlers verleugnen kann: Dass ist der Mensch mit seiner Doppelnatur von Zivilist und Leibwesen. Er ist Geschöpf <u>und</u> Schöpfer dieses künstlichen Raums, sein Bewohner und Gefangener. Alles, was den Kunstraum der Zivilisation zusammenhält, ist der Glaube seiner Bewohner an dessen Existenz, welcher in der Folge ein Verhalten hervorruft, das eben diesen Glauben entstehen lässt und ihn erhält. Dieser Glaube bezieht sich wie jeder Glaube auf eine bestimmte, konsensuelle Art, die Dinge zu deuten und so eine universale und kommunizierbare Wirklichkeit zu erzeugen. Ich fasse zusammen: Der Artifizielle Raum ist Ursache und Ziel des zivilen Daseins.

Der Primordiale Raum ist besser vergleichbar mit einer Wildnis, in die hinein geworfen sich der Mensch als Leibwesen in einem Kampf ums Überleben wiederfindet. Im Gegensatz zum Artifiziellen Raum, der berechenbar ist und sich den Bedürfnissen seiner Bewohner anträgt, gleichwie er jene reproduziert, zwingt der wilde Raum den Menschen dazu, ihn entweder zu bändigen oder unterzugehen. Der Mensch verliert diesen Kampf mit der Wildnis immer! Es ist sein Schicksal und der Grund, warum er den Artifiziellen Raum als Gegenwelt erschaffen muss. Es ist ein schlimmer Aberglaube, ein katastrophales Missverständnis davon auszugehen, Zivilisation entstehe durch die Umformung einer ungeordneten in eine geordnete Umwelt, so als wäre das primordiale Chaos je überwunden worden. Tatsächlich ist der Artifizielle Raum nur ein Refugium. Er stellt die Gegenwelt zur Wildnis vor, in der der Mensch nicht existieren kann.

Der Archaische Raum ist ohne feste Wirklichkeitsstrukturen, was ihn unverfügbar macht. Die Wahrnehmung vollzieht sich dort im Medium des Gefühls, des Instinkts und findet Ausdruck in Lied, Gedicht, Mythos. Im Archaischen Raum ist der Mensch gänzlich auf sich als Leibwesen zurückgeworfen. Seine Fragilität und Ohnmacht sind ihm voll und schmerzhaft bewusst. Er gewahrt, er ist schwaches Fleisch und dünnes Blut, aber begehrlicher Wille und grenzenloses Sehnen. Er ist dort <u>nicht</u> Gedanke oder Abstraktion.

Die Zeit des Archaischen Raums ist Fluss ohne Anfang und Ende, ein ununterbrochener Augenblick. Die Zeit des Artifiziellen Raums ist Maß und Takt in Stunde, Tag, Jahr usw.

Ein Letztes: Archaischer und Artifizieller Raum und die Wirklichkeiten, die sie in ihren Bewohnern begründen, sind keine strikt getrennten Dimensionen, die in strikter Weise ineinander übergehen oder in irgendeinem fixen Verhältnis zueinander existieren, obwohl ich dies aus Mangel an einer Sprache, die hinreichte, das Paradox und das Undenkbare irgend sinnvoll auszudrücken, so auszudrücken gezwungen bin. Diese Sphären zu trennen wäre so, als würde man versuchen, seinen Schatten loszuwerden. Der Artifizielle Raum, um in diesem Bild zu bleiben, ist der Schatten, den der Mensch unter der Sonne des Archaischen Raums wirft und in den hinein er beständig vor dem sengenden und allgegenwärtigen Licht zu fliehen sucht.

Das künstliche Paradies

Der Artifizielle ist eine Gegenwelt zum Primordialen Raum. Das bedeutet indes nicht, dass er eine grundsätzlich verschiedene Wirklichkeit generiert. Wie der Schatten eines Dinges dessen Umrisse wiedergibt, so stellt der Artifizielle Raum tatsächlich Elemente des Primordialen Raums vor, nur dass diese Elemente gemäß den Regeln der Zivilisation so modifiziert sind, dass der Mensch als fragiles Leibwesen relativ gefahrlos seine Bedürfnisse befriedigen kann.

Einige Beispiele: Die Höhle erscheint als Haus, der Baum als Plantage, der Fluss als Leitungswasser, der Pfad als Straße usw. Auch archaische Verhaltensweisen werden in den Artifiziellen Raum hinein übersetzt: Das Jugendfest erscheint als Diskobesuch, Jagen und Sammeln finden im Kaufhaus und Supermarkt statt, der Kindergarten ersetzt die gemeinsame Kinderpflege durch die Stammesgemeinschaft oder Großfamilie. Selbst strenge und tiefe soziale Hierarchien, wie sie im Archaischen Raum notwendig herrschen, finden in Anreden wie Herr, Sir oder Begriffen wie Master Bedroom, King Size Bed usw. ihr Echo. Gedächtnis und mündliche Tradierung erscheinen als Gedrucktes und geistiges Eigentum.

So gesehen abstrahiert der Artifizielle Raum lediglich das, was im Primordialen Raum vorgefunden wird gemäß den Bedürfnissen des Menschen.

Abstraktion ist ein wesentliches Werkzeug der Ausgestaltung des Artifiziellen Raums. Sie geschieht durch den rechnenden und analytischen Anteil des menschlichen Intellekts. Abstrahiert wird, wie gesagt, zunächst von der primordialen Welt, um eine dem Menschen freundlichere Gegenwelt zu erschaffen. Die Abstraktionsarbeit hört indes nicht auf, sondern geht immer weiter. Dieses Fortschreiten kennen wir unter dem Begriff des „Fortschritts". Es handelt sich hier, wie die tiefsprachliche Deutung des Wortes sofort offenbart, nicht um eine Bewegung einem Ziele zu, sondern um eine wachsende Entfernung vom primordialen Grundbestand durch weitere Abstrahierung. Wir schreiten von unseren Ursprüngen fort. Fortschritt geschieht, wenn der Artifizielle Raum beginnt von der in ihm herrschenden Wirklichkeit weiter zu abstrahieren. Nehmen wir als Beispiel das Haus und bilden eine Abstraktionskette: Das Haus ist die künstliche Höhle. Das Haus beherbergt seine Bewohner. Das Haus enthält Personen. Ein Karton erhält Gegenstände. Haus und Karton sind Aufbewahrungsmittel. Aufeinander gestapelte Kartons gleicher Größe enthalten eine Vielzahl von Gegenständen auf geringem Raum. Ein Hochhaus (aufeinandergestapelte Wohneinheiten standardisierten Zuschnitts) kann eine Vielzahl von Personen auf engem Raum enthalten.

Der Fortschritt des Artifiziellen Raums entfremdet den Menschen von seiner Urnatur als Leibwesen, weswegen Zivis oft an existentieller Leere, Depression, einem Gefühl von Heimatlosigkeit (Ortlosigkeit, Dasein ohne „Da") leidet, von dem er sich mit primitivem Hedomismus, Konsum und Reiztechnologie abzulenken sucht.

Logik und Lüge

Logik und Lüge sind semantische Werkzeuge des Artifiziellen Raums. Die archaische Wirklichkeit kennt sie nicht.

Schicksal und Verhängnis

Der Artifizielle Raum ist Schicksal und Verhängnis des Menschen. Sich aus dem Stand der Natürlichkeit heraus in die sterile Sicherheit der

Zivilisation zu begeben ist ihm...natürliches und notwendiges Bedürfnis. Der periodische Rückfall in einen archaischen Zustand ist Balsam für die geschundene Seele, und Gift für den Artifiziellen Raum.

Herrschaftssprache

Wer die Sprache beherrscht, wer also vermag, Worten gewisse Bedeutungen beizumengen, die erwünschte Resonanzen bewirken, kontrolliert die Wirklichkeit jener, die gezwungen sind, sich dieser Sprache zu bedienen. Der Artifizielle Raum kreiert die Wirklichkeit seiner Träger durch Sprache, gleich wie sie ihn mittels Benutzung dieser Sprache konstituieren. Orwell´s Meisterstück „1984" ist in diesem Sinn als Gebrauchsanweisung für den modernen Barbaren zu sehen, um sich (1.) vor Indoktrination zu schützen und (2.) die Herrschaftssprache mit ihren eigenen Mitteln auszuhebeln, wenn ihm der Sinn danach steht.

Lüge

Kierkegaard sagt: Jeder Ausdruck der Masse ist per se Lüge.

Nietzsche sagt: Alle Sprache ist Lüge.

Die Lüge entsteht aus der Differenz zwischen Oberflächen-Sprache (Was gesagt wird) und Tief-Sprache (Was die Sprache, nicht der Sprechende, wirklich meint). Mehr als eine Abstraktion von einem Sachverhalt gründet die Lüge in einer Abstraktion von dem, was Sprache eigentlich bedeutet. So ist die Lüge das semantische Fleisch der artifiziellen Wirklichkeit.

Tiefsprache

Tiefsprache zu lernen ist denkbar einfach und obwohl dicke, sehr komplizierte Bücher darüber geschrieben wurden, will ich mir herausnehmen, die Sache ganz barbarisch auf ein paar mutige Sätze herunterzubrechen. Der Grundgedanke ist, dass Sprache immer gleichzeitig auf zwei Ebenen verstanden wird: Oberfläche und Tiefe. Die Oberfläche ist definiert durch den sozialen Gemeinsinn. Oberflächen-Sprache wird im sozialen Verband gelehrt. Sprachtiefe dagegen findet man im Grundgehalt der Wortbedeutung, die sich vor(!) der Etablierung eines höher entwickelten Artifiziellen Raums im primordialen Existenzzustand konstituiert hat und welche immer unbewusst mitverstanden wird. Wir haben oben mit dem Wort „Fortschritt" bereits ein Beispiel dafür gegeben, wie die moderne von der eigentlichen und erstaunlicherweise auch immer noch zutreffenden Bedeutung abweichen kann. Fortschritt meint im Artifiziellen Raum moderner Prägung immer etwas grundsätzlich Positives, nämlich die weitere Abstrahierung vom bestehendem, während das Wort in seiner Tiefe einfach nur das Verlassen von etwas bezeichnet. Der Artifizielle Raum höherer Ordnung impliziert weiterhin, dass der Fortschritt sich nach irgendeinem höheren Ziel ausrichtet, das er im Letzten selbst vorstellt. Dies alles sind Implikationen, die das Wort in seiner eigentlichen Bedeutung nicht besitzt. Der urtümliche Mangel an modernen Implikationen und positiver Deutung führt nun zu einem gewissen Unbehagen, das den Begriff begleitet. Der Mensch ist ein häusliches Wesen, das, einmal räumlich oder ideologisch verpflanzt, nur ungern von seinem Ort fort schreitet.

Die Divergenz der Sprache, die Schlucht zwischen moderner und urtümlicher Bedeutung, bildet die einzige valide Basis, um Kritik am Artifiziellen Raum zu formulieren, obwohl sie paradoxerweise auch die Bedingung der Möglichkeit seiner Existenz ist.

Ist dieses Grundprinzip der Tiefsprache verstanden, kann man Texte oder Reden neu interpretieren. Eine Welt hinter der Welt wird sich bald offenbaren und der Vorhang, der die leere, dem Himmel zu geöffnete Kammer des Allerheiligsten verbirgt, zerreißen. Man könnte mit diesem Buch anfangen. Ein Tipp: Der Schlüssel zu seinem Geheimnis steckt im Titel.

Ein Meister der Tiefsprache ist der Meister aus Deutschland, Herr Martin Heidegger, der letzte deutsche Philosoph. Man konsultiere seine Arbeiten oft und in nüchternem Zustand.

Apoll

Apoll ist der Gott des Lichts, der Weisheit und der Pest.

Poetische und technische Sprachsysteme

Vor dem Hintergrund der je herrschenden Wirklichkeitskonzeption eines Artifiziellen Raums besitzt die je herrschende Oberflächen-Sprache ein weiteres oder engeres Bedeutungsspektrum. Als Faustregel gilt hier, je komplexer ein Raum organisiert ist (wir würden aus der arroganten Perspektive unserer Gegenwart sagen: höher entwickelt oder fortschrittlich), desto enger und präziser ist das Bedeutungsspektrum der in ihm benutzten Sprache und umgekehrt. Dass dies so ist und sein muss, liegt auf der Hand. Je komplexer ein Artifizieller Raum ist, desto präziser muss seine Wirklichkeit in der Sprache abgebildet und in den Sprechenden reproduziert werden, um zu funktionieren. Subräume verfügen dementsprechend über eigene Jargons, die ihnen erlauben, noch spezifischere Wirklichkeiten zu kreieren (siehe Jargon der Jurisprudenz, Jargon der Wissenschaften, Jargon der Psychologie usw.). Diese Jargons können sich soweit von der allgemeinen Sprache abkoppeln, dass der Subraum eine autonome Wirklichkeit auszubilden beginnt. Er wird zum Krebsgeschwür innerhalb des Artifiziellen Raums, diesen zersetzend oder erobernd, sofern jener sich als unfähig erweist, ihn zu zerstören oder zu re-assimilieren.

Die Sprachsysteme des Artifiziellen Raums einer modernen Hochkultur nennen wir technische Sprache, nach dem griechischen Techné: Kunst der Verfertigung.

Das archaische ist im Gegensatz zum technischen Sprachsystem viel weiter gefasst. Da es die Herkulesarbeit vollbringen muss, das schiere Übermaß an chaotischen Eindrücken zu *ordnen* und zu *filtern*, die im primordialen Zustand auf den Menschen eindringen, muss es über ein extrem weites und teilweise sich selbst überlagerndes Bedeutungsspektrum verfügen. Weiterhin muss es den Menschen in die Lage versetzen, die ihm feindlich gesonnene, weil eben chaotische und sich seinem Zugriff weithin entziehende Welt positiv (als *etwas, als Objekt*) zu denken – dies ist die Voraussetzung für die spätere Abstrahierungsarbeit, die den Artifiziellen Raum als Gegenwelt erzeugt. Sie gibt dem Menschen durch die Sprache eine fiktive Macht über das Chaos, die ihm erlaubt, die erste große Abstraktion zu denken, nämlich dass das Chaos in Wahrheit Gesetzen folgt und dass diese Gesetze von einem Gesetzgeber formuliert sind, etwa einer Naturmacht oder Gottheit, in deren Nachahmung der Mensch nun selbst zum Schöpfer einer eigenen Welt werden kann.

Die prä-zivilisatorische Sprache hat noch eine zweite, weniger offensichtliche Funktion. Sie erlaubt dem Menschen sich in seinem In-der-Welt-Sein wie in einem Spiegel zu betrachten. Diese sprachliche

Selbsterkenntnis verankert ihn im größeren Kontext der Schöpfung, in welcher er sich andernfalls aufgrund fehlender Erklärungsmodelle verloren, hilflos und völlig ohnmächtig empfinden müsste – ihm mangelt ja noch die konstruierte Gewissheit des Artifiziellen Raums. Erhellend ist hier ein Blick auf die Namensgebung präzivilisatorischer Tage. Der antike Name drückt entweder die Relation (und darin Verbundenheit) zur gesetzgebenden Gottheit aus, die die Welt und darin auch das Leben des Einzelnen verwaltet, ein signifikantes körperliches Merkmal oder eine sehr distinguierte Leistung oder ein Talent, das eine Relation zur Gemeinschaft oder Umwelt ausdrückt. Nikodemos siegt für das Volk. Hippokrates versteht sich auf das Führen von Pferden, Samuel wurde von Gott gegeben, weil dieser das Gebet der absolut nüchternen Mutter erhört hat, Josef hat seine Mutter Rachel *vergrößert*, die eine wenig gebärfreudige Schafhirtin war, David ist bei aller Welt beliebt usw. Der Name bezeichnet den Ort, das Da, des Benannten in der Welt und sichert dadurch in einem kosmologischen Sinn sein Leben ab, schafft also Da-sein.

Das Sprachsystem des Primordialen Raums nennen wir poetische Sprache, nach dem griechischen Wort Poesis: künstlerische Schöpfung.

Mythos

Wenn man antike, vor allem religiöse Texte mit modernen wissenschaftlichen Abhandlungen vergleicht, wird der Unterschied zwischen technischer und poetischer Sprache schnell deutlich. Alte Texte sind praktisch immer extrem vage, was sie offen für teils weitgehende Auslegungen macht. Diese Vagheit wird teils durch die Sprache selbst erreicht, etwa, wenn Worte in verschiedenen Kontexten verschiedene oder mehrere Bedeutungen haben, weiterhin durch

Vergleiche, Allegorien, Gleichnisse, Verkürzungen, Auslassungen oder Wiederholungen im Erzählfluss. Die poetische Tiefsprache bedient sich trotz oder gerade wegen der Weite ihres Bedeutungsspektrum einer sehr konkreten, fast trivial-dinglichen Sprache. Sie ist *mythisch*. Mythos ist das unmittelbare wahre Wort, das sich auf eine unmittelbar wahrgenommene Wirklichkeit bezieht.

Die poetische Sprache dient dazu, ein erstes und universales Gefühl für die Wirklichkeit und eine Ahnung von den in ihr wirkenden und sich durch sie verwirklichenden Kräften zu erzeugen; sie baut eine Brücke zwischen Mensch und Welt (daher rührt auch der Titel des Ponitfex; er ist Brückenbauer zwischen der werdenden und der seienden Welt). Es ist die Sprache der Seele, bildhaft, zeichenhaft, archaisch, tief und unergründlich. Sie ist und bleibt gerade dann geheimnisvoll, wenn sie sich zu enthüllen scheint. Immer verweist sie über sich und das, was sie beschreiben will, hinaus auf jene Ur-Wirklichkeit der primordialen Welt. Wie jene bleibt sie im Letzten unverfügbar, was ihr gleichsam einen magischen Charakter verleiht. Es ist die Sprache, die auf die Urpfeiler des Lebens selbst hinweist: Die Einheit von Leib und Seele sowie die Einheit von Mensch und Welt. Wendungen aus dem Alten Testament beispielsweise bezeugen die enge Verwandtschaft zwischen dem Körperempfinden des Menschen und der Wahrnahme der Welt: Mit der Stärke des Arms und der Schärfe des Schwertes wird gekämpft, Leben ist Atem, Blut, Trauer Asche, Schmerz zerrissenes Gewebe, die Zeit wird in der Abfolge der Geschlechter gemessen, der Alltag ist Speise, Reichtum ist Vieh und Brunnen, die Lust Auge und Duft usw. Diese Art der Sprache nährt und beflügelt die Seele.

Die Wirklichkeit, die hier repräsentiert oder genauer: semantisch *angedeutet* wird, ist zeitlos und traumhaft. Freilich ist trotz aller Vagheit und

Unverfügbarkeit die primordiale Wirklichkeit keineswegs ohne innere Struktur – wir sprachen bereits von den kosmischen Gesetzen oder der Natürlichen Ordnung, die im Primordialen Raum gefunden waltet. Auch diese Struktur findet in der poetischen Sprache Ausdruck und Gestalt. Wir unterscheiden hier zwei Dimensionen.

Die eine kennt eine wie auch immer geartete Gottheit nebst zugeordnetem Hof aus Engeln oder anderen Göttern als gestaltende und wandelnde Kraft *über (Meta)* der *Natur (Physis)*. Die andere identifiziert die Gottheit mittelbar oder unmittelbar als Kraft innerhalb der Natur (Naturreligionen). Beispiele für eine metaphysische Wirklichkeitserfassung sind die Religionen des Christen- und Judentums, aber auch der Zoroastrismus. Die nordisch-keltische Religiosität, die Religion der nordamerikanischen Indianer oder australischen Aborigines sehen dagegen das Göttliche in der natürlichen Welt verwirklicht. Der mediterrane Kulturkreis stellt eine Mischform aus beidem vor.

Technos

Der rechnende Geist des Artifiziellen Raums tut sich mit der poetischen Sprache notwendig schwer. *Seine* Wirklichkeit gründet auf festeren Stoffen, die eng miteinander verwoben sind, die klare Grenzen besitzen (er muss es wissen, hat er sie doch selbst gezogen) und logischen Regeln wie Vorher-Nachher und Ursache-Wirkung folgen. Die Dinge sind wie sie sind, d.h. wie sie definiert wurden. Die Sprache der Technologie, die den klarsten Jargon innerhalb der Zivilisation spricht, zeichnet sich gerade durch ihre strikten Definitionen aus. Begriffe werden gesetzt, d.h. werden in ihrer Bedeutungsreichweite radikal eingeengt, um ein scharfes und unhinterfragbares Bild zu kreieren, das universal verstanden wird und beliebig reproduzierbar ist – dies ist die Voraussetzung für technologischen Fortschritt. Eine Fehlberechnung oder begriffliche Vagheit kann weitreichende Konsequenzen haben. Die ideale Sprache der Wissenschaft ist die Mathematik. Ihr Grundbestandteil, die Zahl, steht abseits jeder Deutungsmöglichkeit. Die Regeln der Mathematik stehen fester als die Naturgesetze selbst. Je weiter die wissenschaftliche Ambition reicht, desto häufiger und stärker findet auch die Mathematik Eingang in sie. Sie spielt in vielen Geisteswissenschaften wie der Psychologie, Anthropologie oder Soziologie unter der Gestalt der Statistik eine große, mithin zwielichtige oder unglückliche Rolle wie man am Verfall dieser Wissenschaften im intellektuellen Subraum deutlich sehen kann. Anstatt großer Entwürfe, die beispielsweise die Fundamente gesellschaftlichen Zusammenlebens neu zu denken versuchen, arbeitet man sich an der empirischen Methode und ihrer im Letzten erschreckend geringen Aussagekraft ab. Die soziale Welt ist nicht mehr Gegenstand spekulativer Untersuchung, die versucht, die ihr zugrundeliegenden Kräfte zu enträtseln, sondern lediglich ein weiteres Objekt der statistischen Erfassung und Abbildung. Von den „weichen“ Wissenschaften treibt es die Rechtswissenschaft am buntesten mit dem Kampf um Definitionen und das erstaunlicherweise ganz ohne mithilfe der Zahlensprache. Der Westen wendet ein bedeutendes Maß seiner Energie dazu auf, den Verkehr der Zivis mittels Gesetz und Auslegung gemäß den Erfordernissen der Zivilisation zu regulieren.

Neben ihrer Funktion für den Artifiziellen Raum wirkt die technische Sprache auch auf die Befindlichkeit des Individuums – mit seiner Wirklichkeit prägt sie auch seine Innerlichkeit. Während die poetische Sprache den Menschen in der Welt setzt und mit ihr verankert, entfremdet die technische Sprache ihn eben der primordialen

Wirklichkeit, um ihn ganz im Artifiziellen Raum als dessen Geschöpf anzusiedeln.

Ich-Mechanik des Artifiziellen Raums

Der Westen hat den Ich-Begriff mit unvergleichlicher Radikalität in den Stand gottgleicher Absolutheit empor gehoben. Die technische Sprache, die das Werkzeug dieser Entwicklung ist, nötigt Zivis, sich selbst permanent unter der Kategorie des Ichs als Gegenpol zu seiner Welt und zugleich als ihr singuläres Zentrum zu positionieren. Der Westen ist von Individualisten bevölkert. Die Frage ergibt sich nun, warum das so ist? Ist nicht die Individualität der Erzfeind des Artifiziellen Raums, dessen Fortbestand auf der Gleichschaltung seiner Träger basiert? Und sollte daher nicht gerade die technische Sprache bemüht sein, das Ich soweit zu schwächen, dass es sich irgendwann *semantisch* auflöst und nicht mehr gefürchtet werden muss, wie dies in anderen Zivilisationen Gang und Gäbe war und ist?

Nun, man kann beruhigt sein. Der Westen nimmt keine bizarre Sonderstellung im Chor der Zivilisationen ein. Der von ihm propagierte Ich-Begriff erweist sich bei genauerer Betrachtung als simple und recht plumpe Illusion. Das Ich definiert sich im Artifiziellen Raum nämlich allein durch sein Verhältnis zu ihm. Der Satz „Ich bin…" wird bereits durch seine Formulierung in der technischen Sprache in seinem Bedeutungsspektrum massiv eingeschränkt („Ich" meint technisch den Inhalt eines Bewusstseins). Weiter: Jede mögliche Vollendung des „Ich bin…" muss durch einen Begriff stattfinden, der durch die artifizielle Wirklichkeit bereits gesetzt und darin entschärft ist, gleichwie das Ich rückwirkend durch jeden Versuch der Selbstbestimmung sich als faktische Gegenwelt aufhebt. Tatsächlich ist es eben diese künstliche Wirklichkeit und ihre Sprache, die das „Ich bin…" überhaupt erst formulierbar macht. Im Primordialen Raum gibt es kein „Ich", nur ein durch den Leib erlebtes „Sein". Wir haben es also nicht mit einem „freien Radikalen" zu tun, wenn wir von „Ich" sprechen, sondern mit einer semantischen Funktionseinheit, die in die technische Tiefsprache des Artifiziellen Raums eingebettet ist.

Als eine solche Funktionseinheit steht das Ich keinesfalls in einer Revolte gegen, sondern vielmehr im Dienst des Artifiziellen Raums. Es ist sein kleinster Baustein, seine Zelle. Jede Gestalt, die der Artifizielle Raum aus sich hervorbringt, sei sie materieller oder immaterieller Natur, ist auf das Ich zurückzuführen. Und wie die Zelle durch ihre beharrliche, doch unbewusste Tätigkeit den Körper, dessen Teil sie ist, erhält, so erhält das Ich das Artifiziellen Raum, indem es *seine* Wirklichkeit in sich beharrlich und unbewusst reproduziert, also „an ihn glaubt."

Ein Letztes: Der vorhin achtlos hingeworfene Gemeinplatz, das Individuum, der Einzelne sei der Feind des Artifiziellen Raums, ist an und für sich nicht unrichtig, sofern dieser Einzelne nicht als „Ich", also als Entität des Artifiziellen Raums verstanden wird, sondern als Leibwesen einer primordialen Wirklichkeit. Ein Leibwesen (Tier) folgt nicht den subtilen Einflüsterungen des Raums, sondern leiblich vermittelten inneren und äußeren Reizen. Es verhält sich gemäß seinem Trieb und Instinkt. Es kann nicht einmal an den Artifiziellen Raum glauben, da dieser in seiner Wahrnehmung nicht auftritt. Der Mensch ist in seiner Leiblichkeit für die Zivilisation höchst problematisch. Anders als das Ich konstituiert die Leiblichkeit eine echte Gegenwelt zur artifiziellen Wirklichkeit, weil sie die primordiale Wirklichkeit verkörpert, die das Paradies der Zivilisation als Luftschloss und Fata Morgana entlarvt. Für den Trieb beispielsweise spielen Konstrukte wie Moral oder Ehre keine Rolle. Das Ich wirkt nun auch in dieser Hinsicht zum Nutzen seines Gebieters. Es bildet eine

Barriere zwischen den Wirklichkeiten, dünn wie ein Film zwar und ebenso leicht zu zerreißen, aber undurchsichtig und daher tauglich, die Illusion am Leben zu erhalten. Das Ich ist die Scheuklappe, die der Artifizielle Raum dem Leibwesen angelegt hat, um die primordiale Wirklichkeit, wo nicht ganz auszublenden – der Mensch kann seiner Leiblichkeit nicht verlustig gehen, ohne auch sein Ich einzubüßen –, so doch in ihrer überwältigenden Potenz einzuschränken und innere Ressourcen freizumachen, die zum Bau und Erhalt der Zivilisation nötig sind.

Das Ich in der Westlichen Zivilisation

Ergänzend zu dem oben Gesagten möchte ich noch auf die positive Bedeutung des Ichs für den Artifiziellen Raum westlicher Prägung eingehen, die tatsächlich weit über dessen reine Konstituierung und Erhaltung hinaus geht. Die radikale Individualisierung, wie wir sie im Westen kennen, ist etwas, womit alle Zivilisationen von Zeit zu Zeit wie Kinder mit Feuer spielen. Die meisten verbrennen sich die Finger und geben sich dann schmerzhaft belehrt mit einer weit eingeschränkteren Konzeption des Ichs zufrieden, wie beispielsweise die asiatischen und mit Einschränkungen vorderasiatischen Zivilisationen der antiken Welt bis in unsere Tage hinein. Auch der Westen hat in der Vergangenheit zumeist mit einem stark regulierten Ich-Begriff operiert. Eine Ausnahme hierzu bildet die kurze Phase der ausgehenden römischen Republik bis in die mittlere Kaiserzeit des 3. Jahrhunderts hinein sowie – auch hier eher punktuell – der hellenische Kulturkreis. Erst in jener seltsamen Epoche, die wir „Renaissance" nennen, beginnt sich das Ich, wie es uns heute bekannt ist, nach einigen Geburtswehen erfolgreich zu manifestieren. Ich möchte hier nicht weiter auf die Gründe für diesen Sonderweg des Westens eingehen.

Diese sind sehr vielfältig, stark miteinander verwoben und stehen im Zusammenhang mit dem einzigartigen europäischen Kulturmix aus christlichen, römisch-griechischen und keltisch-nordischen Elementen sowie zahlreichen weiteren außereuropäischen Einflüssen, vornehmlich aus dem muslimischen Kulturkreis.

Die massive Radikalisierung des Ich-Konzeptes bedingt eine Apotheose des Menschen. Zivis hält sich selbst für das Maß aller Dinge. Er ist Herr der natürlichen und artifiziellen Welt, die seinem Willen weithin passiv ausgeliefert sind. Er ist auch Herr seiner selbst, seines Schicksals und seiner Leiblichkeit. Triebe versteht er zu unterdrücken oder abzuleiten. So halten ihn keine inneren Schranken mehr, das Unerlaubte, das Unmögliche zu denken und...es auch zu wollen. Die „wilde Welt", wie sie in der primordialen Wirklichkeit wahrgenommen wird, hat ihre furchterregende Heiligkeit (Numen) und der Mensch in Folge alle Scheu vor ihr verloren. Sie degeneriert in seinem Ansehen zur messbaren und manipulierbaren Sphäre wissenschaftlicher Kuriosität und technologischer Ambition. Der Erfolg des Westens gründet in jener gefährlichen Entfesselung des Ichs. Die Welt wird nicht mehr als überwältigende Wirklichkeit betrachtet, der man angehört und zugleich ausgeliefert ist, sondern als manipulierbare Materie. Alles weitere ist an der Geschichte des Westens abzulesen, die in der Renaissance mit dem Aufstieg des Ichs beginnt. Der Wunsch des Gott-Ichs, die Welt als Ganzes geistig und physisch zu erobern, wird mit ihm geboren. Schiffe werden ausgesandt, erst mit Händlern und Forschern, später mit Soldaten. Fremde Länder werden kolonisiert und im Geist des Westens, im Geist des Fortschritts nach seinem Abbild umgestaltet. Seine technologische Überlegenheit und unbedingter Wille zu Herrschen macht den Westen zu einer unwiderstehlichen Macht.

Die Apotheose des Ichs kommt indes nicht ohne

einen beträchtlichen Preis: Der Verlust der Menschlichkeit. Während der Mann des Westens in den Himmel seines Wollens und Sehnens emporsteigt, lässt er Leib und Seele zurück. Er verleugnet seine leibliche Existenz. Er rationalisiert seine urtümlichen Bedürfnisse. Sie stören ihn. Sie sind Probleme, die gelöst werden müssen. Er selbst ist ein Problem, das gelöst werden muss, ein Widerstand, den es zu überwinden gilt. In jenem zweiten Garten Eden der Zivilisation, den er so kunstreich und umsichtig gebaut hat und der vor Wundern und Reichtümern nur so strotzt, geht er elendig zugrunde wie ein moderner Tantalus. Er, der Gott, den keine Krankheit, kein Hunger, keine Not mehr anficht, leidet an…sich selbst. Depression, Vereinsamung, gestörtes Leibempfinden, pervertierte Triebe, Kinderlosigkeit, ein nagendes Gefühl existentieller Leere sind die Folgen seiner Hybris.

Diese Folgen sind es auch, die eine wunderliche Gegenbewegung ist Werk setzen. Trost und Erlösung findet Zivis nicht in der sterilen Welt des Artifiziellen Raums, sondern in der primordialen Sphäre, die ihn immer wieder zu sich zurückruft. Der Ariadnefaden ist das Leibempfinden, das trotz allen Komforts, aller Verfeinerung der Genüsse, aller Medizin und Drogen, nicht still zu bekommen ist. Es flüstert Zivis in mancher Stunde der Schwäche zu: „Vergiss nicht, du bist ein Mensch von Lehm und Erde. Deine Welt aus Stein und Glas ist brüchig und vorübergehend, aber Lehm und Erde sind ewig. Zerschlage die Fesseln, Kind, zertrümmere die Tempel, in denen du dich selbst anbetest, und komm zu mir zurück." Die poetische Sprache verleiht dieser Sehnsucht zurück zu den Ursprüngen eine Stimme, die leise, doch deutlich unter dem Lärm der Zivilisation klingt. Der Barbar lauscht ihr.

So ist es denn auch die poetische Sprache, derer sich der Barbar bedient, um sich selbst aus dem Chaos der Zivilisation, aus dem Strudel ihres Niedergangs, in den *hinein* er schuldlos geboren wurde, *heraus* zu dichten. Das eigene Leben betrachtet er als Ausdruck einer höheren, weil niedrigeren Wahrheit, während er sich selbst als Ich nicht zu ernst nimmt. Er erscheint beizeiten recht unzufrieden mit der Enge, die ihn hier und dort in Wort und Ding umgibt, die Enge des goldenen Käfigs. In Wahrheit aber ist ein geselliger Geselle, der einen Spaß versteht und verträgt, auch wenn er ein wenig oder viel zu weit geht. Er träumt große und fürchterliche Träume, weil er sich als Teil einer abseitigen Bewegung *fühlt*, als Protagonist einer kosmischen Tragödie, deren Echo schwer, doch schweigend in dieser und allen Zivilisationen widerhallt.

Mythos und Technos

Mythos und Technos bilden die beiden extremen Pole der Sprache – Seele und Verstand, Leben und Tod. Der Mensch ist Sklave von beidem und Herr der Mitte.

Pan

Man muss die Welt nicht ergründen, sondern erlauschen. Im Gesang gebrochenen Schilfrohrs offenbart sich ihre Wahrheit.

Natürliche und posthumane Liebe

Menschen lieben einander um Willen des Lebens, dessen Weitergabe sich durch die Vereinigung der Geschlechter vollzieht. Das ist die natürliche Liebe, wie wir sie in der Natürlichen Ordnung finden. Der Mann liebt die Frau um Willen der Kinder, die sie ihm geben wird. Die Frau liebt den Mann um Willen der

Kinder, die sie empfängt und mit seiner Unterstützung pflegen kann. Sie lieben aneinander die Nützlichkeit des einen für den anderen. Der Partner ist Alliierter, Genosse, Gefährte in den Stürmen des *eigenen* Schicksals. Diese Liebe, die menschliche Liebe, ist keineswegs romantisch, sondern sehr pragmatisch und handgreiflich. Sie er- und beweist sich nicht durch Worte und Gesten, sondern durch die Mehrung des Lebens. Jede Liebesgemeinschaft ist dementsprechend eine Schicksalsgemeinschaft, denn das Kinderhaben ist das Schicksal des Menschen.

Erst die posthumane Zivilisation hat das Kunststück fertiggebracht, dass Liebe um ihrer selbst Willen praktiziert wird, wobei dann auch nicht eigentlich geliebt, sondern Liebe gespielt wird. Man liebt um der Liebe Willen und, einen Schritt tiefer gedacht und gesprochen, man liebt sich selbst in der Rolle des Liebenden und Geliebten. Das, was wir heute unter der Liebe verstehen, ist vergleichbar mit einem halb verspiegelten Fenster, das den Liebenden vor allem das eigene Spiegelbild und nur vage und düster das Bild des Geliebten zeigt.

Indem man liebt, bildet man stärker und schneller ein Ich aus, was für den Artifiziellen Raum von Vorteil ist, wie wir gesehen haben. Die vermeintliche Liebe des Gegenübers ist in dieser Konstellation nichts anderes als der Katalysator einer seelischen Selbstbefruchtung. Der andere ist demzufolge auch beliebig austauschbar. Wie man sich mit verschiedenen Alkoholika in einen Rausch versetzen kann, so kann man auch mit verschiedenen Personen das Liebesspiel spielen.

Obwohl die posthumane Liebe ihre Teilnehmer ultimativ leer und einsam und irgendwie mit dem Gefühl, missbraucht worden zu sein, zurücklässt, ist sie für den Bestand des Artifiziellen Raums vor allem durch die Affirmation des Ichs ausnehmend nützlich. Daneben besitzt sie noch einen zweiten positiven Effekt: Sie ist der notwendige Ersatz der natürlichen

Liebe, deren Abwesenheit unerträglich wäre. Denn trotz aller Hyperzivilisation ist und bleibt der Mensch ein fühlendes und suchendes und der Liebe bedürftiges Lebewesen. Da die Zivilisation dem Menschen jedoch keinen Platz mehr in der Welt zuweisen kann, der diese emotionalen Bedürfnisse bedienen könnte, bietet sie ihm eben eine partielle Ersatzbefriedigung an. Anstelle der Lebens- und Schicksalsgemeinschaft steht die Liebesgemeinschaft mit Lebensabschnittspartner.

Aus dem Blickwinkel des je erlebten Gefühls heraus betrachtet, erfüllen beide Gemeinschaftsformen einen identischen Zweck, wenn auch unter verschiedenen Vorzeichen. Die Lebensgemeinschaft verortet den Menschen als natürliches Wesen, während die Liebesgemeinschaft ihn als Ich im Artifiziellen Raum konstituiert.

Wer mehr über Liebe im natürlichen Sinn lernen will, dem empfehle ich das Buch *Segen der Erde* von Knut Hamsun. Wer mehr über posthumane Liebe erfahren will, kann sich den Hollywoodstreifen *Her* von 2013 antun.

Tiefsprache in der Prosa

Die Art der präzisen Beschreibung einer Szene, wie wir sie aus dem modernen Roman kennen, zeigt die Arbeitsweise der technischen Sprache. Dadurch, dass eine Szene genau beschrieben wird, wird sie der Phantasie des Lesers entzogen. Sie wird auf ein festes Stück klar definierter Information reduziert, an dem nur noch wenig interpretiert werden kann.

In der poetischen Sprache werden Szenen oder Figuren praktisch nie beschrieben. Der Text konzentriert sich auf Handlung und Rede, die ihrerseits stets auf eine höhere Wahrheit verweisen, d.h. deren Stellvertretung in der Sprache übernehmen. Die poetische Tiefsprache ist vage und offen für

Interpretation. So fordert sie den Leser heraus, sich ins Unbekannte zu wagen, ins Wilde, in die Welt des Abseits.

Handtaschenpsychologie

Das, was ein Mensch in seiner Rede am vehementesten ablehnt, erfüllt oft genug sein Denken und auch...sein Wollen. Die Frau etwa, die sich ziert, *will* erobert werden, mag sie auch Gegenteiliges behaupten. Man tut also in der Liebe wie in der Philosophie gut daran, nicht so sehr auf das zu achten, was gesagt wird.

Sophismus

Ein Kreter behauptet, alle Kreter lügen – spricht er die Wahrheit oder lügt er?

Nietzsche behauptet, alle Sprache sei Lüge – spricht er die Wahrheit oder lügt er?

Wenn alle Sprache Lüge ist, wie kann man sich dann der Sprache bedienen, um auf eben jene Lüge hinzuweisen? Sind wir am Ende alle rettungslos im Gewirr unserer Worte gefangen?

Die Antwort des Barbaren auf diese sophistischen Vorbehalte ist einfach: Er hat keine. Das Paradox hält nur für Zivis Schrecken. Der Barbar zuckt die Schultern und widerspricht sich selber, ohne sich in die Zunge zu beißen. Barbarbar...

Barbarische Dialektik

Die Katze jagt ihren eigenen Schwanz, weil der Barbar ein Glöckchen daran gebunden hat. Er nennt das seine Dialektik.

Erfahren und Deuten

Spielen wir ein wenig mit Worten, um etwas sehr Einfaches – ganz unwissenschaftlich – sehr einfach auszudrücken: Wir verfügen über ein ausgeklügeltes inneres System aus Filtern und Vorurteilen (Selektion), die helfen, Wahrnehmungen unserer Umwelt zu sortieren und zu bewerten.

Zivilisatorische *Medien*, Massenmedien, digitale Medien usw. sind Instrumente, eine bereits aufgearbeitete Wirklichkeit zu präsentieren, die nurmehr auf die sehr bestimmte Weise ihrer Aufarbeitung zu deuten ist.

Die Sinne projizieren indifferente Bilder auf den Grund unserer Seele. Diese deutet jene allein nach der je angenommenen Wichtigkeit für das eigene Leben. Medien erzeugen dagegen Bilder, die das Indifferente bereits auf das sozial Kommensurable reduzieren, meint: sie koppeln die Bilder mit einer Bedeutungsoption. Aus dem Sinnlosen wird Sinnvolles. Man kann sich das wie ein Gefäß vorstellen, das gefüllt wird. Das Gefäß ist das Sinnlose, weil bedeutungsleer. Potentiell kann es mit allem gefüllt werden, d.h. es enthält potentiell alles, weil es augenblicklich nichts enthält. Tritt die Meinung zum Bild, wird das Gefäß mit etwas Bestimmtem gefüllt. Das Bild hat einen spezifischen Sinn erhalten, seine Potenzialität aber eingebüßt. Es ist Vorurteil geworden.

Warum dieser kleine Diskurs um eine triviale Sache zu erläutern, die eigentlich jeder kennt? Weil hier etwas sehr Wichtiges deutlich wird, ein kleines, aber essentielles Detail. Die Medien gehören selbstverständlich zum Instrumentarium des Artifiziellen Raums. D.h. die Wirklichkeit, die sie erzeugen, soll diesen Raum reproduzieren. Das Interessante ist nun, dass dies keinesfalls durch Lüge oder Täuschung geschieht, wie gewisse Kritiker der

Kultur, besonders der Medienkultur behaupten. Wir werden nicht angelogen. Uns wird nur etwas vorgesetzt, mit dem wir nichts anderes anfangen können, als das, was wir damit anfangen sollen. Dazu kommt, dass uns die Hälfte der Schuld selbst trifft, weil wir bereits darauf programmiert sind, bestimmte Informationsfetzen in bestimmten Zusammenhängen zu begreifen, uns also nicht einmal Mühe geben, einer Sache auf den Grund zu gehen.

Das ist so, als würde man einem kleinen Kind einen Gegenstand geben, über dessen Gebrauch es nichts weiß. Es nimmt ihn, ertastet, probiert, spielt mit ihm herum, bis es eine Funktion für ihn ermittelt hat, die keinesfalls mit der eigentlichen Funktion des Dings übereinstimmen muss. Wenn wir den gleichen Gegenstand vorgesetzt bekommen, können wir ihn dagegen gar nicht anders betrachten, als jene bestimmte Sache, die er eben vorstellt. Wir sind also im Gegensatz zum Kind in unserer Wahrnehmung bereits stark determiniert. Diese Determination ist die Bedingung der Möglichkeit und Wirksamkeit aller Propaganda.

Archaische Intelligenz

Neben der sozialisierten gibt es eine urtümliche Deutungsinstanz, ein eingebautes *Maß*, an dem wir unsere Welt messen. Es ist der Instinkt oder besser: die instinktive oder archaische Intelligenz. Sie steht im Gegensatz zur rationalen oder zivilisatorischen Intelligenz. Kinder deuten ihre Welt primitiv-instinktiv. Und sie tun gut daran. Denn das immanente Maß ihres Weltverstehens ist die Sicherung und Entwicklung des Lebens. Die archaische Intelligenz ist nur sehr bedingt zivilisationstauglich, verlangt doch eine Zivilisation die Existenz einer artifiziellen Wirklichkeit, welche nur durch und in der Ratio zu konstruieren ist. Darum erziehen wir unsere Kinder.

Wir zivilisieren sie. Wir treiben den gesunden Instinkt, der, wie gesagt, dem individuellen Lebensbedürfnis dient, aus und ersetzen ihn mit etwas, was wir gesunden Menschenverstand nennen und was einzig dem Erhalt des Artifiziellen Raums dient.

Instinkt und Vernunft

Der Instinkt wohnt in Bauch und Lenden, die Vernunft im Kopf.

Form und Material

Das Material eines Charakters ist Geschlecht, Rasse, Wuchs, Gesundheit und...geistige Flexibilität. Das Werkzeug der Formung ist die Sprache, der Bildhauer der Artifizielle Raum. Er schafft ein Abbild seiner selbst.

Demut

Irgendwo bei Tolstoi, ich meine es war bei Anna Karenina, wird die sture Rückständigkeit des russischen Bauern diskutiert. Er scheut überflüssige Arbeit und lehnt jegliche Innovation beharrlich ab. Er baut nur soviel Getreide an, wie er benötigt, um geradeso über den Winter zu kommen. Gibt es eine Missernte, hungert er oder es verhungern seine Kinder. Lässt er sich davon beirren? Nein, keineswegs. Trotz vielfacher Belehrung von Seiten seiner Herrn bleibt er stur und riskiert lieber Hunger und Tod als nur einen Finger zu viel zu krümmen.

Das hier aufgezeigte Denken sollte uns zu denken geben. Auf den ersten Blick scheint unser Bauernfreund ein ziemlicher Idiot zu sein. Wer würde denn ernstlich das Wohlergehen der eigenen Familie für ein paar extra Mußestunden, die man in stumpfsinnigem Brüten vor dem Haus oder auf dem Ofen liegend verbringt, riskieren? Bei uns Zivilisierten geht es da anders, zivilisierter zu: Lieber Überfluss produzieren als Mangel leiden. Lieber zu viel gemacht, getan, geforscht, gedacht, angehäuft und aufgebaut als zu wenig.

Soweit also die Postionen, einleuchtend und klar. Nimmt man jedoch eine andere Perspektive ein, nämlich die des Bauern, stellt sich der gleiche Sachverhalt anders da – bauernfreundlicher.

Der Bauer im zaristischen Russland ist kein Zivis. Er existiert, so absurd das auch scheinen mag, trägt er doch einen guten Teil der russischen Ökonomie auf seinen Schultern, als *Fremdkörper* innerhalb einer Zivilisation. Seiner Lebensform nach ist er ein Barbar: Ungebildet, geschichtslos, oft aus unklaren familiären Verhältnissen entsprungen, ein Kind der Erde, in der seine Ahnen verrotten. Er kennt sein Feld, sein Haus, seine Nachbarn und die Kirche. Seine Welt erstreckt sich über ein paar Meilen, die er Zeit seines Lebens nicht freiwillig verlassen wird. Diese räumliche Begrenzung ist Folge einer geistigen „Bescheidenheit“. Der Bauer braucht nicht mehr Welt, als die Welt, die *ihn* braucht. Diese Bescheidenheit definiert sein Dasein. Sie macht ihn aus, sie konstituiert seine Identität. Und so durchwurzelt sie seine gesamte Existenz. Dass er nicht mehr tut, als für sein bescheidenes Dasein notwendig ist, hat also nichts mit Dummheit oder Faulheit zu tun – dies sind Deutungen aus der zivilisatorischen Perspektive –, sondern mit Selbstgenügsamkeit und Demut im Angesicht einer primordialen Wirklichkeit, die ihn von Jahr zu Jahr geradeso ernährt oder eben nicht.

Wissen und Nichtwissen

Komplizierte und verbrecherisch lange Abhandlungen über Phänomenologie, Metaphysik, Politik und sonstige Vernunftwissenschaften, meint: Wissenschaften, die gleich hungrigen Geiern über der Art und Weise unserer Bewusstseinsoperationen wie über einem faulenden Kadaver kreisen, lehren uns, was Sokrates bereits vor zweitausend Jahren aufgegangen ist: Wir wissen, dass wir nichts wissen. Sie, diese schweren und schwierigen Schriften, dozieren, indem sie wortreich vom Wissen des Nichtwissens und Nichtwissen des Wissens handeln. So sind sie, was ihren Nutzen für das Leben angeht, echte Leichtgewichte.

Lehre

Eine *anständige* Lehre braucht nicht mehr als ein paar Sätze.

Hephaistos, der Lieblingsgott des Westens

Hephaistos, der geniale Ingenieur, Patron der Technologie und Krüppel, ist die von unserer Zivilisation bevorzugt und frenetisch angebetete Gottheit. Er, der Hässliche, Verachtete, ist mit der reizenden Aphrodite verheiratet, ein wahrlich ungleiches und unwahrscheinliches Paar. *Natürlich* betrügt die Schöne ihren hässlichen Mann mit dem wilden Ares, dem Gott der rohen Gewalt und einem Hengst in der Kemenate, wie man annehmen darf. Hephaist, gewarnt vom allsehenden Helios, lauert den Übeltätern auf, fängt sie in einem Netz und klagt sie vor dem Rat der restlichen Götter an. Diese lachen den Krüppel schlichtweg aus und legen Ares eine minimale Strafe zur Wahrung des Anscheins von

Rechtlichkeit auf.

Wer behauptet, das der Mythos nicht alle Wahrheit des Seins in sich enthält, ist, um es mit Aristoteles auszudrücken, wie eine Pflanze.

Wahr, schön, gut

Eine der größten denkerischen Errungenschaften der Antike war die Feststellung der inneren und notwendigen Verwandtschaft von Wahrheit, Schönheit und Gutheit. Alles, was in einem höheren Sinn wahr ist, d.h. was angemessen ist, ist auch schön, d.h. es gefällt, und gut, d.h. man stimmt zu.

Schönheit wird vom Instinkt, der Vernunft allen Fühlens und Empfindens, wahrgenommen. Das Grundelement der Schönheit ist das Lebendige oder dem Lebendigen Dienliche. Das Gute, Logische, in der Ordnung-Stehende, Folge-Richtige räsoniert mit dem rechenden Teil der Seele, der Ratio. Wahrheit ist die Synthese von Gutheit und Schönheit.

Als unsere Zivilisation um Willen des *Fortschritts* beschloss, diesen Grundsatz zu pervertieren, begann die umfassende Korruption sämtlicher Lebensbereiche und die Degeneration des Zivis zum Verstandesmenschen. Im Artifiziellen Raum ist es durchaus üblich, wenn es dem Erhalt eben dieses Raumes dient, das Schöne als abstoßend und das Falsche als gut zu propagieren. Diese Verdrehung von Offensichtlichem in sein Gegenteil ist zugleich ein weiteres Indiz dafür, wie gewaltig die wirklichkeitsbildende Macht des Artifiziellen Raums über seine Träger ist. Sie sehen die Nacktheit des Kaisers nicht...

Ein abschließender Gedanke: Wahrheit ist Schönheit ist Gutheit darf, wie überhaupt nichts in der antiken Denkerei, als philosophisches Abstraktum gefasst werden – unsere Universitätsphilosophen versuchen sich mit diesem Argument manchmal aus etwas herauszureden, was über ihre Köpfe, weil gegen ihre Brotgeber geht! Vielmehr ist der hier formulierte Grundsatz sehr konkret gemeint und auf alle Aspekte des Daseins unmittelbar anwendbar. Für das Leben des Barbaren hat er großen Wert. Denn wer sich mit schöngutwahren Dingen umgibt, wie beispielsweise klassischer Musik, klassischer Literatur, Poesie, einem gesunden Partner, mit dem man sich gut tummeln kann, dessen Leben wird zwangsläufig schöngutwahr werden. Auch auf das eigene Denken soll die Regel stets angewendet werden: Eine einfache Weltanschauung, ein Denken, das das Leben befreit und frei zum Leben macht. Einfache Antworten auf einfache Fragen. Eine barbarische Philosophie? Ja, warum auch nicht.

Portale zwischen den Welten

Schmerz und Lust sind Portale zwischen artifizieller und primordialer Wirklichkeit.

Erlebnis und Erinnerung

Heute geht es dem ökonomisch denkenden Zivis nicht mehr darum, sein Dasein zu erleben. Es hat sich zum einen ein wenig überlebt, dieses Dasein, dem (oder sollen wir sagen: offen-sichtlich) jedes Geheimnis dank vulgär-wissenschaftlicher Beschreibungen geraubt wurde; und dann wusste man ja auch schon von vorne herein nicht so recht, was denn überhaupt mit ihm anderes anzufangen sei, als das, was eben von ihm erwartet wird und was eigentlich nicht der Rede wert ist. Statt also zu leben ist man darauf verfallen, Erinnerungen zu machen. Erinnerungen machen…ganz unverhohlen geht das dem Amerikaner über die Lippen: „Making memories." Doch nicht nur unsere kapitalistischen

Freunde im Westen sehen Leben bevorzugt unter diesem ökonomischen Standpunkt („spending time", Zeit ausgeben, ist ein weiteres Nomen dieser Gesinnung) – denn dieser liegt vor, wenn ein Leben in der Quantität und Qualität seiner Dokumentation bemessen wird –, auch der Japaner war für seine Blitzlichtüberfälle auf Kirchen und Burgen und alles, was eben irgendwie nach Disney-Mittelalter aussieht, bekannt. Heute, im dunklen Zeitalter der a-sozialen Medien, lebt man ganz offen und ohne Scham nur noch für die Erinnerung im digitalen Medium, das weder vergisst, noch vergibt, noch sich für die Person hinter der Tastatur interessiert.

Die Erinnerungen, die kleinen Clips und Pics und Selfies, sind dementsprechend nicht einmal mehr für den Eigengebrauch, sondern dienen als Beweis für die digitalen Freunde, dass man ja ein interessantes und spannendes und erfülltes Leben abseits der sozialen Plattform hat. Man „macht Erinnerungen" für jene und so lebt man dann auch durch diese anonymen Kreaturen, die sich hinter Kunstnamen und Avataren verbergen und sich vermutlich nur köstlich über die peinliche Selbstexposition ihrer Beute (=der sie folgen) amüsieren. Was in Wahrheit hinter dem Clip oder Pic oder Selfie steckt, ist meist nichts als Leere, Langeweile und das Bedürfnis von Fremden Anerkennung zu bekommen – Erbärmlichkeit, der ein digitales Monument aus Bits und Bytes errichtet wurde.

Wer gut lebt, d.h. wirklich lebt, hat weder Zeit, noch Interesse an der Verewigung seines Daseins. Seine Kindlein haben das schon besorgt. Neben ihnen genügt ihm der eigene Augenblick völlig.

Auslegung und Interpretation

Jahrhunderte biblischer Exegese beweisen, dass der Text keine Rolle spielt. Allein die Gesinnung des Interpreten ist relevant.

Existentielles Stelldichein

Ich ging einmal mit einer Philosophin aus. Die Sache endete nicht gut. Sie bewies mir, dass wir keine Zukunft hatten.

Selbsterkenntnis

Wir danken Plutarch für diese äußerst interessante architektonische Randnotiz: Auf dem Türbalken zum delphischen Orakel steht jener Spruch, der in sich die Essenz der antiken Weisheit enthält: „Erkenne dich selbst!" Man liest ihn, wenn man das Heiligtum betritt, um vom Orakel Weisung und Rat zu erflehen.

Weniger bekannt ist, dass auf der Rückseite des Balkens gewissermaßen die Antwort auf das „Erkenne dich selbst!" geschrieben steht. Verlässt man Pythias Höhle liest man: „Du bist."

Schattenspiele

Das Ich ist der Schatten seines Schattens.

Dreiteilung der Seele

Die Seele ist dreigeteilt: Ich, Schatten und Dämon.

Das Ich ist der Schatten des Schattens.

Der Schatten ist der Schatten des Dämons.

Der Dämon ist der Schattenwerfer, unsterbliche Form.

Die Sonne ist das Licht, das Leben selbst, ewige Substanz.

Die Kunst des Selbstgesprächs

In illo tempore galt das Selbstgespräch oder die Meditation als probates Mittel, sich selbst besser kennen zu lernen oder mit sich zu Rate zu gehen oder sich gründlichst die Leviten zu lesen. Denn ob man es glaubt oder nicht, für Fragen und Kritik, das eigene Leben betreffend, ist man sich selbst der beste Ratgeber, sofern man sich nicht selbst völlig aufgegeben und an eine fremde Lebensidee verloren hat.

In Zeiten ideologischer Gleichschaltung ist man notwendigerweise dahin gekommen, das Selbstgespräch der Reihe psychischer Störungen zuzuordnen. Man will nicht, dass der Einzelne mit sich selbst die Umstände seines Daseins verhandelt – er könnte mithin *falsche* Schlüsse ziehen. Vielmehr soll er Sinn und Ziel seines Lebens von Außen, vom Artifiziellen Raum und seinen Institutionen, empfangen, und in der Verfolgung derselben ein guter Bürger und emsiger Arbeiter werden. Dass das Selbstgespräch aber ebenso natürlich wie heilsam ist, kann man an Kindern sehen, die oft – vor allem, wenn sie sich ungestört wissen – stundenlang mit sich selbst schwatzen.

Eine Sonderform des Selbstgesprächs ist die Nekromantie, das Sprechen mit den Toten. Als materielles Gegenüber kann man einen Fetisch benutzen, der den Toten vorstellt, ein Bild oder besser eine Büste oder Statue. So gestaltet sich das Gesprächsgeschehen natürlicher. Das eigene Wissen um den Toten formt unmerklich im Zuge des Dialogs den Charakter des Verstorbenen nach, sodass die Qualität der Antworten oft erstaunlich authentisch ausfällt. Nekromantie wird in unseren Breiten vor allem am Samstagabend in behaglichen Wohnzimmern vor oder nach dem obligatorischen Fernsehvergnügen praktiziert.

Weil wir es von Wohnzimmern hatten… Das Selbstgespräch sollte wie jedes andere persönliche Gespräch in intimer und entspannter Atmosphäre stattfinden. Idealerweise sitzt man seinem Spiegelbild gegenüber. Hilfreich ist es, den Raum ein wenig abzudunkeln, damit das Spiegel-Ich visuell ein wenig verschattet wird – ganz wie im echten Leben.

Wahrheitsfindung

Wahrheit wird nicht gefunden, weil sie nicht gesucht werden kann. Wahrheit ist, wofür man sich entscheidet. Ein gesunder Mensch wählt sich eine gesunde Wahrheit.

Zeit und Körper

Die zeitliche Wahrnehmung ist eine Besonderheit unseres Bewusstseins, eine gerissene Methode, die Kluft zwischen Unendlichkeit und Endlichkeit zu überbrücken. Denn der Geist des Menschen ist ohne Grenze, sein Vehikel dagegen schon.

Wahrnehmung der Zeit

Zeit wird durch Ereignisse und in ihnen wahrgenommen. Die einzige Funktion zeitlicher Wahrnehmung ist, die Anordnung dieser Ereignisse in Zusammenhängen zu ermöglichen, mit denen das Bewusstsein umzugehen versteht. Ohne Zeit kein

Vorher, kein Nachher, keine Ursache, keine Wirkung. Ohne diese Ordnung vermag der Verstand nichts zu tun, ist ein stumpfes Werkzeug. Indes ist die Zeit nicht Bedingung des Verstandes, sondern wohnt ihm inne.

Namen

Namen bezeichnen nicht einfach Dinge, sie stellen auch ein Machtverhältnis zwischen dem Benannten und dem Benennenden vor. In der biblischen Erzählung vom Werden der Welt übergibt Gott seine Schöpfung dem Menschen. Er verleiht Adam die Autorität, die Pflanzen und Tiere im Garten Eden zu benennen (Gen 1,19) und sie sich so zu eigen zu machen.

Einige Beispiele hierzu: Liebende reden einander mit Kosenamen an, die weniger eine Beziehung, als ein Eigentumsverhältnis zum Ausdruck bringen. Weil wir einen eigenen Namen für den Lieben haben, gehört er uns, wird unser Eigentum. Jesus treibt Dämonen aus, indem er sie zwingt, ihre Namen zu nennen (Selbstübergabe) und sie dann bei diesen Namen ruft. Wer der Welt den Rücken kehren und vielleicht in einer monastischen Gemeinschaft leben will, dem wird dort gleichfalls ein neuer Name verliehen, d.h. man sucht ihn sich selbst aus den Verzeichnissen der Heiligen aus, deren Namen ihrerseits Eigentum des religiösen Raums sind. In Deutschland, wo viele unrühmliche und wenig erbauliche Dinge geschehen sind, hat man zwecks Eindeutschung jüdische Namen mitunter in Schmähnamen übersetzt: Knoblauch ist ein solcher, Wucherer usw. Es gibt hier übrigens einen geschmacklosen, doch pointierten Witz:

Der jüdische Mann kommt von der Behörde wieder, wo er neue Ausweispapiere mit deutschem Namen erhalten hat.

113

Seine Frau fragt ihn: „Na, wie heißen wir denn jetzt?"

Der Mann entgegnet: „Schweiß."

Die Frau schlägt die Hände über dem Kopf zusammen: „Was für ein schrecklicher Name! Konntest du den Beamten nicht bestechen?"

Der Mann: „Was glaubst du eigentlich, was mich das `w´ gekostet hat!"

Wir haben weiter oben festgestellt, dass, wer die Deutungshoheit über die Sprache hält, die Weltvorstellung, die Wirklichkeit jener kontrolliert, die sich ihrer bedienen. Diese Abhängigkeit scheint indes aber auch in die andere Richtung zu wirken. Das Bezeichnete übt gleichsam, in dem es sich dem Bezeichnenden übergibt, eine sonderbare, unterschwellige Macht auf ihn aus. Es setzt sich ihm gleichsam im Bewusstsein als ein formendes und definierendes Element seiner eigenen Wirklichkeit fest. Denn ein einmal gegebener Name und die mit ihm verbundene Empfindung und Meinung über das Wesen, das dieser Name bezeichnet, kann nicht ohne Weiteres wieder zurückgenommen werden. Kosenamen überdauern spielend Jahrzehnte. Wir selbst neigen dazu, uns mit ihnen irgendwann zu identifizieren; dies manchmal bis zu dem Punkt, wo wir einen kurzen Moment der Besinnung benötigen, um zu realisieren, dass wir gemeint sind, wenn uns ein Fremder mit unserem richtigen Namen oder gar formell mit unserem Nachnamen anspricht. Wer war nicht ein wenig irritiert, als uns der Lehrer nach erreichen der Neunten oder Zehnten Klasse plötzlich mit Herr und Frau aufrief? Der eigene Name klingt immer ein wenig sonderbar aus dem Mund eines anderen, so als übte er eine geheime Macht auf uns aus...

Hier in den USA gibt es eine seltsame, aber sehr liebenswerte Sitte. Wenn man in einem Unternehmen zu arbeiten anfängt, wird man oft – nicht immer –

gefragt, wie man angesprochen werden möchte. Der Name in der Personalakte und der Name, unter dem man bei Kollegen bekannt ist, können also verschieden sein. Ich denke, diese Sitte kommt daher, dass man das Arbeitsumfeld in den ehemaligen Kolonien Ihrer Majestät weit mehr als in Europa als zweite oder erweiterte Familie betrachtet, das Unternehmen dementsprechend als Stamm, mit dessen Zielen und Regeln man sich idealerweise identifiziert, wenn man es zu was bringen will.

Weiterhin, und ich weiß, langsam gleiten wir wieder ins bunte Land der Absurdität ab, beeinflussen Namen, wie andere uns sehen und in der Folge wie wir uns selbst sehen, denn wir sehen und erleben uns ein gutes Stück weit im Spiegel unserer Mitmenschen – man denke nur an Sartres „Geschlossene Gesellschaft." Könnte man sich einen großen Anführer vorstellen, der, sagen wir, „Kleinlich" oder „Putzig" hieße? Oder umgekehrt, könnten wir uns einen Herrn „Näslein" oder „Schwindel" vorstellen, der ernstlich davon träumt, die Macht im Staate an sich zu reißen?

Schmerzauge

Wem es gelingt, unter starken Schmerzen noch klar zu denken, sollte sein inneres Auge bewusst auf den Bestand seines Lebens, auf das, was es ihm bedeutet, richten. Schmerz zerreißt den viellagigen Schleier von Vorbehalten und Annahmen, hinter dem wir die Urgewalt der archaischen Wirklichkeit, d.i. die Wirklichkeit unserer Leiblichkeit, verborgen ist. Was im Schmerz bedeutsam ist, ist wirklich bedeutsam, weil es wirklich ist.

Dieses Zurückfallen auf die Leiblichkeit durch das Erleben von Schmerzen ist nebenbei die treibende Kraft hinter vielen mystischen Praktiken, die bewusst ein körperliches Missgefühl erzeugen, um eine größere, durch den Leib vermittelte Nähe zur archaischen Wirklichkeit zu erreichen.

Geisteskrankheit und wie man sich aus ihr herausredet

Die Idee der Geisteskrankheit ist ein relativ junges Konzept. Es wurde im Zeitalter der Industrialisierung *erfunden*.

Die industrielle Revolution erforderte eine radikale Gleichschaltung der Wirklichkeitsvorstellungen großer Teile der Bevölkerung, um deren Alltag, Verhalten und Handlungspräferenzen auf den unmenschlichen Takt der Maschine und den unnatürlichen Rhythmus der Fabrik hin abzustimmen. Tatsächlich ist der Begriff Geisteskrankheit in sich missverständlich. Es handelt sich bei einer Geisteskrankheit nämlich keineswegs um eine Krankheit des Geistes, d.h. der Vernunft, des denkenden Anteils der Seele (diese nennen wir heute Lernbehinderung mit Verhaltensauffälligkeit; früher schlicht Dummheit), sondern um eine seelische Störung, d.h. eine Störung der Befindlichkeit. Diese Störung führt in Folge zu einem Fehldenken und Fehlverhalten vor dem Hintergrund der allgemein akzeptieren Vorstellung von Wirklichkeit. Sein Fehlverhalten und - denken macht den Geisteskranken unfähig zur Teilnahme am allgemeinen Schaffensprozess, der, wie gesagt, aufgrund seiner Komplexität nur eine sehr niedrige Toleranz gegenüber abweichendem Verhalten aufweist.

Der Geisteskranke wird daher ressourcenschonend aus der Allgemeinheit entfernt. Das Irrenhaus oder, freundlicher formuliert: die Nervenheilanstalt, dient der humanen Lagerung von Personen, die aufgrund einer psychischen Erkrankung den alltäglichen Verkehr einer industriellen Gesellschaft behindern würden.

In weniger strikt geordneten Artifiziellen Räumen darf der Geisteskranke, sofern er nicht aggressiv ist, in der Gemeinschaft verbleiben, wo er als Dorftrottel kleine Arbeiten verrichtet oder durch Almosen erhalten wird – seine Anwesenheit stört den wenig regulierten Alltag nicht weiter.

Je komplexer die Gesellschaft, desto häufiger werden Geisteskrankheiten diagnostiziert. Dieser Trend dauert schon etliche Jahrzehnte an und wird sich auch in Zukunft nicht umkehren. Das bedeutet freilich nicht, dass die Menschen immer gestörter werden, sondern nur, dass die Spanne tolerablen Verhaltens und Denkens immer enger wird und daher immer mehr Personen aus dem Rahmen fallen, weil sie sich eben in der Welt nicht mehr wohl befinden. Man kann nun nicht hergehen und immer größere Teile der Bevölkerung ins Irrenhaus abschieben, ohne einen Kollaps des Artifiziellen Raums herbeizuführen. Also greift man zu starken bewusstseinsverändernden Medikamenten, die die Ausgelaugten, Depressiven, Einsamen, Unglücklichen, an der Sinnlosigkeit ihres Daseins Erstickenden usw. wieder auf Spur bringen. Um ein gesellschaftliches Umdenken aufgrund des wachsenden Heeres von Menschen, die die Schnauze voll haben und nicht mehr können und wollen, zu verhindern, schiebt man die Ursache der Geisteskrankheit auf irgendwelche hormonellen oder sonstigen körperlichen Ungleichgewichte. Das macht Sinn. So muss man die krankmachende Umwelt, d.i. die artifizielle Umwelt und ihre modernen *posthumanen* Lebensumstände nicht verdammen, aber auch nicht den Kranken aussondern oder ihm das beunruhigende Gefühl geben, etwas sei fundamental nicht in Ordnung. Nein, fundamental ist alles bestens, unsere Welt großartig und fortschrittlich, gut und gerne leben wir in ihr, nie ging es uns besser, die Spitze der zivilisatorischen Entwicklung sind wir und dazu auch noch Fußballweltmeister! Bei jenem nagenden Gefühl in der Seele, das uns beizeiten anfällt, handelt es sich nur um ein kleines hormonelles Ungleichgewicht, ein bisschen zu viel Stress usw., alles Sachen, die man durch die Einnahme entsprechender Medikamente leicht korrigieren kann. Die Schuld der Krankheit liegt beim Körper des Kranken, einer Entität, die mit seinem Ich an sich nichts zu tun hat.

Sogar bei Kindern funktioniert das. Der Zappelphilipp von früher ist heute jenes armes Knopferl, das mit ADHS diagnostiziert und mit Ritalin ruhiggestellt wird. So ist das Versagen in der Schule nicht mehr die Schuld des Kindes, dessen Entwicklung, Intelligenz, Veranlagung oder Neigung vielleicht einfach nicht den Erfordernissen des Lehrplans genügen, sondern Folge eines „Syndroms." Auch die Schule ist ohne Schuld. Allein die Idee, dass kleine Kinder, die im Normalfall stundenlang Spielen und Toben, stundenlang zum Sitzen und Lernen gezwungen werden, einfach ausflippen könnten, ist völlig absurd, ja geistesgestört. Nein, in Dänemark stinkt es nicht, alles ist bestens und in bester Ordnung, und wer es nicht glauben will oder kann, oder wer sich eben nicht so doll fühlt oder mithalten kann, der wirft ein bisschen SOMA ein und dann ist es wieder gut.

Wahnsinn

Wahnsinn ist ein tiefsprachlich sehr spannender Begriff, der weit mehr umfasst als die geistige Befindlichkeit eines Menschen. In seiner Verwendung in der Tiefsprache hat er zwei Dimensionen, eine technische und eine poetische. Die technische enthält, was empirisch gesehen und erforscht werden kann, d.i. das Verhalten, Sprache usw. Die poetische Dimension handelt von dem, was vom Betroffenen selbst empfunden und wahrgenommen wird. Innerhalb der technischen Tiefsprache bezeichnen wir als wahnsinnig, wer gegen das allgemein akzeptierte

Wirklichkeitsdogma denkt und handelt. Hier ist eine klare Grenze zur Verrücktheit zu ziehen. Verrücktheit geschieht innerhalb der allgemein akzeptierten Wirklichkeit als Fehldenken oder Fehlhandlung. Sie verstößt gegen die allgemeine Auffassung, wie die Dinge sein sollten, ohne diese jedoch in ihrem Sein zu hinterfragen. Zum Beispiel ohne Not statt einem Computer eine Schreibmaschine zu benutzen, mag verrückt sein, aber keineswegs wahnsinnig. Alle Computer, die man sieht, zerstören zu wollen, ist wahnsinnig, aber u.U. nicht verrückt, denn der Wahnsinnige hat im Gegensatz zum Verrückten meist wohl durchdachte Gründe für sein Verhalten, die jedoch auf eine Wirklichkeit verweisen, die außerhalb der allgemein akzeptierten Wirklichkeit liegt.

Wenn der Wahnsinn keine Verrücktheit ist, ist er dann vielleicht eine Geisteskrankheit? Tatsächlich wird wahnsinniges Verhalten meist aus Verlegenheit oder Ignoranz des geschulten Personals so diagnostiziert. Dies ist offensichtlich eine Fehlinterpretation. Der Wahnsinnige hat im Gegensatz zum Geisteskranken, also jemand der an einer Bewusstseinsstörung leidet, eine sehr klare und in sich kohärente Vorstellung von der Wirklichkeit. Diese steht nur im Gegensatz zur allgemein anerkannten Vorstellung von ihr. Ich betone, sie steht im Gegensatz, stellt also keine Varianz, sondern ein autonomes (selbst-gesetzliches) Gegenmodell dar, eine eigene Sphäre, die eigenen Gesetzen folgt.

Innerhalb der poetischen Tiefsprache und im Kontext der weichen, entgrenzten archaischen Wirklichkeit stellt der Wahnsinn schlicht den Einbruch der göttlichen in die profane Sphäre dar. Der Wahnsinnige wird gewissermaßen von dieser anderen Wirklichkeit in Besitz genommen, die jenseits der sichtbaren und erfahrbaren Welt steht. Er wird ihr Sprachrohr und Brücke zwischen den Welten. Homer etwa beginnt die Ilias mit dem berühmten „Singt mir o Musen…" – er hört also Stimmen. Nicht er verfasst den Gesang, sondern die Götter singen durch ihn. Sie sind es auch, die parallel zu den sterblichen Protagonisten im Kampf um Ilion tätig sind. Homer befindet sich also in einem Zustand des Wahnsinns, während er seine unsterblichen Verse schmiedet, ist Sprachrohr und Brücke zu jener anderen Wirklichkeit, in der die Götter ganz natürlich unter den Menschen wandeln wie in den mythischen Anfängen der Welt selbst. Die temporäre, durch Tanz oder Droge erzeugte Raserei war in der Antike (etwa bei den Bacchanten) und ist noch heute bei vielen Urvölkern eine Methode zwischen den Realitäten der Sinne und der Seele zu reisen. Rudimente dieses Verhaltens sind auch in den Artifiziellen Räumen der Westlichen Zivilisation zu finden, wenn man etwa die drogenschwangere Partykultur unserer heiligen Jugend mit ihren monotonen Rhythmen, tribaler Musik und ekstatischem Tanzvergnügen betrachtet. Gott segne sie, die kleinen Bacchanten.

Wahnsinn ist für den Barbaren lebensnotwendig. Seine Existenz innerhalb der engen und sonderbaren, oft lebenshemmenden Beschränkungen des Artifiziellen Raums ist gezeichnet von Mangel. Kein Mangel an materiellen Dingen oder leichtherziger Unterhaltung, um die Stunden zu füllen, in denen man weder arbeitet, noch konsumiert – diese sind überreichlich vorhanden. Es ist ein Mangel an Wirklichkeit und dem lebensnotwendigen Gefühl, irgend mit dieser Wirklichkeit verbunden zu sein. Der Barbar ist weithin unfähig seine artifizielle Umwelt als etwas Natürliches anzuerkennen, dem er per natus zugehörig wäre. Sein Fuß stößt an jeden Bordstein, jedes Hupen lässt ihn zusammenzucken, das Wirr und Warr humanen Kommerzes um Nichts und wieder Nichts verwirrt ihn. Zivilisation ist ihm wenig mehr als ein lautes, buntes Affentheater, ewige Saturnalien. Wenn er aber durch einen Wald geht, wird sein Schritt langsamer, sein Atem geht ruhiger, und seine Gedanken klaren. Er fühlt sich zuhause oder genauer:

er erinnert sich an die grausam liebende primordiale Welt, aus der seine Seele floh und zu der sie sich doch wieder wünscht. Der Zustand latenten Wahnsinns erlaubt ihm, die Brücke in diese andere Welt zu überschreiten – ganz ohne Drogen und Musik.

Man muss Mut zu diesem Wahnsinn haben, der in jeder Seele dämmernd ruht. Man darf sich seiner nicht schämen. Noch darf man ihn fürchten oder unterdrücken. Er ist ein lebensrettender Reflex, der *kultiviert* werden kann und soll. Jede Vision von einer neuen, besseren Welt, sei sie materiell oder immateriell, bedarf des Wahnsinns als Zugang zu ihr. Und die prophetische Vision, das wissen wir, weil wir es in der Geschichte etliche Male schon gesehen und erlebt haben, ist der Beginn aller Wirklichkeit.

Der Wert des Philosophen

Um Wahrhaftigkeit und Wert eines Philosophen zu prüfen, empfiehlt es sich, ihn vom tarpeischen Felsen zu werfen. Man kann dann sehen, ob er wirklich fliegt.

Genese des Wahnsinns

Wahnsinn entsteht immer aus einem Trauma, das den Glauben an die je angenommene Wirklichkeit erschüttert, nein, irreparabel beschädigt. Aus den Ruinen des Alten wächst allmählich das Neue.

Genie und Wahnsinn

Man sagt, Genie und Wahnsinn lägen eng beieinander. Dieses Sprichwort ist irreführend, es denkt zu kurz, zu inkonsequent. Das Genie zeichnet sich dadurch aus, dass es etwas als wahr und wirklich denken kann, was im Rahmen der orthodoxen Wirklichkeit eines Artifiziellen Raums undenkbar ist. Das Genie gründet also spirituell in einer Wirklichkeit, die jenseits der akzeptierten und gegen sie steht. Insofern ist das Genie notwendig wahnsinnig und der Wahnsinnige notwendig genial.

Wille und Wirklichkeit

Der Wille ist das gestaltende Moment aller Wirklichkeit – und ja: der Artifizielle Raum besitzt einen Willen und er besitzt ein Bewusstsein und eine Vernunft und sogar so etwas wie ein Ich, personale Aspekte also, die in Konvention, Tradition, Habitus und Ethos einer Gesellschaft ausgedrückt sind. Der Wille des Artifiziellen Raums zielt darauf, seine eigenen Seinsstrukturen zu reproduzieren und sich dadurch (im Beginn zum Nutzen und am Ende auf Kosten seiner Träger) zu erhalten. Er will, wie wir alle, einfach nur überleben. Ihm gelingt dies, in dem er eine orthodoxe Auffassung von „wahr" und „wirklich" gestaltet. Der Wille des Raums überformt gleichsam den Willen von Zivis. Mögen die Träger einer Zivilisation sich auch in ihren partikularen Interessen voneinander unterscheiden, so folgen sie doch allesamt einem gemeinsamen Leitstern und bedienen sich der gleichen Axiome, um die orthodoxe Wirklichkeit permanent in sich zu reproduzieren. Durch ihren Glauben konstituieren und erneuern sie die Existenz des Artifiziellen Raums und durch ihn die ihre.

Trauma

Das Trauma – Faye nennt es nach seinem Ursprung „Katastrophe" –, individuell oder global, zerstört den Glauben an den Artifiziellen Raum, zerreißt das Tuch der gewebten Wirklichkeit und enthüllt so den Abgrund, an dessen Rand wir allezeit blind und übermütig tanzten.

Kleine Barbaren

Kinder besitzen eine primordiale Vorstellung von der Wirklichkeit. Wir nennen sie naiv, ungebildet, unerzogen, ungeformt, weil sie zunächst unkritisch alles glauben, was sich ihnen anträgt, und alles, was ihnen irgendwie begegnet, gemäß ihrer leiblichen Urnatur deuten. Wir bewundern sie auch für diese Naivität, geht diese doch mit einer unerschütterlich positiven Grundhaltung zum Leben selbst einher, einer spielerischen Leichtigkeit im Angesicht ständig drohender Vernichtung, die uns später, wenn uns das schwere Joch der Zivilisation drückt, verloren geht, obwohl wir uns dann doch in jenen künstlichen Gefilden sicher wähnen dürfen.

Kleine Soldaten

Um aus Kindlein gute Zivilisten und tapfere kleine Soldaten zu machen, müssen wir ihre primordiale Wirklichkeit und ihre archaischen Verhaltensstrukturen *korrigieren*. Wir kontrollieren zunächst ihr Verhalten durch Lob und Strafe, um sie an das stark regulierte Leben in einer zivilen und modernen Gemeinschaft zu gewöhnen. Die Erziehung formt die Wirklichkeit des Kindes, bis jene mit der des Artifiziellen Raums übereinstimmt. In praxo *sozialisieren* wir Kinder, indem wir ihre primordiale mit der im Artifiziellen Raum vorherrschenden Wirklichkeit überlagern: Indem wir die Welt auf orthodoxe Weise erklären, verschleiern wir ihre archaische Urwirklichkeit.

Freilich besteht dieser kunstvolle Schleier nur

aus einem fadenscheiniges Gewebe, unter dem noch deutlich das andere, archaische Element menschlichen Seins hindurchscheint und von Zeit zu Zeit in Eruptionen von Liebe, Hass, Freude, Trauer, Aberglaube, Hellsicht usw. – allesamt traumatische oder durch Trauma eingeleitete Zustände – auch durchbricht.

Diese für den Bestand des künstlichen Raums gefährlichen Brüche werden durch bestimmte formelle oder informelle Einrichtungen kanalisiert und so entkräftet. Wir könnten von emotionalen Blitzableitern sprechen. Emotionen kreisen in aller Regel um Bedürfnisse. Je basaler das Bedürfnis, desto stärker die emotionale Reaktion auf seine Bedienung oder Nichterfüllung. Je komplexer ein Artifizieller Raum, desto problematischer ist die Erfüllung basaler Bedürfnisse in ihm sowie die emotionale Reaktion auf deren Nichterfüllung – wir deuteten bereits an, dass Bedürfnisse im Artifiziellen Raum auf artifizielle Weise bedient werden, was eine gewisse Unzufriedenheit erzeugt. Emotionen, die stark genug sind, dass sie hinreichen, eine valide Gegenwirklichkeit zu erzeugen (und damit den Artifiziellen Raum punktuell auflösen), werden dadurch abgeleitet, dass man dem ihnen zugrundeliegenden Bedürfnis eine Ersatzbefriedigung verschafft. Die Gegenmittel zur Lust beispielsweise sind Prostitution und Pornographie, das urmännliche Bedürfnis kriegerischer Aktivität wird im Sportstadium, durch den Actionfilm oder das Computerspiel kontrolliert, anstelle der nie geborenen Nachkommen pflegt man Haustiere, die diese Pflege mit stumpfsinniger, kindlicher Leibe vergelten usw.

Ein guter Teil der Arbeit des Artifiziellen Raums besteht darin, seine Träger an den schalen Geschmack des je angebotenen Bedürfnisersatzes zu gewöhnen. Die positive emotionale Reaktion fällt nämlich bedeutend geringer aus, wenn ein Bedürfnis eben nur Ersatzweise oder virtuell bedient wird. Hieraus erklärt sich dann auch, warum diese an sich minderwertigen Bedürfnisbefriedigungen von breiten Teilen der Bevölkerung so oft und nicht selten zwanghaft wiederholt werden. Anstatt einem sättigenden Mahl, ist man genötigt, unablässig Krümel aufzusammeln.

Unsere Kinder müssen also, um tapfere kleinen Soldaten des Artifiziellen Raums werden zu können, lernen, den in ihm herrschenden Mangel als Reichtum, seine innere Leere als Fülle, und seine Fragilität als Stärke zu interpretieren. Anstatt in ihm zu leben, müssen sie lernen, ihn zu er-tragen.

Der Spalt zwischen den Wirklichkeiten

An dieser Stelle wollen wir vom Übergang von artifizieller zu archaischer Wirklichkeit sprechen, also dem Weg zurück in den „wilden Zustand". Es handelt sich hier um keinen graduellen Übergang, sondern um ein plötzliches Ereignis, einen Bruch. Dieser Bruch gleicht einem plötzlichen Aufschrecken von einem Traum, welches zuerst von einer zeitweisen Verwirrung und Orientierungslosigkeit begleitet wird, bis dann endlich die Bilder des Traums verblassen. Der Bruch, der den Übergang zwischen den Wirklichkeiten markiert, ist seinem Wesen nach traumatisch. Er öffnet sich stets auf der Seite der artifiziellen, der konstruierten Wirklichkeit. Der Artifizielle Raum ist in seiner kunstvollen Bildung äußerst fragil (brüchig) und wird immer fragiler je weiter er sich vom Primordialen Raum entfernt (Fortschritt) und je tiefer die Verwobenheit des Zivis mit seinem künstlichen Garten Eden ist. Das Sprichwort „man fällt aus allen Wolken" passt sehr schön als Beschreibung des Bruchs. Denn es ist die artifizielle Wirklichkeit, die in den Wolken schwebt, und alles tut, den Zivilisten nicht daran zu erinnern, dass er ein Leibwesen des Grundes, der Erde, der wilden Welt ist (Evola spricht von „chtonisch"), dessen Dasein begrenzt, dessen Mittel beschränkt und dessen Leben stets unter dem Damoklesschwert des Zufalls steht.

Der temporäre Bruch ereignet sich in Gestalt einer starken emotionalen Reaktion. Er ist meist vorübergehend und schließt sich, sobald das der Reaktion Zugrundeliegende geheilt ist oder die Emotion selbst an Potenz und Einfluss verliert.

Ein katastrophales Trauma, das den Glauben an den Artifiziellen Raum irreversibel beschädigt oder gar zerstört, tritt meist in Verbindung oder als Folge von Ereignissen auf, die die Illusion der existentiellen Sicherheit zerstören und den gefährdeten Normalzustand des Lebens in der archaischen Sphäre in Erinnerung bringen. Das Erfahren von Krankheit, Tod, Naturkatastrophen, exzessiver Gewalt usw. gegen die sich die Mittel des Artifiziellen Raums als nutzlos erweisen, können zu einem permanenten Erwachen führen – Letzteres mag sich in dem, was wir als Wahnsinn beschrieben haben, als neuer Modus des Daseins manifestieren.

Der Artifizielle Raum versucht durch mediale Gewöhnung an die Katastrophe eine Dämpfung der emotionalen Reaktion bei seinen Trägern zu erzeugen, versucht sie also emotional zu impfen, um ihren Glauben – und darin sich selbst – auch in der Krise erhalten zu können. In diesem Zusammenhang ist auch das Phänomen des Terrorismus besser verständlich. Dieser versucht durch punktuelle Brüche der Raum-Kohärenz, die strukturelle Schwäche des artifiziellen Dogmas zu beweisen und dadurch seine Träger zum inneren Abfall zu bewegen – er versucht die Bevölkerung zu traumatisieren und dadurch zu lähmen.

Das doppelte Paradox des Artifiziellen und
Archaischen Raums

Der Artifizielle Raum erzeugt eine traumhafte
Wahrnehmung der Wirklichkeit, in der reale
Gefährdungen und die harschen Umstände
menschlichen Daseins durch das Medium der
technisch-präzisen Sprache ausgeblendet werden. Der
Archaische Raum dagegen zwingt das Dasein in einen
unerträglichen Zustand permanenter existentieller
Wachheit, der in der traumhaft-vagen poetischen
Sprache sein Echo findet.

Vorbilder und Abbilder

Vom Nutzen des Vorbildes

Im Zweifel – in den er oft und nicht ohne eigene Schuld gerät – orientiert sich der Barbar an Vorbildern und Vorläufern, die sich in ähnlichen Situationen befanden und den Fangstricken des Schicksals ent- oder glorreich darin umkamen.

Catilina

Catilina war ein wagemutiger Mann.

Er war ein einfacher Mann, mit einem einfachen Willen, dem er mit fataler Entschlossenheit folgte. Er strebte nach Macht. Und er starb für dieses Streben mit dem Schwert in der Hand.

Er war ein großer Mann. So groß, dass die Angst seiner Gegner ihm ein ewiges Andenken schuf.

Als er sich den republikanischen Legionen gegenüber sah, die eigenen Reihen durch massenhafte Fahnenflucht bereits stark vermindert, die wenigen Verbleibenden aber schlecht bewaffnet und kaum ausgebildet, wich er nicht, sondern heiligte sein Scheitern mit fataler Entschlossenheit. Man fand seine durchbohrte Leiche auf einem Haufen erschlagener Feinde, die Hand noch fest um den Griff des blutigen Gladius geschlossen.

Ein großer Mann!

Seneca

Seneca war ein gerissener Mann, ein Odysseus der Seele.

Er ist vielleicht eine der interessantesten, weil komplexesten Gestalten des alten Roms. Verbannt von

Augustus, bettelarm, ein gefeierter Schriftsteller seiner Zeit, ein Bestsellerautor tatsächlich, Held und Verführer der Jugend, Asthmatiker, nach dem Verlust eines Sohnes kinderlos, Ziehvater des Nero, zeitweiliger Verwalter des römischen Imperiums, steinreich, und endlich prominentes Opfer seines Ziehsohnes hat der Mann so ziemlich alles mitgemacht, was man als Sterblicher mitmachen kann. Spannenderweise hat uns dieser politische Hans Dampf in allen Palästen ein umfassendes literarisches Vermächtnis hinterlassen – einige mittelmäßige Bühnenstücke und viele herausragend geschriebene moralische Schriften lauen Gehalts –, das nichts, aber auch gar nichts über sein eigentliches Innenleben verrät. Der literarische Seneca und der fleischliche Seneca sind zwei verschiedene Personen, die einander nicht einmal zu kennen scheinen. Der eine schreibt in schönem, vertraulichem Stil stoische Nichtigkeiten und verteilt reichlich Seelenpflaster, der andere ist ein gerissener Machtpolitiker, dessen Hände von Blut nur so triefen und dem es gelingt mit windigen Kreditgeschäften in relativer kurzer Zeit ein unglaubliches Vermögen anzuhäufen. Der eine preist das einfache Leben auf dem Land in Bescheidenheit und kontemplativer Ruhe, der andere managt ein Weltreich und die Stimmungen eines wahnsinnigen Teenagers, den sich die Götter in ihrem seltsamen Humor als Kaiser des Imperium Romanums ausersehen haben.

Seneca ist der Meister der Verstellung, ein Virtuose in der Kunst der Maskerade. Selbst in den Jahren, da er öffentliche Stellungen mit hoher Sichtbarkeit bekleidet, gelingt es ihm, Millionen Römer davon zu überzeugen, er sei eine Art sanfter Cato oder zurückhaltender Cicero. Selbst der von Nero erzwungene Selbstmord ist eine geniale Inszenierung, eine letzte, große Selbstdarstellung, d.h. Darstellung eines Selbst, von dem wir im Letzten nicht wissen können, ob es Senecas war.

Nero schickt also seine Schergen zu seinem ehemaligen Lehrer und fordert ihn zum Selbstmord auf. Anstatt zu verzagen, improvisiert Seneca nun ein Bühnenstück, das bis heute legendär ist. Ich muss den Kopf darüber schütteln, wie diszipliniert dieser Mann selbst im Angesicht seiner Vernichtung völlig im Einklang mit dem Image handelt, das er in seinen Schriften aufgebaut hat. Wir haben alle Elemente eines idealen Selbstmordes, meint: des sokratischen Selbstmordes. Man tröstet die anwesenden Freunde mit gelehrigen Reden, dass der Tod kein Übel sei und so weiter. Man entsühnt die verlegenen Soldaten, die gewiss keine Freunde an diesem Geschäft haben. Man nimmt sogar in einem Anflug moralischer Überheblichkeit den irren Kaiser in Schutz, auf dessen ungerechten Befehl hin man nun in den Hades gehen muss. Man nimmt endlich den Schierlingsbecher und trinkt ihn gefasst und in aller Ruhe aus – all das tut Seneca.

Doch der Tod bleibt fern. Er lässt sich also die Adern öffnen, aber auch dass hilft nichts. Erst im Dampfbad gelingt es dem chronisch kranken Greis nach langer Qual seine Lebensgeister auszuhauchen. Die ganze Angelegenheit ist eine riesige Schweinerei, die Neros ohnehin beschädigtes Ansehen in Rom den Todesstoß versetzt, sodass man zu denken versucht ist, ob nicht auch dies von Seneca intendiert war.

Wie geht der skrupellose Machtpolitiker mit dem netten Philosophen, der so vertraulich über die Jahrtausende hinweg mit einem zu plaudern versteht, zusammen? Diese Frage ist bis heute ungeklärt. Klügere Menschen als ich schlagen sich entweder auf die eine oder andere Seite: Senecas Schriften waren entweder Propagandastücke, deren kritiklose Aufnahme nur unter der Aufsicht eines autokratischen Herrschaftssystems möglich war, oder Seneca war tatsächlich ein sanfter Cato, den ein unglückliches Geschick ins Gefüge der Macht verstrickt hat, wo er dann nach seinen Möglichkeiten versuchte, Gutes zu tun und Schlechtes zu verhindern. Göbbels oder Schindler, das ist die Wahl.

Aber muss man sie treffen diese Wahl? Man kann den Mann auch in seiner gespenstischen Doppelgestalt bestehen lassen und gerade von dieser lernen. Denn genau das ist Senecas Geheimnis, deswegen gelingt ihm der Spagat zwischen Macht und Kontemplation: Er lebt beide Wirklichkeiten kompromisslos nebeneinander aus. Dem Betrachter bleibt die Qual der Wahl. Er muss deuten, muss aus dem paradoxen Verhalten schlau werden, wenn er nicht wie Cassius Dio die Sache mit einem billigen „Scharlatan!" abtun will – etwas, das in Anbetracht der genialen literarischen Produktion des Spaniers ohnehin schwierig ist; wer könnte den Autor der Apocolocyntosis ernstlich oder im Scherz einen Scharlatan nennen? Senecas Genialität besteht darin, dass er sich hinter dem Zweifel seiner Mitmenschen verbirgt.

Große Eroberer

Europas Eroberer sind große Träumer mit großen Träumen. Sind sie auch Vorbilder? Vielleicht wenn sie ihre Kriege gewonnen hätten oder die Zensur sanfter mit ihrem Nachlass umginge? Es spricht aber noch anderes gegen sie: So gewaltig ihre Triumphe auf dem Schlachtfeld auch waren, im Privaten erwiesen sie sich als Schwächlinge. Dem einen setzt die Frau Hörner auf, der andere lebt wie ein Mönch. Solche Männer sind stets verdächtig. Das eine Schwert schwingen sie, das andere lassen sie stecken.

Jesus

Jesus war ein weiser und unerträglicher Mann.

Der Nazarener ist zweifellos einer der großen Lehrer der Menschheit. Er steht auf einer Stufe mit Sokrates und Buddha. Und wenn ich auch mit Vielem seiner Lehre nicht übereinstimme, so muss ich doch der Kraft und Eleganz ihres Vortrags Tribut zollen. Die Gleichnisse, mit denen der Mann versucht, den unbelehrbaren Plebs zu belehren – was in sich schon eine wundervolle und wunderliche Sache ist –, sind sehr hübsch, tröstlich, tief und voller Wahrheit, die ihr Licht nicht unter den Scheffel stellt.

Schade nur, dass die Nachgeburt Paulus die Eleganz einer simplen Mystik in eine neue Religion, den Menschen Jesus in den Gott Christus umdichten musste. Neutestamentliche Wächter bewachen nun den Schatz erquicklicher Weisheit, die ein Dürstender nur mit Mühe überwinden kann: Viele sind berufen, aber nur wenige auserwählt...Theologen zu sein. Denn wer zu Jesus vorgelassen zu werden wünscht, muss sich erst selbst verleugnen, muss vor dem Christus das Knie beugen und das fremde Kreuz schultern, das einem von der zuständigen Konfessionsautorität mit einem Lächeln angereicht wird. Allein, dass die Evangelien als biographische Rechtfertigung um die ursprünglich rein mündliche Lehre gemauert wurden, ist sicher problematisch, aber aus propagandistischen Gründen immerhin noch verständlich – Verpackung ist wichtig und der gezuckerte Lebertran geht leichter die Kehle runter. Noch schlimmer, geradezu eine Blasphemie, ist die Beimengung sekundärer Texte, resp. die Briefe des selbsternannten Nachlassverwalters und Kirchengründers Paulus. Dieser hat weder zu Jesu Zeiten gelebt, noch dessen Worte mit eigenen Ohren vernommen, ganz zu schweigen davon, dass er die Anhänger des Menschensohnes verfolgt hat, der Schelm. Von den siebenundzwanzig Büchern des Neuen Testaments handeln gerade vier direkt von Jesus und von diesen vier ist Johannes bereits mehr Esoterik als handfester Ethos. Wer die Tröpfchen Weisheit unvermischt

schlucken will, achte auf die Gleichnisse und alle
Worte, die auf Bergen und in den Wind gesprochen
wurden.

Diogenes

Diogenes ist der Schutzpatron der bissiger
Wahrheiten.

Er ist der Till Eulenspiegel der Philosophie und
die Geißel aller bequemen Menschen. Seine Lehre,
wenn man denn von einer „Lehre" sprechen will, ist
einfach, weil sie Einfachheit lehrt, und hart, weil sie
auf Festem gründet: Ein Leben im Einklang mit der
Natur, d.i. die primordiale Wirklichkeit des Leibes und
der Seele. Was das bedeutet, wie das definiert werden
kann, welche Begriffe und Begriffssysteme man nötig
hat, um das Einfache einfach, zu einfach, verdächtig
einfach zu erklären, auszudeuten und darin
zwangsläufig unendlich zu verkomplizieren, damit
man es nachher wieder enträtseln kann – das alles
interessiert Diogenes nicht, den Göttern sei Dank. Ein
natürliches und darin tugendhaftes Leben erweist sich
im Tun. Bei Diogenes beschränkt es sich darauf, sich
auf das Nötigste zu beschränken. Wer nichts braucht,
hat stets Überfluss – an Gütern, aber auch an Zeit,
Muse. Was er damit tut, wie er seinen Überfluss
benutzt, spielt wiederum keine Rolle. Fatalistischer
Asketismus des Tuns und Denkens ist der Weg des
Hundes und diesem Hund ist der Weg schon Ziel
genug.

Seinen Mitmenschen hält der Exilant und
versehentliche Sklave zu deren Verwirrung und
Ärgernis – sich selbst wohl zur Belustigung – den
Spiegel vor. Er tut, was sie tun, aber er tut es ohne alle
zivilisatorische Geziertheit. Dabei entlarvt er die
Nacktheit des Kaisers lachend und voll boshaften
Spotts. Das Treiben der Menschen, ihr Handeln und
Schachern, ihre Streitigkeiten und Vorurteile ist ihm

nichts als ameisenhaftes Gewimmel und Heuchelei, alles ohne Sinn und Verstand. Indem sie nach weltlichen Gütern streben, streben sie nach Nichts. Ansehen, Stellung, Amt, Ruhm, Genuss usw. sind im letzten leere Begriffe, Nichtigkeiten und daher der Mühe nicht wert. Wer hier an Stirner denkt, hat mitgedacht.

Die Vernunft, das ist das besondere an unserem Tonnenbewohner, hat sich gleichfalls unter das Diktat der Bescheidenheit, der Simplizität zu fügen. Während andere Philosophen die Einfachheit der Lebensumstände zugunsten einer höheren geistigen Tätigkeit empfehlen, ist die Vernunft bei Diogenes lediglich ein Mittel, den tugendhaften Zustand asketischer Einfachheit zu erhalten. Sie entlarvt scheinbare Bedürfnisse als Chimären. Alles, was zu viel ist, nimmt vom tugendhaften Leben weg. Kosmologie, Erkenntnislehre, Metaphysik – auch diese Grillen verachtet Diogenes und aus vollem Herzen. Seine Philosophie reicht vom Scheitel bis zur Sohle.

Von Diogenes lernt der Barbar den Wert der einfachen Lebensführung, die Mittel, sie durch konsequente Beobachtung und Enttarnung von Unwichtigem zu erhalten, und die Heilsamkeit kräftigen Humors. Dieser Hund beißt.

Epikur´s Hängematte

Epikur ist selbstgenügsam.

Ich kann mir Epikur nicht anders als in einer Hängematte liegend vorstellen, umschwärmt von Bienchen, mit einem seligen Lächeln auf den Lippen, das die göttlichen Träume hinter den geschlossenen Lidern erraten lässt. Genuss ist Epikurs höchstes Gut. Es wird um seiner selbst Willen erstrebt, während alles andere nur um seinetwillen erstrebt wird. Mit Genuss meint Epikur indes keineswegs Sinneslust, die ja ohnehin immer auch mit einem Grad von Pein einhergeht, vor allem, wenn sie keine volle Erfüllung findet. Sein Genuss ist klug. Er gründet in einem selbstgenügsamen Zustand der Schmerzlosigkeit. Schmerz ist wiederum nicht rein leiblich verstanden. Er beschreibt einen Zustand, in welchem die Seelenruhe gestört ist. Jeglicher Trieb und jedes Bedürfnis geht mit Schmerz einher, der uns wie eine Peitsche antreibt, dem ihm zugrundeliegenden Bedürfnis Befriedigung zu verschaffen. Das Glücksgefühl, das der Befriedigung folgt, ist in Wahrheit nichts anders als das gefühlte Verschwinden des Schmerzes, die Rückkehr in einen seelischen Ruhezustand.

Epikurs Vorstellung vom Glück lässt sich am besten im Bild eines Gartens fassen. Eine kleine, friedvolle, private und von den Wirren des Artifiziellen Raums weithin abgeschottete Enklave der Ruhe und Besinnung. Oh, wie schön ist Panama! Ein Leben in einfachen Umständen, zurückgezogen von öffentlichen Angelegenheiten, ein Ort, an dem man über Gutes, Wahres, Schönes nachdenken oder mit Freunden darüber schwatzen kann. Das gefällt dem Todfeind der bitterernsten Stoiker und uns gefällt es auch ein wenig.

Epikur hat sich leider die Mühe gemacht, seiner Glücksphilosophie eine Kosmologie, Metaphysik und Erkenntnislehre beizugesellen, die allesamt auf einem unausgegorenen Materialismus basieren. Schmerzhaft zu lesen und darum für den Barbaren trotz möglichen Vorwurfs der Bildungsferne und des Eklektizismus aus hedonistischen Erwägungen zu übergehen. O Epikur, hättest du geschwiegen...

Xenophon

Xenophon ist nicht nur ein Macher, er ist *der* Macher schlechthin.

Er ist in jeglicher Hinsicht ein bemerkenswerter Mann, ein griechischer Alexander, wenn man so will. In seinem Leben vereinen sich geistige Lauterkeit, ethische Bodenständigkeit, politische Bescheidenheit und höchste Tatkraft. Der Mann hat die Anabasis nicht nur geschrieben, was für sich genommen schon eine unglaubliche Leistung gewesen wäre, nein, er hat sie erlebt, *gemacht,* denn er war der Kommandant der versprengten Söldnerarmee, von deren Irrfahrten auf dem Weg zurück ins heilige Hellas das Buch handelt. Xenophon war ein echter Kerl mit klarem Kopf, man merkt das seinen Schriften und Taten an. Literarisch pflegt er einen einfachen, präzisen Stil, der jener subtilen Eleganz, wie sie in der griechischen Literatur so oft zu finden ist, nicht entbehrt – ganz anders als das klobige Latein der Herrn vom Tiber. Als echter Kerl hat es der geborene Athener dann auch lieber mit den kriegerischen Spartanern gehalten. Über deren Verfassung und Lebensweise belehrt er uns in „Die Verfassung der Spartaner." Vor allem die ersten Kapitel sind von besonderem Interesse. Hier geht um die Kindererziehung, genauer: wie man aus Kindern lebenstüchtige *Barbaren* schmiedet. Das ganze System planvoller Verwilderung und späterer planvoller Eingliederung der Wilden in ein strenges Kastensystem hat zwar einige Schattenseiten und Schwachstellen, die später, viel später zum Niedergang Spartas führen, enthält aber dennoch viel Brauchbares. Wir haben heutzutage mit weitaus zweifelhafteren pädagogischen Systemen zu tun, die keine starken und lebenskräftigen Menschen mehr produzieren können oder wollen, sondern Sklavenseelen und Psychopathen. Der Fremdsprechende verfasste weiterhin eine Reihe politischer Schriften, die wegen ihrer sehr realen und noch heute gültigen An- und Einsichten lesenswert sind. Als ob dies alles nicht schon genügte, das Maß des Ruhmes voll zu machen, war Xenophon auch noch Schüler und Verteidiger des Sokrates. Er teilt mit uns seine Erinnerungen an ihn und erweitert so das Bild vom Charakter des großen Griechen um die Dimension des Persönlichen.

Von Xenophon lernt der Barbar die Wichtigkeit der Einheit von Leben und Schaffen, von Gesinnung und Tun. Unsere Welt, die postmoderne und posthumane Zivilisation des Westens, ist an sich schon kein guter Ort für einen Freidenker, für einen *Freischaffenden* aber ist sie rundheraus gefährlich. Als Barbar sind wir dem Schaffen, dem Tun, dem Machen leider verpflichtet. *Bewegung* gehört zu unserem Wesen. Das kontemplative Dasein des Einsiedlers, selbst wenn er den Talbewohnern ab und an einen Besuch abstattet wie der gute Zarathustra, ist für uns keine Option. Auf der anderen Seite bietet jedoch auch die vollständige Aufgabe des Selbst durch aktionistische Verstrickung in das Wirr und Warr des zivilisatorischen Alltags keinen gangbaren Weg für den Barbaren. Denn gerade im Machen, Schaffen, Tun ist er kontemplativ und erlebt sein Dasein in höchster Klarheit. Xenophon zeigt, wie es durch die Verschmelzung von selbstbewusster Klugheit, menschenfreundlicher Eigensinnigkeit und entschlossener Überzeugung gelingt, ein Leben zu führen, das Denken und Tun versöhnt.

Xenophon hatte zwei Söhne, von denen wenigstens einer als Held gestorben ist.

Kinderlosigkeit der Vorbilder

Dem aufmerksamen Leser ist bestimmt die kleine Widersprüchlichkeit nicht entgangen, in die sich der Barbar – mal wieder, mag man sagen – verstrickt hat, als er uns seine Vorbilder vorstellte. Welche Widersprüchlichkeit das ist? Nun, hat der Barbar nicht auf alle Sieben Himmel und Neun Welten geschworen, dass das Größte und Wichtigste im Leben des Lebendigen die Weitergabe dieses Lebens sei?

Ging er nicht sogar soweit, der Schelm, die Heiligkeit der Mutterschaft selbst bei der Hure zu preisen und dem Mann alle Achtung zu versagen, der nicht eine gute Zahl von Kindlein sein eigen nennt? Wenn er soviel Wert auf die Nachkommenschaft seiner Mitmenschen legt, dass er meint, sie danach moralisch beurteilen zu können, wie kommt es dann, dass seine Vorbilder entweder gar keine oder nur wenige Kinder haben? Sollte der Barbar uns etwa zwischen den Zeilen die Warnung gegeben haben, unseren Vorbildern nicht zu vertrauen?

Leben und Überleben

Der Ruf des Lebens

Während seine körperliche Unversehrtheit allein in den Händen der Götter und darin abseits seiner Besorgnis liegt, benötigt der Barbar zum Schutze seiner Seele eine kraftvolle und zugleich leicht zu versteckende Ideologie. Es genügt nämlich nicht, den Ruin der Zivilisation zu überleben, sondern lebend, lebenstüchtig und -tauglich muss der Barbar in die Gefilde der Neuen Welt schreiten, dabei ein Liedchen auf den Lippen und hohen Sinn hinter der Stirn.

Seine Ideologie gründet auf dem Leben in seiner archaischen, leiblichen Gestalt. Dieses Leben ist, wenn man so will, das Gut, das um seiner selbst Willen erstrebt wird, das leitende Prinzip seines Ethos. Was es fördert, fördert er, was es hindert, das bekämpft er. Am Ende liegt dieses Leben allein in den Händen der Götter und darin abseits seiner Besorgnis.

Die zwei Dimensionen des Lebens

Leben, menschliches Leben, Dasein, Existenz besitzt zwei Dimensionen: Leib und Bewusstsein. Diese bilden die Eckpfeiler der Ideologie vom Leben. Gesunder Leib, gesunder Geist. Gesundheit ist schönwahrgut. Ein schönwahrgutes Leben ist ein solches, das sich mehrt und mehrt. Gesundheit des Leibes, des Geistes, führt zwangsläufig zur Mehrung des Lebens in Zahl und Tiefe seines Empfindens. Bedeutet: Nachkommen (Leib), die im Geist des Lebens (Empfindung) auf- und erzogen werden und in sich selbst das übermächtige Bedürfnis spüren, dieses Leben ihrerseits vielfach weiterzugeben. Es hat nämlich keinen Sinn, einfach Nachwuchs in die Welt zu setzen und diesen dann verkommen zu lassen. Wir sind – leider – keine Insekten, die mit hohen Zahlen ihre Pflicht gegenüber den Göttern erfüllen. Unter großen Mühen pflegen wir unseren spärlichen Nachwuchs viele Jahre mit dem Ziel, dass dieser in unserem Sinne seine Existenz einrichte und sich in ihr einrichte. Wir müssen wachsen, wachsen und immer weiter wachsen. An Zahl und Empfinden. Exponentielles, ungesundes und keineswegs nachhaltiges Wachstum ist das Ziel des Barbaren.

Das Große Sterben, das die Zahl korrigiert und stark und schwach voneinander sondert, kommt später und ganz von selbst.

Rasse

Was denkt der Barbar über *Rasse*? Der Barbar verschmäht die rassige Frau nicht, gleich welcher Herkunft und Hautfarbe, wenn sie nur ein fruchtbarer Acker für seinen Samen ist. Ist sie indes krank, hässlich, dumm, einäugig oder keinäugig, kann selbst der herzlichste Barbar kein Auge zudrücken und den Farbenblinden spielen.

Fragen der Ernährung

So er rechnet, bewertet, gewichtet und bezahlt der Barbar sein täglich Fleisch und Brot: Je größer die Potenz der je enthalten gewesenen Lebendigkeit eines Lebensmittels, desto höher dessen Nähr-Wert. Mann frisst Leben um zu leben. Macht Sinn?

Fleisch steht demzufolge an erster Stelle, d.i. Fleisch, das sich vegetarisch ernährt – wir wollen ja keine Löwen kauen. Groß, fett, muskulös ist besser als sein Gegenteil, ein prachtvolles Rind ist dem mageren Hühnchen selbstredend vorzuziehen.

Fische schwimmen meistens im, d.h. unter Wasser. Das macht sie verdächtig. Was treiben sie dort unten, wo kein normaler Mensch auch nur Atem holen kann? Etwa an Ertrunkenen herumknabbern? Man kann sie essen, ja, die Fischlein meine ich, ob man es auch sollte, ist eine Frage des Geschmacks.

Es folgt Milch. In Zeiten industrieller Molkereibetriebe vergisst man allzu schnell, was Milch eigentlich ist: Reiner Lebenssaft zur Aufzucht neugeborener Säugetiere. Muttermilch aus prallen Brüsten – wir mögen das. Romulus und Remus wurden von einer Wölfin gestillt. Was Wunder, dass der eine Bruder den anderen totschlug und eine Stadt gründete, die die halbe Welt auffraß. Ziegenmilch macht potent und lustig und ein wenig verdorben. Eselsmilch macht klug und störrisch, die Milch des Kamels duldsam. Gemelkte Mäusebrüste taugen nur einen duckmäuserischen Appetit zu stillen. Die Milch einer guten Frau macht einen guten Mann.

Obst enthält die Wärme der Sonne und die Süße träger Faulheit. Camus war ein großer Obstesser. Auch Seneca, wenn auch aus anderen Gründen.

Gemüse enthält die zersetzenden Kräfte der Erde, von der alles kommt und in die hinein alles wieder zurücksinkt – dem Wurm zur Nahrung, denn auch der muss leben. Sein Kot macht den Schoß Gaias fruchtbar und die Tomaten rot und fleischig.

Kannibalismus

Pythagoras, ein Vegetarier, verschmähte den Verzehr von Bohnen, da er in ihnen eine Seele vermutete. Seine Lebensweise verbot ihm den Verzehr von *Beseeltem* – daher rührte sein Vegetarismus. Die Idee von der Beseeltheit des Lebensmittels hat etwas überaus Reizendes. Sie passt zu meiner Vorstellung von der je enthaltenen Lebenskraft. Es mag wohl sein, dass gerade in solchen Gestalten, in denen das Leben sich in Potenz und Vielfalt zu komplexen Entitäten verdichtet, eine Seele enthalten sein muss, gewissermaßen als empfindsame und empfindende

Brücke zwischen Organismus und Außenwelt. Eine Pflanze braucht keine Seele. Sie muss nicht empfinden, nur leiden, erleiden, was um sie herum und an ihr geschieht. Sie reagiert auf ihre Umwelt, ohne je selbst zu agieren. Wer nichts tun kann, braucht weder Auge, noch Hand, noch Hirn, noch eine Seele. Nur was sich aktiv und gestaltend gegen seine Welt verhalten kann, ist auch beseelt, animiert (Anima = Seele als inkorporierte Lebenskraft). Zurück zur Ernährung: Wenn die Seele, Anima (das, was bewegt, antreibt) Indiz hoher und höchster Lebensverdichtung ist und wir als Barbaren davon ausgehen, dass eben jene Lebensdichtheit den Nährwert eines Lebensmittels definiert, sollten wir in Erwägung ziehen, unsere Feinde nicht mehr zu begraben oder gar den Geiern und Hunden zum Fraß zu überlassen, sondern sie selbst zu verzehren. Am besten lebendig, sodass wir sicher ein Stück der anwesenden Seele zwischen die Zähne bekommen. Wer also auf gesunde und ganzheitliche Ernährung hält, kann oder sollte eine kannibalistische Diät in Erwägung ziehen.

Wirtschaftlicher Kannibalismus

So verpönt und tabuisiert der körperliche Verzehr unserer Artgenossen ist, so normal nimmt sich der geistige, ideologische und wirtschaftliche Kannibalismus aus, der im Raum unserer Zivilisation den Alltag so selbstverständlich überformt, dass er wie besagter Wald vor lauter Bäumen gar nicht mehr auszumachen ist. (Empirismus industrieller Zivilisationen: Was nicht zu sehen ist, ist nicht da, hat kein Da-sein). Vielleicht am deutlichsten tritt dieses Phänomen des gegenseitigen Verzehrs im wirtschaftlichen Feld auf. Hier sprechen wir von *Wettbewerb*. Der Begriff ist freilich völlig fehl am Platz, so fehl wie Kollateralschaden in einer Kriegssituation. Im Krieg handelt es sich nicht um einen kollateralen Schaden, wenn anstatt der feindlichen Batterie eine Kirche voller betender Flüchtlinge in die Luft gesprengt wird. Es ist eher ein kollateraler Sieg, oder, treffender, ein Trostpreis – immerhin hat man ja etwas getroffen. Wettbewerb bedeutet, dass mehrere Teilnehmer unter Wahrung gewisser Regeln miteinander um einen Preis konkurrieren, wobei man sich miteinander *misst*. Die Vernichtung der Konkurrenz ist bei einem Wettbewerb keineswegs intendiert. Das Gegenteil: Gerade die Anwesenheit der Konkurrenz macht den Wettbewerb zu dem, was er ist. Im wirtschaftlichen Wettbewerb geht es dagegen um die Vernichtung der Konkurrenz, meint: ihre Vertreibung aus dem Markt. Höchstes Ziel jedes Wettbewerbers ist das Monopol. Dass dies tatsächlich der Fall ist, zeigt, wie sehr sich funktionierende Staaten darum bemühen, Monopole zu verhindern – Vater Staat profitiert vom ewigen Streit seiner Kinder untereinander. Anstatt von Wettbewerb redet man besser von *Wettkampf*. Freilich ist auch dieser Terminus nicht ganz passend, denn noch immer fehlt ihm eine Dimension: Auch Wettkampf versucht der Wettkämpfer seine Konkurrenz nicht permanent zu vernichten, sondern nur temporär zu übertrumpfen. Damit ist es aber auch schon genug. Wenn ein Boxer, seinen Gegner ausgeknockt hat, triumphiert er. Er frisst seinen Gegner nicht noch auf. Gott bewahre! Aber genau dies geschieht in der Wirtschaft und ist dort auch gute Sitte. Dominante Unternehmen *schlucken* unterlegene. Nur winzige Klitschen gehen sang- und klanglos unter, so wie Fliegen ohne Zeugen und Zuschauer einfach sterben. Größere Beute wird dagegen zwecks Verzehrs von den *Fressfeinden* gemordet. In der Wirtschaft frisst man natürlich auch und vor allen die Artgenossen, weswegen wir eben von wirtschaftlichem Kannibalismus sprechen dürfen. Und daran ist wohl auch nichts auszusetzen. Mahlzeit!

Sexueller Kannibalismus – Der Anglerfisch

Ich erwähnte bereits, Fische sind mir generell verdächtig. Und von allen Fischen ist der Anglerfisch der verdächtigste. Ich möchte erklären, warum dem so ist:

Zum einen haust er am Grund des Meeres, wo ewige Finsternis herrscht. Wie kann man für ein Lebewesen Sympathien hegen, das freiwillig von Licht <u>und</u> Luft Abschied genommen hat? Weiterhin bedient er sich bei der Beutejagd der gleichen Taktik, die Menschen benutzen, um Fische zu fangen: Er angelt. Mit der fluoreszierenden Spitze seiner Angel lockt er kleine Fische, die nichts weiter tun, als einem natürlichen Instinkt folgend dem Licht zuzustreben, vor sein grotesk riesiges Maul, um sie zu verschlingen. Was für ein Verführer, Versucher, Luzifer! Doch es wird noch schlimmer. Der Anglerfisch, von dem wir mit Abscheu gesprochen haben, ist in Wahrheit eine „Sie." Die männliche Version dieser Spezies ist wesentlich kleiner als sein weiblicher Kontenpart. Das Männchen kriecht auf dem Grund des Meeres im Schlamm herum und ernährt sich von was immer es dort unten findet. Sein Verdauungstrakt ist mit einem Selbstzerstörungsmechanismus ausgestattet. Nach einer gewissen Zeit beginnt er seine Fähigkeit zu verlieren, Nahrung zu verdauen. Der arme kleine Anglerfisch verhungert. In seiner Panik sucht er nun das Weibchen. Wenn er schon sterben muss, dann will er der Welt der Finsternis wenigstens Nachkommen schenken. Die leuchtende Angel des Weibchens dient ihm als Orientierung. Er heftet sich, so er denn nicht gefressen wird, an das Weibchen und beginnt mit ihm im wahrsten Sinne des Wortes zu verschmelzen. Während die beiden Leiber ineinander wachsen, ernährt das Weibchen das Männchen mit. Ist die Verschmelzung abgeschlossen, geben auch die übrigen

Organe des Männchens ihren Dienst auf. Allein das Geschlechtsorgan wird über den Metabolismus des Weibchens weiter am Leben erhalten. Nun kann sich das Weibchen nach Belieben selbst befruchten.

Askese und Lebensgefühl

Ein durchgängiges Thema der Kriegsliteratur – Jünger, Remarque, Köppen – ist die exponentielle Steigerung des Lebensgefühls in Situationen unmittelbarer Lebensgefahr. Das macht Sinn. Je gefährdeter das Leben, desto bewusster fühlt es der Lebende. In einem abgeschwächten, alltäglichen Sinn kennen wir diese Steigerung des Lebensgefühls, wenn wir unsere leiblichen Bedürfnisse befriedigen. Je unmittelbarer und brachialer Mangel oder Bedrohung gegen die Grundmomente des Lebens anrennen, desto stärker reagiert der Lebende auf die Gefahr und ihre Überwindung. Der Mangel an Geld, einem Abstraktum, führt dagegen meistens nur zu einem dumpfen Gefühl von Unzufriedenheit, während der Mangel an Gesundheit alle Sinne geradezu explodieren lässt.

Erst das bewusste Wahrnehmen und Empfinden der eigenen Existenz konstituiert deren Wert. Die ungefühlte, im Dämmer des Artifiziellen Raums verbrachte Existenz ist dagegen weithin bedeutungslos – manchmal sogar für ihren eigenen Träger, der sich als lebendig begraben empfindet, als Toter unter Toten.

Erstaunlicherweise empfinden die meisten Zivilisations, die ihre Toten begraben, diesen Mangel an Lebendigkeit nicht. Man lehrte sie Fühllosigkeit als Glück zu interpretieren. Medikamente, Ablenkungen und die weitgehende Abwesenheit unmittelbarer Überlebensprobleme haben den Abgrund übertüncht, der sich unter ihren Füßen auftut.

In der Religion ist der Zusammenhang zwischen

Lebensgefühl und Schmerz übrigens hinlänglich bekannt. Er wird in Gestalt verschiedener Enthaltsamkeitsgebote nutzbar gemacht. Man weiß das von Gott geschenkte Leben weit höher zu schätzen, wenn man vierzig Tage in der Wüste verbracht oder für eine Woche das Bett der Frau gemieden hat. In der asketischen Tradition bedeutet Leiden Leben und Leben Leiden.

Für den Barbar, der nichts höher schätzt als das eigene Leben und jenes in Fülle auszukosten trachtet, ist der einzige valide Existenzzustand der der permanenten Krise. Er ist Krieger, Eroberer, Räuber, Aggressor, Revoluzzer. Er kennt den Stillstand nicht. Wie der Hai muss er in steter Bewegung bleiben, Stagnation ist sein Ende. Ewiger Söldner ist der Barbar, immer auf der Suche nach neuen, gefährlichen und gefährlicheren Abenteuern. Was ihn nicht umbringt – taugt nichts.

Die Gefangenschaft im Artifiziellen Raum hemmt seine äußere Bewegungsfreiheit. Es macht keinen Sinn, einen Supermarkt zu plündern oder den Barbier zu einem Duell der Scheren herauszufordern. Um zu kompensieren, gilt es, die innere Freiheit durch den steten Kontakt zur archaischen Welt zu erhalten.

Psychogramm des Barbaren

Der Barbar ist in und unter uns. Oft unsichtbar, doch nie verbogen. Wer Augen hat zu sehen, der sieht ihn. Er schläft auf dem Boden oder in seidenen Betten. Er träumt große Träume, die er am Morgen wieder vergisst. Er führt seine Mitmenschen an der Nase herum oder wäscht ihre Füße mit seinem Bart. Er leidet an allem und lacht über alles. Er nimmt nichts ernst und begeistert sich für Vieles. Er hasst das Mittelmaß und sucht es zu treffen. Man findet ihn bei Gelagen oder in der Oper. Er liebt Huren und Heilige. Er zündet Rom an und rettet aus den Flammen ein

Kind, ein Buch, ein Vase. Er verurteilt nicht, aber er verdammt. Er richtet nicht hin, aber er tötet. Er hasst das Recht und die Gerechtigkeit. Er vergibt seinen Schuldnern und legt ihnen Ketten an. Er selbst liegt in Ketten, doch niemand ist freier als er.

Kinderspiele

Es ist erstaunlich, wie *lebensfähig* Kinder sind. Nichts als erobern, entdecken, ausprobieren – die Welt als Ort unbegrenzter Möglichkeiten. Der Geist – im Kindesalter begehrlich und großzügig zugleich wie der eines schwer Verliebten – macht die entsprechende Musik, ganz im Takt des Willens zum Leben. Wir Altgewordenen und Lebensmüden rügen mit erhobenem Finger die überbordende Neugier und Phantasie unserer Nachgeborenen und schütteln abschätzig, doch mit einer Träne im Augenwinkel die leeren Köpfe. Nein, nein, die Jugend...

Wie interessant war auch uns einmal die Welt, bevor wir lernten, uns ihr in angemessener Weise anzutragen. Wie phantastisch waren unsere Spiele und erspielten Abenteuer – hinterließen sie uns nicht auch *echte* Erinnerungen, voller Süße und Bitternis? Kind sein, Mensch sein, frei sein! Wie sich unter den Blicken des spielenden Kindes die Welt ins Endlose, weil Grenzenlose dehnt! Wenn ich mir Gott vorstelle, wie er den Kosmos komponiert, sehe ich ein spielendes Kind vor mir – Nietzsche teilte übrigens diese Vorstellung, und ebenso der Nazarener Jesus. Wie die Kinder muss man sein, um... zu sein.

Wenn dem so ist, warum tun wir dann eigentlich alles, um unseren Kindern das Kindhafte gehörig auszutreiben? Warum erziehen wir und bilden um, was in sich ein Ideal vorstellt? Man tut gut, die Kindlein in Frieden zu lassen. Was sie zum „Leben brauchen" erhalten sie überall, nur nicht dort, wo sie auf das Leben vorbereitet werden. Vorbereiten müssen wir die Kleinen indes doch. Nicht aufs Leben, sondern auf den Artifiziellen Raum, der ihnen ihr Leben um Willen des seinen sauerzumachen sucht.

Erziehungsfragen

Die artgerechte Erziehung von Menschen hat zwei Pfeiler.

Der eine Pfeiler ist, das Kind Kind sein zu lassen. Was es zum „Leben", meint natürlich: zum Überleben in einer Gemeinschaft, braucht, wird es sich nach Eigenart, Fähigkeit und Neigung ganz von selbst aneignen. Es lernt, was es braucht und was es braucht, lernt es. Ob es ein Dieb wird, ein Schuster, ein Landwirt, ein Anführer über Tausende oder, Gott bewahre!, ein Philosoph, sollte uns, den Eltern, gleich sein, solange es dem Kind nicht gleich ist. Wir fördern wo und was wir können, aber wir nötigen nicht auf, was unerwünscht und daher unnötig ist.

Der zweite Pfeiler ist die Etablierung einer höheren Wahrheit als Fundament für die niedrigen Wahrheiten des alltäglichen Daseins. Ein Tor, wer sein Haus auf Sand baut! Man könnte diese höhere Wahrheit mit Gott identifizieren. Oder dem Schicksal. Oder einer beseelten kosmischen Kausalität. Der Name spielt keine Rolle. Was eine Rolle spielt, ist die Funktion der höheren Wahrheit für das Kind, für sein Selbst- und Weltverständnis. Die höhere Wahrheit eicht Leben und Welt, indem sie dessen Zufälligkeit suspendiert. Das Kind muss wissen, dass es nicht nur ein Schicksal hat, sondern Schicksal ist.

Gottesfurcht

Man muss mit der höheren Wahrheit vorsichtig sein. Vieles kann hier gewonnen, aber alles verloren werden, wenn man aus etwas verbindlich

Unkonkretem etwas unverbindlich Konkretes macht, d.h. wenn wir unsere Götter zu Bildern und unsere Bilder zu Göttern machen.

Der Schöpfer und Lenker des Seins sollte zunächst jenseits des Namentlichen bleiben, ein Mysterium, das die Unverfügbarkeit des Numen unterstreicht. „Hashem" nennen beispielsweise die Juden ihren Gott. Das meint einfach: der Name. Dieses Volk wähnt sich zurecht auserwählt, weil sein Gott ihm seinen echten Namen enthüllt und darin seinen Kindern Macht über sich gegeben hat. Klug sind die Juden, weil sie sich lieber die Zunge verbrennen, als den Guten Geist, auf den sie ihr Dasein gründen, mittels profanierender Namensnennung zu bannen.

Nachdem das etabliert ist, stellen wir uns einer weiteren Frage: Warum tun wir gut daran, einen Gott über uns zu...dulden, und über unsere Kinder zu setzen? Antworten, die in Gott eine Instanz menschlicher Moral sehen, befriedigen nicht. Unser Gott ist kein Alleswisser, der wie ein Buchhalter penibel Sünden notiert (vor allem die versteckten, süßen Sünden), um dann irgendwann die grauenhafte Rechnung nebst verzinslicher Strafe zu präsentieren. Unser Gott macht keine Angst, nicht so zumindest. Er ist aber auch kein rein indifferentes Abstraktum, das sich unter leeren Adjektiven verbirgt. Unser Gott ist weder Liebe, noch Senf. Er ist nicht der groß-geistige, ganz an sein Tun sich verloren habende Architekt des Seins, der über seinem Schaffen vollkommen das Interesse an seiner Schöpfung verloren hat und selbst in einem Zustand komatöser Gleichgültigkeit jenseits der Wolken existiert. Unser und unserer Kinder Gott ist ein leidenschaftlicher Spieler und Macher, ein Teilhaber und -nehmer am Leben seiner Kreaturen, ein Tänzer auf Festen. Er liebt seine Helden und ihre Geschichten. Er beobachtet genau und greift beherzt ein. Er schätzt Wagemut und belohnt, wem es gelingt, Widerstände zu überwinden – die äußeren und inneren. Er ist der Gott, der mit Lot verhandelt, der mit Mose streitet, mit dem Satan wettet, der Gideon herausfordert und Abraham prüft. Ein wilder Gott. Man möchte ihn nicht zum Freund haben und noch weniger zum Feind. Und doch ist er sehr sympathisch, weil er gerade den wildesten seiner Kinder Sympathie entgegenzubringen weiß. Er lässt (zum eigenen Amüsement muss angenommen werden) das Unmögliche gelingen und eröffnet darin dem Endlichen unendliche Möglichkeiten. Es ist gut, auf einen solchen Gott zu bauen! Was zu bauen? Luftschlösser!

Philosophische Schule

Sokrates führt aus, dass der beste Lehrer eines jungen Mannes der Philosoph, der Freund der Weisheit sei. Diese Idee ist so potent und fatal wie ein nuklearer Sprengkörper und wurde daher zu allen Zeiten und mit allem Recht bekämpft. Sokrates wurde wegen Verführung der Jugend zum Tode verurteilt. Auch Jesus entkam seinem Schicksal nicht. Woher der ganze Argwohn gegen die Philosophen? Nun, man sehe sich nur die Früchte an, die ihre Erziehung bringt! Denn was bekommt man, wenn man willensstarke Menschen in die Schule der Philosophie schickt? Alexander, Nero, Stalin… Und wer will wohl einen Alexander zum Sohne haben? Wer?

Unglück als Mittel der Abhärtung

Das berühmte Nietzsche-Zitat „Was uns nicht umbringt...“ sinngemäß mit ein wenig mehr Eloquenz, undeutsch, klassisch:
„Mögen darum diejenigen, denen langes Glück das zarte Gemüt entkräftet hat, noch länger weinen, klagen und beim Zusammenstoß mit dem geringsten

Unrecht zusammenbrechen. Diejenigen dagegen, denen jedes Jahr unter Unglück dahinging, können auch Schwerstes mit tapferer, unerschütterlicher Festigkeit durchstehen. Denn ständiges Unglück hat ein Gutes: die es in einem fort quält, macht es schließlich hart." (Seneca, Lehrer des glorreichen Nero in seiner Trostschrift an die liebe Frau Mama.)

Große Männer, große Worte

Heere von sogenannten Wissenschaftlern und Intellektuellen zerpflücken mit der Pinzette mühsam erlernter sogenannter Gelehrsamkeit die dümmlichen Arbeiten sogenannter großer Männer, um in einem Haufen umständlich geschriebenen Unrats einen göttlichen Funken zu entdecken. Oh, und wie sie jubeln, wenn es ihnen gelingt, einen dunklen Halbsatz in Akkord mit einer gerade in Mode stehenden Meinung zu bringen. „Er war seiner Zeit voraus", heulen sie dann. „Er war seiner Zeit voraus, weil er schon in unsere hinein dachte und wir wissen ja alle, was später kommt ist modern und fortschrittlich und dadurch besser als das Alte." Auf der anderen Seite gelten jenen Wissenschaftlern die großen Worte sogenannter kleiner Männer...nichts.

Giftschrank

Am Abend muss man die Apostaten und Häretiker studieren. Kein anständiger Haushalt ohne wohl gefüllten Weinkeller und gut bestückten Giftschrank.

Bestseller

Bestsellern, gerade wenn es sich um moralische, philosophische oder ideologische Bücher handelt, ist immer zu misstrauen. Von Nichts kommt Nichts und die Mode in einer dekadenten Zeit ist selbst notwendig Ausdruck ihrer Dekadenz.

Dekadenz

Dekadenz bezeichnet eine Grundhaltung, die die Empfindung des Lebens seines Erhalts und Weitergabe vorzieht.

Einklang von Werk und Leben

Ein ideologischer Autor, der nicht lebt, was er schreibt, gehört an den Galgen oder in den Papierkorb. Julius Evola ging im Bombenhagel spazieren, um seine Theorie über das Schicksal zu testen. Es hat ihn in den Rollstuhl gebracht. Man muss ihn ernst nehmen.

Gebet

Gott, mach mich taub für das Geblöke der Schafe und öffne mir das Ohr für das Geheul der Wölfe.

Genderidiotien

Heutzutage wird im Zuge der massenhaften Indoktrination durch Genderideologien (ein Symptom degenerierender Zivilisationen) bei vielen der sonderbare Zweifel genährt, ob sie nicht versehentlich in einen *falschen* Körper hinein geboren wurden.

Penis? Vagina? *Ich* wünschte, ich hätte beides, Gebärmutter und Brüste dazu, alles praktisch angeordnet und funktionsfähig: Dann wäre ich wahrlich *richtig*.

Grundlagen der Partnerwahl

Die Wahl des richtigen Partner sollte nicht nur ästhetischen oder sexuellen Präferenzen, sondern vor allem der Sorge um Nachkommen und Haushalt folgen. Wir suchen uns nicht mit einer schönen und leidenschaftlichen Frau, sondern einer guten Mutter und verlässlichen Gefährtin zu verbinden, die uns zu einer gesunden Kinderschar verhelfen und sich bei der Bewältigung der alltäglichen Anfechtungen und Mühen als tatkräftig und kompetent erweisen wird. Schönheit ist sowieso etwas sehr Flüchtiges, vor allem weibliche Schönheit, die bereits in den Dreißigern schnell abzunehmen beginnt, spätestens aber nach ein paar Geburten verschwunden ist.

Der Partner sollte körperlich und geistig gesund sein. Fettleibige oder ungepflegte Personen sind gar nicht erst in Erwägung zu ziehen. Wie soll jemand, der nicht einmal in der Lage ist, seinen eigenen Körper in Ordnung zu halten, Kinder pflegen oder einen Haushalt führen? Frauen, die bereits mehr als zwei, drei Liebesbeziehungen hatten, sind als Ware zweiter oder dritter Hand zu betrachten. Sie sind potentiell untreu und haben, was weit schwerer wiegt, keinen Stolz und kein Bewusstsein ihres eigenen Wertes. Ausnahmen dieser Regel sind zulässig. In der Not frisst der Teufel Fliegen oder heiratet unter seinem Stand.

Bei Männern mag die Zahl der Abenteuer ein wenig höher liegen, weil das Geschlechtliche bei ihnen rein körperlich ist und meist ohne innere Anteilnahme stattfindet. Es ist so als würden sie sich erleichtern.

Geschlechts- oder ernste Erbkrankheiten disqualifizieren den Partner.

Was das Geistige, Seelische angeht, sollten beide Partner familienorientiert und arbeitsam sein. Sie sollten eine gesunde, reelle und positive Grundhaltung zum Leben haben. Sie sind sich ihres Platzes und ihrer Funktion innerhalb der Natürlichen Ordnung bewusst.

Der Mann strebt danach Karriere zu machen, um seine Familie mit Haus, Hof, Nahrung und allem notwendigen Komfort zu versehen. Er arbeitet gerne und viel. In der Freizeit widmet er sich den Kindern, denen er Vorbild und Ratgeber ist, oder dem Haus, der sichtbaren Manifestation seiner Schaffenskraft. Seiner Frau hört er geduldig zu, teilt ihre Sorgen und versichert sie ihres Wertes. Er ehrt sie als seinen größten Schatz. Weil sein ganzes Interesse dem Aufleben seines Haushalts gilt, hält er sich stets in guter Gesundheit und Zucht des Leibes und Geistes. Todsünden wie Faulheit, Trägheit, Nachlässigkeit, Zuchtlosigkeit, Verantwortungslosigkeit haben in seinem Herzen keinen Platz.

Die Frau wünscht sich gesunde und starke Kinder in großer Zahl, die sie liebevoll pflegt und zu starken, gesunden Menschen erzieht. Sie hält den Haushalt in guter Ordnung und unterstützt ihren Mann, den sie als Oberhaupt und Ernährer der Familie liebt und ehrt, mit Rat und Tat. Sein Erfolg garantiert ihr Wohlleben, weswegen sie seine Interessen und Bedürfnisse stets im Blick hat, und ihn, wo nötig, sanft auf die richtige Bahn lenkt. Sie ist eine kluge Ökonomin, die die Erfordernisse der Familie über ihre persönlichen Wünsche stellt. Todsünden wie Oberflächlichkeit, Eitelkeit, Egoismus, Faulheit, Nachlässigkeit, Untreue haben in ihrem Herzen keinen Platz.

Wie man einen guten Partner bekommt

Wer sich einen guten Partner wünscht, muss selbst einer sein. Sein! – nicht vorstellen, vorspielen, vorlügen, sondern sein. Man sollte offen seine Werte, Wünsche und Hoffnungen für die Zukunft kommunizieren und klare Erwartungshaltungen definieren, ohne den anderen damit gleich zu überfahren. Die jungen Frauen wollen beim romantischen Abendessen nicht hören, dass man mindestens vier Kinder von ihnen *erwartet*, sondern dass man sich viele gesunde Kinder und ein liebevolles Heim *wünscht*. Geht man die Sache so an, wird der potentielle Partner eher gewillt sein, diese Wünsche zu erfüllen.

Was tun, wenn der Bettgenosse stinkt

In eine schwierige Lage bringt den Barbaren der unangenehme und unerwünschte Unduft des Bettgenossen. Dieser Gestank kann mehrere Ursachen und Orte aufweisen. Im Sommer haben wir nicht selten mit dem sauren Aroma getrockneten Schweißes zu tun. Das Geschlecht der Frau kann selbst bei ausreichender Hygiene einen gelegentlichen Fischgeruch ausdampfen, der die liebevolle Annäherung erheblich erschwert. Mundgeruch verdirbt die Süßigkeit des Kusses, kürzlicher Stuhlgang wird oft trotz gründlicher Reinigung des Anus noch für Minuten gerochen…
Wie geht man nun damit um, wenn einem vom Objekt der Begierde solch schreckliche Düfte entgegenwehen? Das Licht ausmachen hilft in diesem Fall ja nicht... Und gibt man auf, entgeht einem der Genuss einer Schläferstunde: Keine Option also. Weist man den Partner darauf hin, dass er wie ein Bock stinkt und gefälligst Abhilfe schaffen soll, kann das ebenfalls unerwünschte Folgen haben. Ein

Nasenzwicker mag gleichfalls zu Irritationen beim Partner führen und von jenem als Beleidigung interpretiert werden – zudem behindert er die Atmung, was das volle Ausleben der Libidio erschweren oder gar zu einer unzeitigen da vorzeitigen Ohnmacht führen kann.

Es bleibt nichts übrig, als die Zähne zusammenzubeißen, den Bettgenossen in eine Position zu bringen, die die Geruchsbelästigung möglichst minimiert und das Werk der Liebe um ihrer selbst Willen zu tun. Schlechte Gerüche haben übrigens dem Barbaren bei seinen Geliebten in der Vergangenheit den Ruf großen Erfindungsreichtums eingebracht. Als Odysseus des Liebeslagers galt er. Und wahrlich, welche Irrfahrten, welche Gefahren, welche Mühen und Kümmernisse musste er aushalten, weil sein Geruchssinn allzu fein entwickelt war.

Warum, man den Tod nicht zu fürchten braucht…

…haben uns schon die Alten gelehrt, insbesondere Sokrates mit ironischer Eleganz und wundervoller Verkürzung: Entweder es gibt ein Leben nach dem Tod, dann ist der Tod kein Tod, oder es folgt ihm *nichts*, dann ist er kein Übel. Komprimiert und um die Facette seiner Willensmetaphysik erweitert, kann man ein Kompilation von Argumenten bei Schopenhauer lesen (2. Teil von „Die Welt als Wille und Vorstellung", Ergänzungen zum Vierten Buch, Nummer 41.).

Die rege Auseinandersetzung mit dem unvermeidlichen Ende hilft, ihm den Schrecken zu nehmen.

Was aber den Tod der Lieben angeht, sieht die Sache anders aus. Es hilft keine Philosophie gegen den Schmerz und die Angst und die Trauer und die Finsternis, die dem Untergang unserer Lieben notwendig folgt. Das haben uns die Alten, gerissen wie sie waren, verschwiegen: Mit denen, die unser Leben teilen, sterben auch wir.

Ansteckendes Glück

Es gibt Menschen, die scheinen das Glück förmlich anzuziehen, und solche, über deren Haupt unentwegt eine Gewitterwolke schwebt. Wer ein Unglücksvogel ist, tut gut daran, sich einem Glückspilz beizugesellen. Glück und Unglück sind nämlich ansteckende Zustände. Napoleon wählte seine Generäle u.a. auch danach aus, ob sie im Leben Glück hatten. Diese Assessmentstrategie gewann ihm Europa...und verlor es ihm.

Schlaf

Ein Drittel unseres Lebens

Ein weltanschauliches Buch von und für Barbaren, das sich nicht ausführlich dem Thema „Schlaf" widmet, ist nicht wert, geschrieben oder gelesen zu werden. Es ist schon erstaunlich, wenn man darüber nachdenkt, mit welchen Dingen unsere größten Großköpfe sich beschäftigten, ja ganze Bibliotheken füllten, während die natürlichsten und fundamentalsten Aspekte des Menschseins geradezu verbrecherisch übergangen wurden. Der späte Nietzsche (Sieh, ein Mensch!) hat begriffen, wie wichtig sein leibliches Wohlsein eigentlich ist – wenn nicht für den Leser, dann doch für ihn! Gerade die Passagen, die seiner Verdauung, seiner Gesundheit, seiner Sehkraft, seinem Schlaf gewidmet sind, verleihen dem restlichen Werk des seebärtigen Altphilologen erst ihren unsterblichen Adel und ihre grundlegende Relevanz für alle noch ungeborenen Generationen. Wir wollen hier nicht zurückstehen, und uns, da es mit der Verdauung, Seh- und Manneskraft gut steht, dem Schlaf zuwenden.

Wem das nicht genügt und wer ganz bieder und spießbürgerlich eine rechnerische Rechtfertigung dieses Kapitels verlangt, nun, dem wollen wir sie nicht versagen: Ein Drittel unseres Dasein verbringen wir in jenem Zustand absonderlicher Ohnmacht, wehrlos und unseren inneren Dämonen mit Haut und Haar, Herz und Seele ausgeliefert. Wer eine Lehre vom Menschen aus dem Menschlichen selbst abzuleiten trachtet, kann also nicht umhin, diesem Drittel die ihm gebührende Aufmerksamkeit zu schenken.

Schlechter Schlaf

Wer schlecht und zu wenig schläft, beraubt sich der Wachheit. Zwischen Schlaf und Wachen steht das Ereignis des Erwachens: Es ist der Paukenschlag, der Verstand und bewussten Sinnen befiehlt, das Ruder zu übernehmen. Schlechter Schlaf, d.h leichter Schlaf vernebelt den Übergang zwischen den Zuständen. Weder lässt das Bewusstsein beim Schlafen je ganz das Ruder fahren, noch schließt es am Tag den Griff fest und entschlossen darum. Wachheit und Schlummer verschmelzen in einem Zustand permanenten Dämmers, in welchem alle Wahrnehmung nurmehr stark gedämpft empfunden und kaum mehr mit inwendiger Anteilnahme beantwortet wird. Kein schlechter Daseinsmodus, wenn man es bedenkt: Unsere Zivilisation fußt auf ihm.

Des Todes Bruder

Leben heißt Sterben lernen. Der Schlaf ist des Todes Bruder. Schlafen ist also praktische Vorbereitung auf den Tod und darin Schule des Lebens.

Spinnen

Es ist ein *Mythos*, dass während wir schutzlos und bar jeder äußeren Bewusstheit in unseren Bettchen liegen, Spinnentiere und anderes Ungeziefer Zuflucht in der warmen, feuchten Höhlung unseres Mundes suchen. Mythos will hier im eigentliche Sinne verstanden sein: Ein unmittelbar wahres Wortbild, dessen unmittelbare Wahrhaftigkeit sich eben aus der Unmittelbarkeit seines Bezug auf Wahrhaftiges speist. Weil wir also schlafend unfreiwillig Spinnen verzehren, wachen wir am nächsten Morgen ein wenig klüger als in der Nacht zuvor auf und sind bereit, neue Netze auszuwerfen.

Meine Matratze

Wie man sich bettet, so liegt man – so geht das seltsame Sprichwort, dessen Sinn sich mir bis heute nur düster-ahnungsvoll, d.h. eigentlich überhaupt nicht erschlossen hat. Wie man sich bettet… Gemeinhin tritt mir folgende Interpretation entgegen, wenn ich mich rat- und hilfesuchend an meine Mitmenschen wende: Wie man seine Lebensumstände einrichtet, so lebt man in und mit ihnen. Schön. Aber was diese Deutung nun mit dem Schlaf zu tun hat, auf den das Bild doch zweifellos abzielt, entzieht sich mir.

Ich schlafe, d.h. bette mich Nacht um Nacht auf einer fünfzig Jahre alten Federkernmatratze, die ich mit dem Haus, in dem ich nun hause, gekauft habe. Es war das einzige Stück, das der Vorbesitzer mir hinterließ, was zu denken gibt. Ich liege wie ein indischer Yogi auf einem Nagelbett, spüre jede einzelne Feder in meinem Kreuz, aber schlafe trotzdem tief und selig. Habe ich mich nun gut oder schlecht gebettet? Ich weiß es nicht, kann keine Entscheidung treffen. Dem Vorbesitzer ist das scheinbar auch nicht gelungen, denn er bettete sich Nacht um Nacht auf eben jener mit blau-schimmerndem Stoff überzogenen Matratze, dann aber verließ er sie, ließ sie mir zurück. Kann man ein solches Geschenk ausschlagen? Kann man es annehmen? Meine Füße reichen über das Ende der Matratze hinaus und hängen unangenehm in der Luft, von unten kühl, von oben, wo die Decke sich um den Fuß schmiegt warm. Wenn ich nach oben krieche, stößt mein Kopf an die Wand und ich werde…wach.

Lagen

Drei Positionen kennt der Schlafende, genauer sein Leib kennt sie. Es sind die Lagen geringsten Schmerzes. Er begibt sich in sie, anatomischen und physikalischen Gesetzen so streng folgend, als hielte unser Fleisch einen Doktortitel. Betrachtet man die Lagen erkennt man sogleich ein philosophischen Prinzip am Werk: In Ruhe gelassen, verweist der Leib liegend entweder auf seine Entstehung oder sein Ende. Der Seitenschläfer mit angewinkelten Knien repräsentiert die Lage des Ungeborenen. Die Rückenlage gleicht einem aufgebahrten Leichnam, der Bauchschläfer dagegen erinnert an einen von einem unerwarteten Schlag aus dem Leben gerissenen Menschen.

Aus Gründen der Gesundheit ist die Bauchlage zu vermeiden, die Rückenlage aber anzustreben. Philosophie treiben, so lehren uns die alten Rückenschläfer, bedeutet: Sterben lernen. Und wie könnte man das Sterben besser lernen, als die angemessene Pose posthumer Existenz schon einmal einzuüben?

Zwei-Phasen-Schlaf

Der Zwei-Phasen-Schlaf ist eine in der Zivilisation nicht mehr häufig praktizierte Form des Ausruhens. Wie der Name schon sagt, wird der Schlaf im Laufe eines vollen Tages auf zwei Phasen verteilt. Also anstatt am Abend in die Falle zu gehen und am Morgen wieder aufzustehen, schläft man etwa nachmittags zwei bis drei Stunden und dann wieder von Mitternacht bis zum ersten Morgenlicht. Die Phasen können in Dauer und Tageszeit freilich je nach den Umständen beliebig variieren. Selbst die Zweizahl ist keineswegs in Stein gemeißelt. Grundsätzlich sollte man immer dann schlafen, wenn man müde ist – dass dies in unserer artifiziellen Welt oft kaum noch möglich ist, beweist die Unzahl von Wachmachern und Schlafmitteln, die wir einnehmen, um nach den Erfordernissen der Uhr ticken zu können.

Nach achtstündigem Ruhen erwachen wir mit einer milden Dehydration. Es scheint absonderlich, dass innerhalb der Natürlichen Ordnung die Befriedigung eines Bedürfnisses mit einer Mangelerscheinung in Verbindung gebracht werden sollte. Auch im Tierreich wird generell mehrphasig geschlafen. Ein zweiphasiger Schlafrhythmus hat viele interessante Vorteile, die vermuten lassen, dass es sich bei dieser Art des Ausruhens um die natürlichere und artgerechtere Variante des Schlafes handelt.

1. Der Zustand zwischen Wachen und Schlafen wird durch das Ereignis des Aufwachens begründet. Das Aufwachen klärt den Geist und stärkt die Seele für einen neuen Tag. Wenn der Schlaf einen seelischen Stuhlgang bedeutet, ist das Aufwachen wie das anschließende Reinigung. Man fühlt sich danach frisch, sauber und leicht. Wer zweimal am Tag aufwacht, verdoppelt das Erlebnis der geistigen Erneuerung, was gut für ein ausgewogenes Innenleben ist.

2. Der Tagesschlaf, der meist auf eine Tiefschlafphase verzichtet, hat klarere Träume, die länger in das Wachsein hineinreichen. Viele interessante Ideen und Inspirationen können hier ihren Anfang nehmen.

3. Der Appetit auf Nahrung und Beischlaf wird gemehrt. Man darf neben der morgendlichen auch auf eine nachmittägliche Erektion hoffen.

4. Siesta est bueno für die Verdauung.

5. Man ist in der Zeit bis Mitternacht wacher, was vor allem dem Lesen und Schreiben ausnehmend zuträglich ist. Die besseren Teile dieses Büchleins wurden in der Nacht geschrieben. Die schlechteren im grellen Licht des Vormittags.

Vigil

Kluge Mönche haben die heilige Stunde tiefster Nacht für Gebet und Kontemplation entdeckt. Im Dickicht tiefster Schwärze erwachen sie einem nocturnen Idyll, in welchem Traum und Wachsein miteinander verwoben sind. Der Leib ist noch träge und dumpf, der Geist aber hellwach und in einem Stadium alarmierten Aufruhrs. Man hat ihn…aufgestört und aufgestöbert. Instinktiv ist man leise. Die Sinne sind überempfindlich. Sie ertragen weder grelles Licht noch laute Geräusche. Stille des Leibes, Stille des Umfelds und geistige Wachheit erlauben effektives Tieflesen und Schreiben. Die Gedanken laufen schnell. Man träumt vernünftig oder rechnet traumhaft. Es ist eine gute Stunde, die kluge Mönche da entdeckt haben, ihrem Gott nahe zu sein. Auch ich bin meinem Gott nahe in dieser Stunde. Und er mir.

Decke

Ein dünne, doch schwere Decke, nicht zu warm, nicht zu kalt, reduziert sanft die Bewegungsfreiheit des Schlafenden und erlaubt so längere Phasen tiefer Ruhe. Wir beschweren den Leib, damit er uns nicht mehr stört; wir begraben uns.

Siesta

Ich kann die heilsame Wirkung des nachmittäglichen Dösens nicht genug loben. Die Sache ist indes richtig anzugehen. Man kann sich nicht einfach ein Viertelstündchen aufs Ohr legen! Das wäre effizient und zivilisiert – also nichts für uns.

Erstens muss man gut, aber leicht gegessen haben. Danach ist träger Beischlaf zu empfehlen. Wer keinen Beischlaf haben kann, sollte etwas leichtes, aber gehaltvolles lesen, das sich mit der vormaligen Mahlzeit verträgt. Vor der Siesta ist für mich die beste Zeit, antike Dichtung mit Hunger und Genuss zu verspeisen. Wenn Leib und Geist in den Zustand mediterraner Trägheit abgeglitten sind, ist man gerüstet, die Augen zu schließen und im Land alter Träume spazieren zu gehen.

Aktive Nacht

Ein Mensch, der zwei Stunden in der Nacht wacht und – halb schlafend noch – Nützliches und Notwendiges vollbringt, wird feststellen, dass bei der Dämmerung das Gros der Arbeit schon getan ist. Der Tag gehört ihm – er hat ihn sich selbst zum Geschenk gemacht.

Kaffee

Kaffee ist eine tückische Droge, die den Körper dahin bringt, dass er ohne steten Koffeinschub nur noch müde sein will. Man soll sich das Kaffeetrinken gar nicht erst angewöhnen. Man soll überhaupt nichts trinken, was tiefschwarz ist.

Betthupferl

Zwei Stunden vor dem Zubettgehen nichts mehr essen und nur noch Wasser trinken. Keine andern Betthupferl außer einer Runde langsamen, gemütlichen Beischlafs.

Bettlektüre

Mit der richtigen Bettlektüre ist es gar nicht so einfach. Für viele ist die Stunde vor dem Schlafen die einzige Zeit am Tag, wo sie überhaupt etwas lesen, d.h. ihren Verstand mit Nahrung füttern können. Allerdings sind sie gerade zu dieser Zeit oft müde, sodass Texte, die ein Mitdenken erfordern, ihnen schwerfallen. Leichtes Lesen entspannt zwar den Geist und versüßt den Schlaf, bringt aber der seelischen Bildung oft nur wenig. Weiterhin muss berücksichtigt werden, dass gerade vor dem Schlafen die Filterwirkung des Verstandes nachlässt. Die Tore zur Seele stehen weit offen. Traum und Wirklichkeit beginnen ineinander überzugehen. Die Buchstaben verschwimmen mithin vor den Augen, doch das Hören des Gelesenen im Kopf geht weiter. Es ist die Stimme des untergehenden Geistes, die wir hören, die Gesänge eines Steuermanns, der auf der Brücke seines sinkenden Schiffs die Schönheit der Nacht preist. Das Gelesene kann uns weiterhin in die Regionen des Schlafes verfolgen und dort ein sonderbares Eigenleben entwickeln. Bei der Lektüre von Hermann Ungars „Die Klasse" und „Die Verstümmelten" habe ich lange Sequenzen verstörender Weitererzählung im Traum erlebt.

All dies berücksichtigend empfehle ich leichte antike Klassiker und frivole Poesie als Abendlektüre. Catull und Martial bieten sich an, ebenso Sappho, Pindar, Hesiod usw. Wer es prosaisch mag kann und soll auf Herodot zurückgreifen, Sallust geht ebenfalls, Xenophon, Cäsar, Plutarch – reich gedeckt ist der Tisch. Sanfte Erbauung bieten Epiktet, Marc Aurel, Platon und Seneca. Das sind freilich nur meine Ideen, keinesfalls eine erschöpfende oder obligatorische Leseliste. Gelesen werden soll am Abend überhaupt nur, was gefällt und dem Schlaf dient.

Dokumentation

Je älter ich werde, desto schlechter und besser schlafe ich; schlechter, weil weniger und unruhiger. Der tiefe, traumlose Kinderschlaf, der Schlummer der Gerechten, ist mir abhandengekommen: Ich bin kein Kind mehr und mit der Gerechtigkeit habe ich so meine Mühen. Ich trauere ihm, dem dunklen, stillen Schlaf, indes nicht nach. Helle Träume und bunte Einfälle fallen dem rastlosen Träumer wie Gaben aus dem Orkus zu. Einst trieben flüchtige Feuervögel ihr Unwesen hinter meiner Stirn, ihre Funken entfachten manchen Brand in meiner Seele. Heutzutage habe ich gelernt, sie zu fangen: Ich schreibe sie auf.

Traum vom Ende

Ich kenne einen alten Mann, der sich nicht träumen lassen kann, einmal nicht mehr auf der Welt zu sein. So träumt er denn von ihrem Ende statt von seinem.

Das verlorene Paradies

Von Kindheit an bis weit in meine Jugendjahre hinein besuchte ich beim Einschlafen einen geheimen inneren Ort. An diesem durfte ich mich ruhig und geborgen fühlen. Die Mühen und Unbilde des Tages erreichten ihn nicht. Dieser Ort war meinen Feinden unzugänglich und bevölkert nur von den Geistern meiner Sehnsüchte, die mir dort liebend zu Willen waren. Es handelte sich um eine Insel mit einem langen, weißen Sandstrand, der auf beiden Seiten von hohen, unüberwindlichen Felsen eingeschlossen war. Weiter landeinwärts erstreckte sich ein undurchdringlicher Dschungel, in den hinein ich nie zu gehen wagte, wenn ich auch ab und an Lust dazu verspürte. Eine Hütte aus weißgetünchten Planken ruhte im Schatten hohler Palmen. Sie war auf hohe Stelzen gesetzt und eine siebensprossige Leiter führte hinauf. Die Hütte war von einer überdachten Veranda umgeben. Sie besaß nur einen Raum. Eine Hängematte aus groben Stricken hing von einem Deckenbalken. Eine schwere Truhe von dunklem Holz, die ich nie öffnete, stand in der hinteren Ecke und bildete das einzige Möbel.

Ein Mädchen in einem dünnen Gewand aus weißer Wolle lebte in jener Hütte. Vom Strand aus, von wo ich stets meine Traumreise begann, konnte ich das Weiß ihres Kleides sehen, mit dessen Säumen der Wind spielte. Ihr Gesicht veränderte sich mit den Jahren. Oft stellte ich mir ein Mädchen vor, das mein sexuelles Interesse geweckt hatte. Indes täuschte mich das geborgte Gesicht nie über die wahre Identität dieses Wesens hinweg, das mir lieber und vertrauter war als jede andere Person und das doch niemals auch nur ein Wort an mich richtete. Schweigend lebten wir zusammen. Schweigend blickten wir über das Meer. Schweigend umarmten wir uns. Schweigend verbrachten wir helle Tage, die keine Nacht kannten. Schweigend liebten wir einander, vorbehaltlos und innig, so als wäre der Körper des anderen, der eigene und umgekehrt.

Es war ein guter Ort, diese Insel, die jedem Reisekatalog Ehre gemacht hätte und auf der ich unzählige Stunden schlaf-wachend verbracht hatte.

Nun gibt es diesen Ort nicht mehr. Ich kann ihn mir zwar noch im Detail vorstellen, aber lebendig machen kann ich ihn nicht mehr. Er ist leeres Eidos geworden, zweidimensional, ohne Zeit und Leben, eine ferne und fahle Erinnerung, ein Ödland der Seele. Das weiße Stelzenhaus unter den Palmen liegt verwaist.

Wenn ich heute die Augen schließe, bete ich um Finsternis und Stille und meine Gebete werden manchmal erhört. Mein halbes Leben, so fühlt es sich

an, ist mit dieser Insel untergegangen. Die andere
Hälfte ist kaum der Rede wert.

Anmerkungen über Menschen, die dicke (oder viele oder überhaupt) Bücher geschrieben haben

Einfälle und Unfälle

Wenn einem nichts mehr zu schreiben einfällt, schreibt man einfach, was einem über andere Schreiber einfällt, bis man umfällt.

Nietzsche und Mann

Nietzsche ist ein reiches Bergwerk köstlicher Ideen, aber ein schrecklicher Autor. So groß und klar seine Gedanken, so pedantisch ihr Stil. Man liest den Herrn Papa heraus, den Hochschullehrer, den Spießbürger wider Willen. Das gleiche gilt für Thomas Mann. Stürme in Wassergläser gebannt und daher gefahrlos für den bildungsbürgerlichen Literaturliebhaber, der lächelnd sein Todesurteil liest.

Nietzsche mit Bedacht zu Lesen

Man darf keinem Mann trauen, der ohne Not kinderlos geblieben ist. Das gilt auch für den hypochondrischen Altphilologen, der uns den Zarathustra zumutete. Gehört Nietzsche in den Giftschrank? Keineswegs – doch gerade das macht ihn verdächtig.

Nietzsches Klugheit

Nietzsche's Klugheit und Klarsicht sind so über-menschlich, dass sie un-menschlich sind. Man tut von Zeit zu Zeit gut daran, zu seinen grammatikalischen Studien Zuflucht zu nehmen.

Heidegger und Nietzsche

Heidegger und Nietzsche, Nietzsche und Heidegger: Einer ist ein Holist, der andere ein Spezialist.

Nietzsche´s Kreuz

Nietzsche ist in seinem tiefsten Innern und von seiner ganzen Natur her ein Spießer. Die Tragik seiner Existenz ist, dass er sich dieser Krankheit zum Tode, voll bewusst ist, ohne doch die Mittel zu besitzen, sich ihr zu widersetzen – daher seine Melancholie, sein pathologischer Wahnsinn. Sein Schreiben, oszillierend zwischen schneidender Klarsicht und bildungsbürgerlichem Sophismus, ist Ausdruck eines verzweifelten Ringens mit den eigenen Dämonen. So gesehen erinnert uns der gute Friedrich – je nach eigener Stimmung natürlich, euphorisch oder melancholisch – an einen modernen Laokoon oder Ajax.

Nietzsche Wirkung auf mein Geschlechtsleben

Es klingt vielleicht ein wenig seltsam, aber immer, wenn ich Nietzsche lese, werde ich unglaublich lüstern nach Weibern. Ob es ihm bei der Korrektur seiner Bücher ebenso ging? Dass er lüstern nach Frauen wurde? Und was wenn? Es könnte sein, dass wir hier auf eine Art geheimen Teufelskreis gestoßen sind, eine diabolische Mechanik. Wir wissen, dass der Verlust des Augenlichts zur Schärfung der übrigen Sinne führt, die den sensorischen Ausfall auszugleichen suchen. Mag sein, dass der unfreiwillige Verzicht auf die Freude des Beischlafs, durch Freuden des Geistes ausgeglichen wird. Mag sein, dass Nietzsche´s intellektueller Scharfblick auf die Untätigkeit seiner Lenden zurückzuführen ist. So gesehen, ist mein Bedürfnis nach der Lektüre einiger Seiten Nietzsche ohne Peitsche zum Weibe zu gehen lediglich Ausdruck meiner Geistlosigkeit und seines Geistreichtums.

Die unheilige Dreifaltigkeit: Nietzsches Geister

Die drei wirkmächtigsten Ideen des Walrossbärtigen sind: Sklavenmoral, Wiederkehr des Immergleichen und Wille zur Macht.

Weniger mächtige, weil weithin unverstandene Ideen sind: Übermensch, Letzter Mensch, Zeitalter des Nihilismus, Dionysisch-Apollonische Dialektik, die heroische, kritische und archivarische Geschichtsinterpretation.

Immer wenn der wilde Friederich über seine Zeitgenossen geätzt hat, hat er sich selbst zum deutschen Rumpelstilzchen degradiert. Das war vor allem für den Leser tragisch und traumatisch; man konnte ja nicht ahnen, welche Götzen dämmern! Ich vergebe ihm indes: Ego te absolvo, Friedrich.

Kierkegaard als Lehrmeister des Irrwegs

Von Kierkegaard lernt man, labyrinthisch zu denken. Seine Bücher und Schriften sind ein vielschichtiges Gefüge von Gängen, Stiegen und Fluchten, die genial wirr um das dunkle Zentrum eines persönlichen (und selbst herbeigeführten) Traumas kreisen – das Herz des Labyrinths. Was oder genauer: wer wohnt in dieser Herzkammer, wer träumt dort in den ewigen Schatten, halb uns von Sören als Mythos in Wort und Schrift offengelegt und halb durch eben diese Mittel der Offenlegung unserem Zugriff, unserem Begreifen entzogen? Es ist ein weiblicher Minotaurus, eine Kreatur mit dem Körper eines jungen Mädchens und dem Kopf… Kierkegaards.

Kierkegaard als Psychotherapeut

Der kinderlose Däne gilt als Vater des Existentialismus und Wegbereiter der modernen Psychoanalyse; sich selbst betrachtete er als religiösen Schriftsteller. Ironischerweise wollen heutzutage weder die Psychologen, noch die Philosophen und schon gar die Theologen noch etwas von ihm wissen. Er ist persona non grata. Dies übrigens nicht, weil er etwas Anstößiges sagt, sondern weil er sich bei seiner intellektuellen Schatzsuche einer anstößigen Methode bedient: Wie ein psychopathischer Koch zerlegt er Existenz und Seelenbewegung des Individuums in handliche Portionen. Dass es seine *eigene* Seele ist, die er tranchiert und uns grinsend zum Verzehr vorsetzt, macht die Sache nicht weniger anstößig. Kierkegaards Werk ist die schonungslose Analyse und Aufarbeitung eines privaten Traumas, von dem wir beim besten Willen nichts, aber auch wirklich gar nichts hören wollen. Mein Urteil: Nur für Kannibalen empfehlenswert.

Max Stirner

Stirner gehört kaum in diese Reihe von Menschen, die dicke Bücher geschrieben haben. Nicht weil sein Buch nicht einigermaßen seitenstark wäre, sondern weil es zweifelhaft erscheint, ob Max überhaupt ein Mensch ist oder nicht vielmehr nur ein Rumpelstilzchen wie der olle Nietzsche. Seine Philosophie – er würde sich im Armengrab herumdrehen, wenn er das Wort „Philosophie" mit sich in Verbindung gebracht wüsste – ist erstaunlich konsistent und amüsant zugleich: Radikaler Individualismus.

Was zählt, ist das Ich. Und für dieses Ich, das sich alles ist, zählt eben nichts, was außerhalb seiner selbst liegt. Alle großen Worte und Konzepte entlarvt Mäxchen als Chimären, Gespenster, Hokus Pokus.

Was bleibt, ist das Ich, eine Monade im Vakuum, und selbst dieses beginnt sich im Zuge rücksichtsloser Introspektive endlich als geisterhafte Illusion aufzulösen. „Der Einzige und sein Eigentum" schließt konsequent mit Goethes Wort: Ich hab mein Sach, auf nichts gestellt. Mehr ist dazu auch von meiner Seite nicht zu sagen bis auf eines...

Unter welch kuriosen Umständen ich Stirner las

Weil ich den tollen Sachen, die Max geschrieben hat, schon kein großes Lob zollen kann, weil ich diesem genialen Buch eben nichts weiter ist als ein unentschiedenes „Nein!" entgegen zu hauchen vermag, und weil ich auch nicht will, dass der arme Stirner sich in seinem engen Grab drehen muss, wenn ich versuche ihn wie einen Teppich auszulegen und glattzuziehen, beschränke ich mich lieber darauf, die Geschichte zu erzählen, wie ich „Der Einzige und sein Eigentum" an einem einzigen Wochenende in Augsburg in einer Klosterzelle und unter großen Gefahren las:

Die Sache begann wie die meisten Sachen harmlos. Als lebenslustiger Student geistloser Wissenschaften zeichnete ich mich vor allem durch regelmäßige Abwesenheit in verpflichtenden Seminaren aus. Ich bevorzugte unter Bäumen zu liegen und selbst zu lesen als mir vor-lesen zu lassen. Natürlich holte mich diese hartnäckige Abwesenheit irgendwann ein. Ein Professor, hochgewachsen mit schwarzem Schnurrbart und beamtischer Strenge im Blick, verweigerte mir einen „Schein", den ich nach den Statuten des Leerinstituts wohl nötig hatte. „Kann man denn nichts machen?" fragte ich in meiner Not, doch ohne große Hoffnung. Nun, zu meiner Überraschung konnte man etwas machen. Die Strenge in den Zügen des Professors wich einer sanften, beinahe menschlichen Güte als er die Teilnahme an einem Blockseminar über das Wochenende, inklusive Kost und Logis in einem Kloster in Augsburg als Sühne für meine akademischen Sünden vorschlug. Ein Wochenende in einer anderen Stadt und die Aussicht auf freie Mahlzeiten ließen mein Herz höher schlagen und ich sagte sofort zu.

In Augsburg stellte sich heraus, dass das Kloster, genauer der Teil des Klosters, in welchem „wir" untergebracht waren, komplett verwaist war. Es stellte sich weiter heraus, dass *ich* der einzige Teilnehmer des Blockseminars war. Ich begriff nun schlagartig, warum man alleinstehenden Männern mittleren Alters mit Schnurrbärten nicht trauen kann. Tausend Menetekel schrien mich von den weißgekalkten Wänden an und in meinem Grauen versteckte ich mich hinter einer Fassade unwissender Naivität.

Während des „Seminars" ignorierte ich schlicht die verbalen und raffiniert chiffrierten Avancen meines in die antike Sitte der Knabenliebe verliebten Maestros. Über den Tag hinweg ging das einigermaßen gut, vor allem, weil wir einen guten Teil unserer Zeit in diversen Kirchen verbrachten und halb erodierte Texte von Bildstelen zu entziffern suchten. Beim abendlichen Symposium wurde das Versteckspielen jedoch schwieriger. Vier sehr lustige Augsburger Studenten des Maestros stellten sich zu Brotzeit und Wein ein. Erstaunlicherweise hatten wir alle ziemlich die gleiche Körpergröße, Statur und Haarfarbe – der Leser muss wissen, ich war Narziss bevor ich Pan wurde. Man trank, man wurde lustig, man begann erst den Eros und dann ganz unverhohlen den Anus zu preisen. Ich entschuldigte mich nach dem zweiten Glas unendlich langsam getrunkenen Weins leichenblass und plötzlich sehr, sehr müde geworden und verschwand in meiner Zelle. Ich verriegelte die Türe und begann, weil ich den Schlaf fürchtete, genauer: was mir im Schlaf an Gutem und Schlechtem zustoßen mochte, Stirner zu lesen, den ich schon geraume Zeit in meinem Mantel trug. Ich las und las und las. Am nächsten Morgen entschuldigte ich mich mit Übelkeit und las weiter. Gegen Mittag war ich mit Max durch und schlich mich, nachdem der Maestro zum Mittagessen gegangen war, aus meiner Zelle. Das war die kuriose Geschichte, wie ich „Der Einzige und sein Eigentum" las. Mehr ist nun auch hierzu nicht zu sagen. Nur noch das: Der benotete Schein kam eine Woche später mit der Post. Das Urteil lautete zu meinem Erstaunen: Befriedigend. Der Mann mit dem verdächtigen Schnurrbart bewies am Ende Profil und sokratischen Humor.

Philipp Mainländer

Philipp sah ein wenig so aus wie ich, als ich und er jung waren. Ein Vergleich unseres Äußeren in reiferen Jahren ist leider nicht möglich, weil Mainländer, seiner Philosophie und einer Tradition in seiner Familie getreu, vor dem Verblühen des Fleisches freiwillig über den Jordan ins ungewisse Land von Staub und Asche ging. Er starb im messianischen Alter von vierunddreißig Jahren.

Hinterlassen hat er ein dickes Buch, das ebenso unbekannt wie einflussreich ist. Der gute Friedrich hat es gelesen und es muss gewaltig Eindruck auf ihn gemacht haben, denn nach Mainländer hat er Schopenhauer – Mainländers intellektuellen Erwecker – ganz aus dem Fenster geworfen. Aber beginnen wir am Anfang und vereinfachen die Philosophie der Erlösung auf Teufel komm raus – wer übrigens behauptet, man könne tausende Seiten komprimierter Erörterung nicht in ein paar flapsige Zeilen zusammenfassen, hat nicht vom Trank der Freiheit gekostet, den uns die Postmoderne, jene flachbusige Göttin der Belanglosigkeit, im goldenen Kelch so willig darreicht.

Schopenhauer hat das Konzept des Willens als wirklichkeitsgestaltende Kraft… „entdeckt" möchte man sagen, „propagiert" wäre indes treffender. Alles, was ist (genauer: „ist," das „scheint"), emaniert in seiner Formhaftigkeit aus dem Willen, der seinerseits nur gestalthafte Illusion (Individuation) eines universalen *Willens zum Leben* ist. Umgekehrt ist es vielleicht etwas verständlicher: Etwas ist, weil der Wille zum Leben sich in ihm individuiert hat; Sein und Wille sind in dem Sinn identisch, dass Sein die Vorstellung des Willens und jener die formende Idee des Seins ist. Unsere Wahrnehmung des Seins enthüllt streng genommen nur das universell wirksame Willensprinzip – so wird die Illusion begründet, die wir als Wirklichkeit wahrnehmen.

Mainländer fällt von der Lehre seines Erweckers in zwei wesentlichen Aspekten ab: (1) Er interpretiert den Willen zum Leben als Willen zum Tod. (2) Weiterhin gibt es bei ihm nicht nur einen einzigen Willen, sondern der universale Wille ist in die Willen seiner Individuationen zerfallen. Dieser Akt der Zersplitterung, den Mainländer poetisch als Selbstmord Gottes bezeichnet, begründet die Existenz der materiellen Welt, die genaugenommen nichts anderes als der allmählich zerfallende Kadaver Gottes ist. Das Sein strebt langsam einem Zustand der völligen Nichtheit zu. Dieser Zustand ist kosmisch intendiert: es ist eben der Wille zum Tod des Seins, der sich im Seienden realisiert. Wundervoll nicht? Ein großes Bild von mythischer Potenz.

Ein Bemerkung am Rande: Für Nietzsche spielt die metaphysische Auslotung einer transzendentalen Willensrichtung (zum Leben oder zum Tod) keine Rolle. Man ist Mensch und Mensch will Macht. Der Machtbegriff erschöpft sich beim wilden Friederich freilich nicht in sozialem Ansehen, Reichtum, Einfluss, Leiblichkeit usw. schließt diese Aspekte aber auch nicht aus. Macht bedeutet die Befähigung des Einzelnen, das Schicksal, dem er ohnmächtig ausgeliefert ist, intellektuell zu bezwingen und sich zu eigen zu *machen*. Wer sich hier spontan an das Lächeln erinnert, das Camus seinem Sisyphus auf die Lippen dichtet, hat seine Hausaufgaben gemacht.

Zurück zum zarten Mainländer. Seine machtvolle Philosophie der Erlösung gerät leider und sonderbarerweise zu einer bizarren Apologie christlicher Nächstenliebe und asketischer Selbstaufopferung. Erkennt das Individuum, dass es Teil eines kosmischen Er- und Auflösungsprozesses ist, wird es aufhören, nach der Befriedigung seiner individuellen Bedürfnisse zu streben, und beginnen, den Schmerz, den die der Illusion des Lebens Nachjagenden zwangsläufig erleiden, zu lindern. Diese überraschende Wendung muss Nietzsche einen Migräneanfall erster Klasse beschert haben, ich selbst rieb mir die Augen bis Tränen kamen.

Wer den Anfall von unbegründeter Menschenliebe übersieht, wird mit Mainländer viel Spaß haben. Es ist, wie gesagt, ein großer, herrlicher und prachtvoller Mythos, der zwar nicht zum Denken, wohl aber zum Träumen und Alpträumen anregt. Ulrich Horstmann, dem wir die Herausgeberschaft von Mainländers Werk zu verdanken haben, kann ein Lied davon singen – lebenslustig genug ist er ja.

Schopenhauer

Schopenhauer hat nicht gelebt – er ist der Welt zugestoßen, ist der Menschheit widerfahren wie die Pest oder die Erfindung der Glühbirne. Sein Hauptwerk „Die Welt als Wille und Vorstellung" ist das Resultat, wenn ein alter, bitterer, frustrierter, hässlicher Gnom mit genialem Verstand, Sinn für

Ästhetik und schwarzem Humor zu viel Kant gelesen hat, d.h. überhaupt Kant gelesen hat. Denn wie Schopenhauer der Welt widerfuhr, so widerfuhr Kant ihm: Pest und Glühbirne.

Dementsprechend kann man Schopenhauer auch nicht so ohne weiteres lesen. Man muss sich von dem alten Sack den Hintern versohlen lassen und zwar gehörig. Ich habe mich, glaube ich, ein halbes Dutzend Mal auf das vierfüßige Pferdchen von „Die Welt als Wille und Vorstellung" geschwungen, nur um nach ein paar Seiten schmerzhaft abgeworfen zu werden – aller Anfang ist ja bekanntlich schwer. Schopenhauer selbst hat mir dann in einem Anflug von verächtlicher Hilfsbereitschaft den Steigbügel gehalten. Im Vorwort gibt er einen Hinweis: Man kann die vier Teile, Ästhetik, Ethik, Metaphysik und Erkenntnistheorie, in beliebiger Reihenfolge lesen, so man den Grundgedanken denn verstanden hat. Über die Ästhetik also, von Venus Sperlingen gezogen, gelang es dem Barbaren schließlich, das Rösslein zu bändigen, und siehe jenem wuchsen plötzlich Flügel – es wurde zum Pegasus.

Schopenhauer´s Satz vom unzureichenden Grund

Wer auf Schopenhauers Pegasus reitet, gerät unweigerlich in einen Zustand intellektueller Verzückung, einen Rausch des Geistes. Und im Rausch, das ist bekannt und wissenschaftlich vielfach belegt, hat man die besten Einfälle und es kommen einem die tollsten Ideen. Das Problem ist, dass mit dem Rausch auch die tollen Einfälle und Ideen wieder verschwinden. Man bleibt verkatert und irgend irritiert zurück – im schlimmsten Fall wacht man im eigenen Bett auf und zwar ganz alleine.

Schopenhauer als Witzbold

Eine Sache, die mir besonders im Gedächtnis verhaftet geblieben ist, ist eine kleine, bitterböse Anekdote. Schopenhauer beschreibt, wie man ein Neugeborenes im tiefsten Winter viele Meilen zur Kirche gebracht hat, um es taufen zu lassen. Dabei sind ihm die Augen eingefroren und es wurde blind. Er spottet, das Kind habe einen hohen Preis für das Himmelreich bezahlt und man ist geneigt, ihm zuzustimmen.

Schopenhauer als Orakel

Eine andere, große Leistung, für die der philosophische Gnom viel Lob verdient, ist seine Übersetzung des Handorakels der Weltklugheit von Gracian. Gracians gesammelte Ratschläge für das Überleben bei Hofe (und in der Welt) sind ein wenig so als hätte Machiavelli das Encheiridion geschrieben! Ein gutes und unterhaltsames Buch, das gleichsam lehrt und den Spiegel vorhält – ein Handorakel eben. Danke Arthur!

Schopenhauers Begriff vom Ich

Ein Betrachter muss Phantasie und Geduld haben, um einem Kunstwerk seine tiefere Bedeutung abzugewinnen. Dieser Sinn, den er nach einer Weile entdeckt, wenn er das Werk auf sich wirken lässt, ohne seine eigene Überzeugung an es heranzutragen, ist die Gestalt des Lebens selbst, und zwar wie es wirklich *ist*, nämlich *Wille*. Umgekehrt, wenn der Betrachter das Kunstwerk interpretiert, wird er nur sich selbst, sein Ich, d.h. wie der Wille sich in seinem Ich vorstellt, wiederfinden. In der kontemplativen Reflexion über das Kunstwerk wird deutlich, dass das Ich lediglich eine Illusion, ein Modus Operandi des individuierten Willens ist, also etwas, das sich überlebt, sobald es sich überlebt.

Schopenhauers Terminologie

Schopenhauer schreibt Sein mit „y" statt „i": Seyn! Gott segne ihn für diese und für alle anderen orthographischen Wunderlichkeiten, die den Konsum seines Werkes nur noch interessanter, da unterhaltsamer gestalten: Der Mann hat Werth.

Einige Literaten ausgiebig behandelt

Bislang haben wir fast nur „Philosophen" unter die Lupe genommen. Wie gemein, wie voreingenommen! Nun, auch einige „große" Literaten unseres traurigen Äons, unsere billigen Homer und Vergile, sollen nicht zu *kurz* kommen. Anders als sie, fasse ich mich indes kurz...zu kurz:

Tolstoi: Apologet der Bescheidenheit und vortrefflicher Erzähler. Lächerlicher Gottsucher, nörgelnder Ehemann und, obgleich reich an Talent und finanziellen Mitteln, Vater nur eines Bastards!

Dostojewski: Schreibt komödiantische Tragödien, sah als Kind wie der Vater vom Mob ermordet wurde. Bene.

Thomas Mann: Verkapptes, not-spießiges Genie und Prophet zivilisatorischer Erbärmlichkeit. Vater selbstmörderischer Kinder – zwei Fehler sind hier versteckt. Wer kann sie finden?

Klabund: Moderner Martial des Romans. Warnt vor Romanen, die weniger als tausend Seiten haben. Seine eigenen dampft er auf zwanzig Bögen zusammen. Zeit seines kurzen Lebens schwer krank, was ihn zu einem schnellen Schreiber gemacht hat.

Josef Roth: Rauschhafter Genuss ohne Folgen. Echter Advokat seiner Wüstenbrüder. Gehört in jeden

Giftschrank.

Pavese: Rausch ohne Genuss. Muss in Umbrien gelesen werden, im Schatten alter Mauern, nahe dem knochenreichen Trasimenischen See bei Wein und in der Zeit der Siesta. Wenn das Buch aus den schlaffen Händen gleitet, füllt der Traum die Lücken.

Knut Hamsun: Der norwegische Tolstoi, doch in jeder Hinsicht größer als jener, weil weniger weinerlich. Einer der den Winter nicht auf dem Ofen verbringt, sondern Elche jagt.

Joseph Conrad: Stilistisch abstoßend, doch grauenhaft hellsichtig. Er ist in den Abgrund gestiegen und schreibt uns von dort Briefe.

Edgar Allen Poe: Wie Mann ein Genie gefangen in den Umständen seiner Zeit und seines Lebens. Höhlenforscher wie Conrad.

Hermann Ungar: Ein großer Unbekannter, präzise und rücksichtslos. Mann hat ihn gehasst, weil er ihn beneidet hat.

Peter Handke: Ein Freund von mir resümierte Handkes Werk treffend: „Gescheitert an Form und Inhalt.“

Hans Henny Jahnn: Brillant, schrecklich, Sehnen des Fleisches, zum Buchstaben geronnenes Stöhnen und Singen, unendlich lehrreich. Nur eine Sache stört: Der Mann war weicher als Tolstoi und liebte seinesgleichen. Er hinterließ uns nur eine Tochter. Wenigstens eine Tochter.

De Sade und das Gewissen

De Sades Bücher sind abstoßend und aufreizend, banal und tiefsinnig, langweilig und hypnotisch. Man muss in Stimmung sein, um sie zu lesen, genauer: um sie zu ertragen. Was vielen der Figuren in de Sades Alptraumgeschichten widerfährt, das widerfährt in intellektueller Gestalt auch dem Leser: Er wird gefickt. Doch worum geht es unserem französischen

Freund in seinen Ergüssen? Die Frage ist schwieriger als es scheint, weil de Sade einer jener Giftschrankautoren ist, deren ärgerliche Existenz man entweder zu verschweigen oder irgend zu diskreditieren suchte. Zu Lebzeiten schon hat man den Autor von solch seltsamen Schriften wie Salo, Justine und Juliette auf Betreiben der eigenen Familie und zu seiner eigenen Sicherheit ins Irrenhaus gesteckt, wohl um eine ernsthafte Auseinandersetzung mit seinen von Obszönitäten und Grausamkeiten triefenden Büchern zu vermeiden: Der Mann ist einfach irre, seine Romane sind Symptome einer Geisteskrankheit, die bestenfalls das Interesse der Seelendoktoren verdienen – zu Forschungszwecken versteht sich. Die neuere Forschung folgt dieser Tradition unter veränderten Vorzeichen. Die These, wer so böses Zeug schreibe, bei dem sitzen ein paar Schrauben locker, denn so schlecht, wie bei de Sade gezeichnet, sind die Menschen ja eigentlich gar nicht, hat sich spätestens nach den beiden Weltkriegen erledigt. In Anbetracht millionenfachen Sterbens muss man wohl zugeben: der Mann hat einen Punkt, obwohl er keinen haben *sollte*. Unter großem Aufwand versucht man auch heute noch immer de Sade zu entschärfen, indem man ihn als plumpen Gesellschaftskritiker hinstellt. Seine Bücher seien nichts als giftige Persiflagen der sozioökonomischen Krise seiner Zeit.

Wenn man de Sade weder als Irren, noch seine Werke als groteskes Zerrbild des Frankreichs der Revolution betrachtet, sondern sie für das nimmt, was sie sind, düstere Pornographie und literarisches Ausleben roher Begierden, so tut man sich leichter, sie weg- und abzulegen. Die einzige Lehre, die uns de Sade auf dem Silbertablett serviert, ist, dass es keine gibt. Da ist nichts für den Menschen in oder jenseits dieser Welt, außer der qualvollen Lust an der eigenen Existenz. Und diese Lust findet ihre stets unvollkommene und vorläufige Erlösung in Akten enthemmter und hemmungsloser Sexualität. Alles, was die Erfüllung dieser Lust hemmt, wird fanatisch bekämpft. Äußerliche Schranken werden durch den Missbrauch sozialer Macht aufgelöst, innere Schranken – das Gewissen, moralische Vorbehalte – fallen durch die Anwendung eines primitiv-materialistischen Dogmas.

De Sade erforscht kaltblütig die Möglichkeit eines Lebens ohne Gewissen. Und wer hat sich nicht als Kind gewünscht, kein Gewissen mehr haben zu müssen, damit die bösen Lüste und Streiche die eigene Seele nicht mehr quälen?

Camus: Träumen am Meer

In seiner Jugend hat der Barbar viel und oft Camus gelesen. Nicht weil jener unterhaltsam schreibt oder seine Erzählungen das literarische Näschen zu stimulieren vermochten, sondern weil dort wie ein Gespenst zwischen den Zeilen eine Idee anwest, die ihm sehr gut gefiel, ihm gewissermaßen in die und aus der Seele spricht. Es ist Camus´ Antwort auf die Frage nach dem Wie? des Lebens, eine Frage, die jeden jungen Mann zwischen Mahlzeiten und Liebesabenteuern, wenn er sich plötzlich alleine mit sich selbst wiederfindet und so gar nicht weiß, was mit all dem Leben anzufangen sei, umtreibt.

Camus ist ein Existenzialist in Reinform. Er ist ehrlicher als Sartre und bescheidener als Kierkegaard. Er versucht nicht, ein philosophisches Labyrinth zu kreieren, das Studenten Kopfschmerzen bereitet, noch spielt er auf der politischen Bühne den Narren, wie das damals und heute wohl von einem Denker erwartet wird, um sich des Beifalls des Plebs als würdig zu erweisen. Camus arbeitet präzise, direkt, ohne Umwege und Umschweife. Sein philosophisches Hauptwerk „Der Mythos des Sisyphus" ist ein schlankes Büchlein, was für ihn spricht – dicke Bücher erregen Verdacht. Worum es in dem hübschen

Büchlein geht, habe ich vergessen, obwohl ich es zweimal nüchtern gelesen habe. Ich weiß nur, dass es leicht geschrieben war und das Sisyphus wohl den Göttern ein lächelndes Schnippchen geschlagen hat, weil er sich weigert, seine Strafe als Strafe anzuerkennen. So oder so ähnlich.

Zurück zu Camus` Antwort auf die Irrungen und Widerwärtigkeiten der Existenz: das mittelmeerische Denken. Am leichtesten kann man Camus´ quietistischen Hedonismus verstehen, wenn man eine Weile in Südeuropa lebt. Hitze und Meer sind zwei Pole, die die leibliche Existenz in einen Zustand permanenter Spannung zwischen träumerischem Dösen und rauschhafter Lebendigkeit bannen (siehe auch Pavese). In den kurzen Augenblicken luzider Selbstbewusstheit, meist geboren aus geistiger oder körperlicher Erschöpfung, dreht sich das Denken träge um sich selbst und den Körper, in dem es enthalten ist. Abstrakte Eindrücke und Ideen erscheinen vor diesem Hintergrund bedeutungslos. Man fühlt sich als Teil der archaischen Urwelt, als Teil einer kosmischen und zeitlosen Bewegung, die das Leben selbst ist. Wer einmal ein paar Stunden friedlich am Strand gelegen hat, wird wissen, was Camus meint.

Camus hinterlässt keine Kinder. Sein Grab ist von schlichter Eleganz. Sein Auto ein Totalschaden.

Der ekelhafte Sartre

Ich hätte viel über Sartre zu sagen und nicht nur Schlechtes. Aber ich kann und will ihm diese Ehre einfach nicht gönnen. Sartre ist schon rein äußerlich eine groteske Witzfigur. Alles weitere ergibt sich organisch aus dieser Tatsache. Aber damit nicht genug: Sein Name klingt verdächtig nach Satire. Und billige Satiren sind viele seiner Bücher. „Das Sein und das Nichts" ist eine Satire von Sankt Heideggers „Sein und Zeit". Eine gehaltlose Verballhornung, kompliziert geschrieben, wo sie ihre Witzlosigkeit verstecken möchte, und dort, wo sie meint, etwas „gefunden" zu haben, zum Heulen trivial. Sartre´s Stücke sind gefällige Podeste, auf denen Banalitäten zu mittelmäßigen Kunstwerken erhöht werden sollen – selbst ein Stück Scheiße wirkt auf deinem Podest artistisch, nicht wahr? Und am Ende liebäugelt Jean-Paul auch noch mit den vulgärsozialistischen Ideen verzogener Studenten. Da kommt einem...Der Ekel.

Skylla und Charybdis: Marx und Engels

Von beiden Ungeheuern ist zweifellos Engels das größere, weil literarisch versierter, polemisch stärker und im Leben reicher und besser aussehend. Vor allem seine historischen Abhandlungen sind köstlich. Ohne mit der Wimper zu zucken, deutet er die Vergangenheit im Hohlspiegel des Klassenkampfes völlig unbekümmert ob der bizarren Ergebnisse seiner Interpretation. Hut, ich meine: Zylinder ab!

Ich glaube, dass Engels im Gegensatz zu seinem Kollegen durchaus die Absurdität der kommunistischen Ideologie erkannt hat. Sie ist für sich genommen nichts als saturnalischer Streich, nihilistische Groteske und vulgäre Persiflage über den übermächtigen Idealismus ihrer Zeit. Der kommunistische Scherz wäre wohl folgenlos geblieben, hätte der humorlose Plebs nicht angefangen, ihn todernst zu nehmen. Und so wurden der Fabrikbesitzer Engels und der eingeheiratete Adlige und Tunichtgut Marx – zwei Männer, die wohl kaum eine Stunde ihres Lebens mit echter Arbeit verbracht haben – zu Galionsfiguren einer Bewegung, die bis heute das Leben von Millionen ruiniert.

Ist Engels das größere der beiden Ungeheuer, so ist Marx das gefährlichere, weil er zu rechnen versteht. Wenn man die von ihm dokumentierte verbrecherische Veränderung des Marmeladenpreises betrachtet, sieht man rot.

Shakespeare, der Geograf der Seele

Shakespeare war in meinen jungen Jahren, in jener bitter-süßen Zeit des Sturm und Drangs, wenn Geist und Geschlecht zugleich die Herrschaft über das Daseins beanspruchen und auf dem Feld einer verwirrten Seele ihre Schlachten schlagen, eine Sucht. Meine Tasche beherbergte immer eines oder mehrere jener hässlich-gelben Reklambändchen, die die Eigenschaft besitzen, besonders effektiv zu zerfleddern. Besagte Bücher erstand ich in einem Antiquariat für eine Mark das Stück – ich war und bin arm und selig. Natürlich bevorzugte ich die Tragödien und Historien, einige der Komödien habe ich nicht einmal gelesen, ebenso die meisten der Sonette. Deswegen fühle ich mich aber keineswegs armselig oder gar schuldig. Ich bilde mir auf meine Unbildung viel ein.

Wie dem auch sei. Bei meinem Konsum von Lear, Hamlet, Macbeth, Othello und all den anderen düster-blutigen Geschichten ging mir irgendwann ein Licht auf, meint: zwei Lichter gingen mir auf. Natürlich finden sich bei Shakespeare immer ähnliche Charaktere und Elemente. Das ist bei vielen Autoren so. Mir scheinen diese Ähnlichkeiten und Wiederholungen indes auf eine tiefere, urtümliche und mythische Dimension hinzuweisen. Ich denke, dass jedes Stück ein in sich abgeschlossenes inneres Drama vorstellt, wobei die widerstreitenden Empfindungen und Konflikte in der Seele des Protagonisten schlicht in den übrigen Rollen personifiziert sind, ohne dass diese eine echte Existenz außerhalb der Vorstellung des Protagonisten besitzen. Lear, Hamlet, Macbeth – stehen tatsächlich alleine im Kampf mit ihren Dämonen. Dieser innere Kampf aber wird uns als Schauspiel vor Augen geführt. Die Dämonen bekommen Namen und Körper. Die Holzschnittartigkeit von Shakespeares Nebenfiguren scheint diese Idee zu untermauern. Wir haben es nicht mit echten Personen zu tun, die irgend unabhängig agieren, sondern mit Masken, deren Dasein sich immer nur in Abhängigkeit zum Protagonisten und dessen innerem Kampf erweist. Häufig haben die Helden lichte Momente. Dann er- und anerkennen sie die Ausweglosigkeit ihrer Lage, die sie selbst herbeigeführt haben – alle Charaktere von Shakespeare erzwingen ihr eigenes Schicksal. Selbst der Rolle, die sie selbst spielen, zu spielen haben, werden sie sich in grässlicher Klarheit bewusst. Besonders deutlich wird dies beim Bösewicht Richard III. Er weiß, dass er hässlich ist, abstoßend geradezu, und dass ihm unter diesen Umständen nur die Rolle des Schurken übrig bleibt – ein Los, das er willig akzeptiert:

> *„And therefore, since I cannot prove a lover*
> *to entertain these fair well-spoken days,*
> *I am determined to prove a villain,*
> *and hate the idle pleasures of these days. "*

Ich glaube, ich könnte ein dickes, gefährliches Buch über Shakespeare Geister schreiben. Ich erlaube mir diesen Luxus indes nicht. Ich bin ein ernster Mann, der zu sehr mit seinen eigenen Dämonen beschäftigt, bzw. jenen Unterhaltung zu verschaffen genötigt ist.

Handbuch der Deutschen Familie in der Auflage von 1955

Dieses Buch fand aus dem Nachlass meiner Großmutter den Weg zu mir. Ich habe es mit Genuss und Gewinn gelesen und den Anstreichungen nach zu urteilen meine Großmutter ebenso. Soviel

Menschenverstand und Ehrlichkeit würde heute glatt auf dem Index landen. Wir haben es weit gebracht mit unserer Zivilisation. Nur selbst sind wir auf der Strecke geblieben.

Ernst Jünger

Zwei Weltkriege, zwei Söhne, über einhundert Jahre unter der Sonne – alles verweht. Was von Ernst bleibt, ist die Manifestation eines gequälten Geistes in Tinte und Papier, ein mystisches Werk, ein triviales Werk, lächerlich bigott und doch angefüllt mit dionysischer Größe. Was kann man mit dem Autor von „In Stahlgewittern" und „Auf den Marmorklippen" anfangen? Was kann man nicht mit ihm anfangen? Ist Hans Henny Jahnn der bekannteste Unbekannte der deutschen Literatur, so müsste man Jünger den Titel des unbekanntesten Bekannten zugestehen.

Ich habe etliche seiner Bücher mit Genuss, aber keines mit Gewinn gelesen. In meiner Seele hat sich kaum etwas des Gelesenen als dauerhafte Erinnerung oder Belehrung niedergeschlagen. Jünger hat nicht vermocht – noch dies je intendiert –, mich zu einem Jünger seiner Worte zu machen, wenn ich, wie gesagt, auch eingestehe, ihnen gerne gelauscht zu haben. Es ist ein wenig so, wie wenn man Wagner hört. Man genießt und vergisst. Irgendwie ahnt man auch, betrogen und hinters Licht geführt worden zu sein. Gleichzeitig aber bleibt einem ein Zweifel am Zweifel und man wähnt sich selbst einfach als nicht sensibel genug, hinter der Banalität idyllischer Geschwätzigkeit und monströsen Pomps wahre Idylle und göttliche Majestät zu erblicken.

Zwei Anekdoten habe ich zu Jünger, d.h. zu seinen Büchern in meinem Besitz.

Als ich einen ausgedienten Bücherschrank aus dem Nachlass meines Großvaters verkaufen wollte, ein hübsches, wenn auch wuchtiges Ding aus deutscher Eiche, meldete sich nach kurzer Zeit ein Kamerad aus Sachsen. Wir vereinbarten einen Termin zur Abholung. Der Käufer erschien angetan mit schwarzer Lederjacke, schwarzer Jeans, hartem Seitenscheitel und Himmlerbrille. Im Schlepptau hatte er einen weißen Lieferwagen und zwei Glatzköpfe, die ausnehmend freundlich und zuvorkommend waren. Nette Leute. Seitenscheitel nahm den Schrank in Augenschein, lobte die Qualität, gab mir das Geld und kommandierte seine Helfer, das Möbel zu bewegen. Während die beiden ans Werk gingen, standen Seitenscheitel und ich in meiner Bibliothek. Seitenscheitel schwänzelte herum und besah meine Bücher. Plötzlich rief er aus: „Oh, Ernst Jünger! Den sieht man ja heute leider nicht mehr so oft. Gefällt er Ihnen denn?" Wir plauschten ein wenig. Seitenscheitel erwies sich als großer Kenner und Liebhaber konservativer deutscher und italienischer Literatur.

Später googelte ich Seitenscheitels Namen und fand heraus, dass der Bücherschrank meines Großvaters nunmehr in den Besitz eines Funktionärs einer kleinen widerspenstigen Partei mit politisch unkorrekten Ansichten übergegangen war. Großvater, der ein Jahr seiner Jugend in englischer Kriegsgefangenschaft verbracht hatte, hätte sich gewiss gefreut.

Die zweite Anekdote fand während meiner Kriegsgefangenschaft an der Universität statt. Irgendwie kam ich mit einem kleinen, untersetzten Professor ins Gespräch. Dieser hielt in jenen Tagen philosophische Vorlesungen, die vor allem deswegen berüchtigt waren, weil sie niemand wirklich verstand. Dabei war es nicht so, dass die verhandelten Themen zu kompliziert gewesen wären. Vielmehr war es die Sprache, in welcher diese Themen verhandelt wurden. Wer jetzt an mit Fremdworten durchsetzte Schachtelsätze oder ähnlichen Folterwerkzeuge der Intelligenzia denkt, könnte nicht falscher liegen:

Besagter Professor war berühmt für einen stark verkürzten Satzbau, der vorzüglich zu seinem stark verkürzten Körperbau passte. Er verabscheute jedes Komma. Er sprach und schrieb fast ausschließlich in Hauptsätzen, die jede rhetorische Varianz vermissen ließen.

„In dieser Vorlesung sprechen wir über fundamentale Philosophie. Das ist notwendig. Die Philosophie braucht Fundamente. Eine Philosophie ohne Fundamente ist haltlos. Sie hat keinen Halt in der Wirklichkeit. Die Wirklichkeit ist das fundamentale Thema der Philosophie. Die Fundamente der Philosophie gründen in der Wirklichkeit. Die Fundamente der Philosophie sind die Wirklichkeit der Philosophie..." – das stammt aus einer meiner Mitschriften und gibt ziemlich genau die ersten 20 Sekunden einer 2-Stündigen Vorlesung wieder, die sich über zwei Semester zog und angeblich propädeutischen Charakter haben sollte.

Zurück zur Anekdote: Besagter Professor war umgänglich, ein wahrer Menschenfreund mit absonderlichem Humor. Wie gesagt, irgendwann und irgendwie kam ich mit ihm auf Jünger zu sprechen. Als ich bemerkte, ich war gerade mit „In Stahlgewittern" durch, leuchteten seine Augen auf. „Ja, das war ein Buch! Ich erinnere mich an eine Stelle. Der Erkundungstrupp kehrt von einem Einsatz im Feindesland zurück. Die Hälfte der Männer ist tot. Aber sie bekommen trotzdem die vollen Rationen. Da konnten die Überlebenden das Doppelte essen. Hahaha."

Soviel zu Jünger.

Jack London: Der Wolf im Schafspelz

Die Nachwelt zollt Jack London weniger Ehre als ihm gebührt. Das ist traurig, aber verständlich. Die Linken mögen Onkel Jacks stille Bewunderung natürlicher Vitalität und seine gelegentlichen sozialdarwinistischen Anspielungen – meisterlich formuliert etwa in der Figur des Wolf Larsen – nicht. Die Rechten vergrämen sozialistische Ideen und massive Gesellschaftskritik wie etwa in „The People of the Abyss" oder „Under the Iron Heel." Dass man ihn hier und dort nicht richtig leiden mag, dass er an beiden Ufern der Themse ein ungern gesehener Gast ist, spricht freilich für ihn. Jack ist ein Mensch, der nicht wie ein Politiker, ein Ideologe oder gar ein Philosoph denkt. Vielmehr ist er sich der hoffnungslosen und hoffnungsvollen Leiblichkeit menschlicher Existenz und ihrer Abhängigkeit von der natürlichen und zivilisatorischen Umwelt sehr bewusst. Diese Abhängigkeit und der Versuch, sie zu überwinden, ist der Leitstern seiner Schriften und der die scheinbaren Gegensätze („Ruf der Wildnis" - „Wolfsblut") harmonisierende Grundgedanke.

Jacks Bücher sind großartig geschrieben. Er ist einer der wenigen Amerikaner, die sich darauf verstehen, die poetische Beschränktheit des Englischen zu seinen Gunsten auszunutzen. Er ist präzise im Ausdruck und kaltblütig in der Analyse. Tiefe versucht er nicht durch riesenhafte Worttumore oder seitenlange Beschreibungen zu erzwingen, sondern durch realistische Beschreibung relevanter Begebenheiten. Die Kurzgeschichte „To Build a Fire" etwa zeigt die magische Kraft und die erzählerischer Potenz, die London dem mageren Feld seiner Muttersprache abtrotzt. Es ist seltsam, je kürzer das Leben eines Schreibers (Klabund, Ungar, Tschechow), desto feuriger und schneidender scheinen mir dessen Werke, so als würde er unbewusst die Knappheit seiner Tage ahnen und sich deshalb auf das Wesentliche in seiner einfachsten Gestalt beschränken.

Lesen, und mehrfach lesen, sollte man „Der Seewolf", am besten im englischen Original. Der vermeintliche Bösewicht, der charismatisch-düstere Wolf Larsen, erzieht den verweichlichten Humphry in der harten Schule weiser Barbarei. Hump, der seinen Lehrmeister und dessen Weltanschauung als zutiefst unzivilisiert verabscheut, wird dennoch von ihr geformt und gebessert. In gewisser Hinsicht wird Humphry, was er fürchtet, hasst und bis zum Schluss leugnet: ein Abbild des Wolfes, wenn auch durch die Zucht der Zivilisation einigermaßen gebändigt.

Jack London wurde nur vierzig Jahre, schaffte aber immerhin zwei Kinder in die Welt zu bringen, zwei Mädchen.

Der Mensch namens Arnold Gehlen

Arnold Gehlen hat die einzige Anthropologie verfasst, die diesen Namen verdient. Er steht auf Schopenhauers und Herders Schultern. Jeder Mensch sollte „Der Mensch" gelesen haben. Verhandelt wird hier u. A. die Schnittstelle zwischen Bewusstsein und Außenwelt. Das Bewusstsein nimmt Welt auf sehr bestimmte und stark reduzierte, selektive Weise wahr. Ein Großteil der sensorisch wahrgenommenen Reize, jene die für das Bewusstsein entweder temporär oder im Allgemeinen keine besondere Rolle spielen, werden ausgefiltert. Der Bewusstseinsfilter determiniert Wahrnehmung und Wirklichkeit. Wer hier an Heideggers Zuhandenheit und Vorhandenheit denkt, hat schon die rechte Witterung aufgenommen. Bewusstsein also selektiert, filtert. Diese natürliche Filterfunktion wird durch das kulturelle Umfeld variiert… Man sieht um was, oder genauer: um wen es dem guten Arnold am Ende geht und warum seine Forschung so wichtig ist. Ich könnte viel über dieses Buch sagen, untersage es mir aber um Willen des Lesers. Denn was immer ich wiedergebe oder umständlich zu erklären suche, steht bei Gehlen im Stil wissenschaftlicher Ernsthaftigkeit und römischer Simplizität gut lesbar geschrieben – eine Ausnahme im Geistesolymp deutscher Sprache, wo nicht der

Punkt, sondern das Komma den Ton angibt.

Diogenes im Palast

„Sorglosigkeit wird erreicht, wenn die Umstände des Lebens auf das Notwendige beschränkt werden." Diese Aussage ist inhaltlich so richtig wie formal unglücklich in der Wahl der Worte. Man stellt sich vor, man müsste sich wie Diogenes in eine Tonne *zurückziehen*, um sorglos leben zu können. Man muss loslassen, bevor man erhält. Verzicht schafft Sorglosigkeit. Tatsächlich handelt es sich aber bei dem, was Diogenes durch sein Beispiel lehrt, weder um eine Einschränkung, noch um einen Rückzug oder gar ein Loslassen. Das Gegenteil ist der Fall. Zivilisation ist der künstliche Ort, an dem wir uns vor dem echten Leben (Wachleben) und seinen einfachen, doch handfesten Wirklichkeiten und Tatsachen verstecken. Hunger, Krankheit und Tod haben wir aus unserem Paradies aus Beton und Glas ausgesperrt. Die mit feurigen Klingen bewaffneten Wächter Technologie und Staat geben Acht, dass nicht der Dämmerschlaf zivilisatorischen Dahinsiechens vom Einbruch echter Lebenswirklichkeiten gestört wird. In unserem goldenen Paradies existieren wir als Sklaven von Umständen und Sachzwängen, die mit uns nichts zu tun haben. Die vermeintliche Existenzsicherheit ist um den Preis echten Glücks, bewussten, da erfahrenen Lebens und der Freiheit, sein Schicksal zu kontrollieren, erkauft. Diogenes stellt uns vor die Wahl, in einer einfachen Tonne zu leben oder in einem prunkvollen Grab zu verenden. Man wähle mit Bedacht.

Zivilisation

Lebenslauf

Eine einfache, doch unangenehme und wenig geglaubte Wahrheit besagt, dass alles, was lebt, einen sehr primitiven Zyklus durchläuft. Entstehen, Reifen, Sein, Vergehen. Die Zivilisation als Destillat und Konsequenz des Lebens und Schaffens seiner Träger treibt es nicht anders: Sie entsteht, reift, ist und vergeht. Gezeugt wird sie auf dem Schlachtfeld gefallener Götter. Im Schatten riesenhafter Ruinen formiert sich das barbarische, aber ungemein vitale Ungeziefer der Neugeborenen. Es reift heran und entwickelt spielerisch und qualvoll seine Kräfte. Es lernt durch Nachahmung, erst stupide, dann mit wachsender Raffinesse und Varianz. Endlich entwickelt es eine eigentümliche Form und Kraft. Die neue Zivilisation wird sich ihrer selbst bewusst. Sie beginnt zu sein, zu wirken, zu gestalten, ihre noch rohe inwendige Triebstruktur im Außen zu manifestieren. Sie wächst, erobert, unterwirft. Dann wird sie reifer, besonnener, bedenkt den eigenen Fall, ahnt das eigene Schicksal. Wir würden sagen: Aus dem waffenstarrenden und erobernden Imperium wächst die böse Pflanze der Kultur. Sie ist der Anfang vom Ende. Eine Zivilisation, die sich ihrer eigenen Kultur- und darin Schicksalshaftigkeit bewusst geworden ist, ist wie ein Mensch, der plötzlich realisiert, dass er sterben wird und muss.

Course of Empire

Im Osten ging die Sonne auf,
im Norden nahm sie ihren Lauf,
im Westen wird sie untergehen,
im Süden war sie nie zu sehen.

Kain und Abel

Gott liebte Abel so sehr, dass er Kain zum Vater der Zivilisation machte.

Die Geburt der Zivilisation

Die Angst vor dem Tod ist der Beginn der Zivilisation. Die Angst vor dem Leben ihr Ende.

Die Enden der Zivilisation

Es ist immer das Gleiche. Die Zivilisation erstickt an ihrem Erfolg, kollabiert unter ihrem eigenen Gewicht. Wenn alle Ziele erreicht sind, wenn die vollständige und weitgehend mühelose Versorgung des Zivis sichergestellt ist, setzt die Große Verwirrung ein. Wohin weiter, da wir nun am Ziel angelangt sind? Wofür leben? Wozu überhaupt leben? Wer seine Ziele erreicht hat, wird...ziellos, sein Leben nutzlos. Eine ziellos und darin nutzlos gewordene Zivilisation begeht *natürlich* Selbstmord. Sie muss um Willen des Lebens der Menschen, die in ihr enthalten sind und *leben* (d.h. in diesem Fall, die Zivilisation über-leben wollen) wollen, sterben. Man kann ihr das nicht einmal übel nehmen. Die einzige Frage, die sich stellt, betrifft das Wie? Wie stirbt eine Zivilisation? Entweder ein großer, sinnloser Krieg, der das Übermaß und den Überfluss auf ein dem Leben erträgliches Maß zurückstutzt. Oder die geschwürartige Ausbreitung über-feiner Kultur (Dekadenz) auf Kosten zivilisatorischer Errungenschaften.

Am Ende findet der Wanderer aus alten Landen immer nur eines: Ruinen im Sand.

Krieg

Der Krieg ist der Vater aller Dinge, sagt Heraklit. Und wenn die Bedeutung dieses Sinnspruchs auch weit über den eigentlichen Wortlaut hinausreicht, kann und soll man die Rede des Dunklen doch auch beim Wort nehmen.

Der Kriegsfall ordnet die inneren Kräfte eines Staates fast unmittelbar auf das gemeinsame Ziel hin, den Gegner zu besiegen oder zumindest nicht von ihm besiegt zu werden. Die äußere Bedrohung schafft inneren Frieden, weswegen der Krieg immer auch ein Mittel ist, Artifizielle Räume zu stabilisieren. Die Zivilisation, vor allem in der Gestalt des Westens, wird vom Krieg nie in ihrer Existenz bedroht, das Gegenteil: Mit der Waffe in der Hand (oder auf der Brust) schwingt sie sich auf die höchsten Höhen. Viele Technologien, wie etwa Internet, Radar, Funk, Luftfahrt usw., sind im oder für den militärischen Subraum geboren.

Der Krieg hat eine stabilisierende und vitalisierende Wirkung. Er macht starke Männer und stärkt den Glauben an die Nation, den Staat usw. Er *war* das liebste Spiel des Westens und eine relativ harmlose Angelegenheit. Dass es den Spielern trotz aller Rhetorik nämlich nicht ernsthaft um die „totale Vernichtung des Feindes" ging, beweisen zum einem die vielen Stellvertreterkonflikte in entfernten Teilen der Welt, die um Preise geführt werden, die für die Kombattanten keinen besonders hohen Wert besitzen – freilich musste um etwas gespielt werden, sonst war es gar zu öde, also spielte man um Kleingeld, Murmeln und Steinchen. Ein weiterer Beweis dafür, dass der Krieg eigentlich eine recht ungefährliche und an sich unernste Sache war, ist, dass trotz aller Möglichkeiten, eine feindliche Population auszurotten, dies niemals verwirklicht wurde. Man versklavte den Feind nicht einmal, noch plünderte man ihn je so aus, dass er keine Chance mehr hatte, zu überleben. Vielmehr halfen die Sieger, wenn sie mit den Besiegten fertig waren, jenen oft wieder auf die Beine (zum Beispiel indem sie ihre Witwen schwängerten), auf dass man sich bald wieder einträchtig balgen konnte.

Ja, ja, der Krieg, es hätte so schön sein können! Alle paar Jahre jubelnd und singend in den Garten des Nachbarns einzumarschieren, um mit ein paar Birnen oder Veilchen zurückzukehren. Leider ist der Westen sehr unkriegerisch, ja geradezu feige geworden. Die beiden großen Massenschlägereien gegen Ende des letzten Jahrtausends, wo man es zugegebenermaßen ein wenig übertrieben hat, haben unserer Zivilisation die Lust an weiteren Pausenhofschlägereien gründlich verdorben. Das erste Mal sprang man einfach zu wild mit dem Gegner um. Man dachte, der zarte Michel könne soviel einstecken, wie er auszuteilen in der Lage war. Diese Fehleinschätzung führte zu einer zweiten noch übleren Prügelei mit vielen blauen Augen und sogar ein paar Knochenbrüchen. Danach kam ein Jahrhundert des Friedens und friedlichen Dahinsiechens. Sicher ist man noch ab und an alleine oder in Begleitung ausgezogen, um ein Hündchen oder Kätzlein in der entfernteren Nachbarschaft zu terrorisieren. Aber seinesgleichen hat man nicht mehr angerührt. Dieses Jahrhundert des Friedens ist dem Westen schlecht bekommen. Weich ist er geworden, feige, ängstlich. Die Kätzlein und Hunde, denen er vor ein paar Jahren noch die Schwänze zusammengebunden hat, jagen ihn heute auf der Straße vor sich her, jagen ihn bis in sein Haus, bis in sein Bettchen hinein. Alpträume hat er davon. Ob er je wieder aus ihnen erwacht?

Ein Rätsel

Wer ist der schlimmere Sünder: Ein kleiner Mann mit großen Träumen oder ein großer Mann mit kleinen?

Der Messias

Der Messias wird den Tempel nicht wieder aufbauen, sondern was von ihm übrig ist, zu Staub zermalmen und uns zurück in die Wüste führen. Das Leben in Zelten und der Gott, der uns *im Freien* begegnet, ist dem Leben in Palästen und der zur moralischen Allegorie verkommenen Gott-heit in ihrem steinernen Grab vorzuziehen.

Schierlingsbecher

Die Zivilisation muss sterben, weil der Mensch leben will.

Ideologisch und räumlich-materiell eingekerkert in einem artifiziellen Gefüge, das die natürlichsten Äußerungen des Lebens mit aller Gewalt zu unterdrücken sucht und die natürliche Ordnung mit grotesken Lehren – alles Kopfgeburten – auf den Kopf stellt, so dass man sich im Massengrab umdrehen will und wird, bleibt unserer urmenschlichen Lebenskraft, die nicht mehr nach außen, gegen eine Welt wirken und sich verhalten kann, nun nichts anders mehr übrig, als sich gegen sich selbst zu wenden. Sie versenkt das Schiff, auf dem sie fährt. Homo homini lupus.

Dass unsere Zivilisation einen ausgeprägten Todeswunsch hat, ist offensichtlich. Zwei Weltkriege, ein bemerkenswertes Arsenal an atomaren und biochemischen Waffen, die Zerstörung unserer Umwelt, die Zerstörung unserer Nahrung, die

Ächtung natürlicher Lebensinteressen, die Auflösung familiärer Strukturen, systemische Indoktrination mit lebensfeindlichen Ideologien, um lebensunfähige Un-Menschen (Letzte Menschen) zu generieren… Man könnte die Liste fortsetzen, aber wer Augen hat, der sieht. Unsere Zivilisation, alt und greise geworden, müde und unwillig, das eigene Gewicht noch länger zu tragen, streckt die zittrige Hand nach dem Schierlingsbecher aus…

Individualismus

Es ist schwer zu sagen, woher der europäische Individualismus – dieser sonderbare und, wenn man es recht bedenkt, eigentlich ganz unmenschliche Daseinsmodus – genau kommt. Ist es die Pluralität kultureller Einflüsse, die sich über die Jahrtausende auf dem Kontinent oft kriegerisch und manchmal auch friedlich vermengt haben, die zu einer identitären Zersplitterung führte? Hat die Vielzahl der Sprachen, Bräuche, Historien in Europa durch Diversifikation das Ich als ein Nebenprodukt konstituiert? Es mag sein. Ist der Lärm um einen groß genug, tatsächlich so groß, dass man sich in ihm nicht mehr verlieren kann, weil er wie eine Mauer um einen steht, bleibt nichts als der Rückzug in sich selbst – es ist möglich, dass man bei diesem Rückzug das Selbst versehentlich gefunden hat.

Kultureller Narzissmus

Das Ich, was es auch sei, ist die Zutat, die die Westliche Zivilisation zur hervorragendsten und erfolgreichsten des Planeten gemacht hat, weil es aus Menschen Götter formte. Indes, was leicht errungen wurde, wird ebenso leicht verloren. Das Ich, das sich seiner selbst bewusst geworden ist und im Spiegel der

Welt, die es nach seinem Abbild geschaffen hat, nunmehr seine wahre Gestalt erblickt, hat keine Zukunft. Entsetzt und verliebt starrt es sein Spiegelbild an, ist ganz vom ihm in Beschlag genommen. Es kann sich von seinem Anblick nicht mehr lösen, nicht für einen Augenblick. So verhungert es langsam, während es sich bewundert. Kultureller Narzissmus könnte man das nennen.

Mythen der Zivilisation

Die Westliche Zivilisation hat ihre ganz eigenen und eigentümlichen Mythen. Sie glaubt an ewiges Wachstum, an die Allmacht der Technologie, an die Weisheit der Wissenschaft und daran, dass die Geschichte eine Entwicklung vom Niederen ins Höhere beschreibt. So darf sich Zivis im Angesicht seines Elends doch mit dem Glauben trösten, er stehe auf der Spitze des zivilisatorischen Fortschritts.

Die Wahrheit, meint: die archaische Wirklichkeit, deutet den Bestand der Welt freilich unter anderen Kategorien: Statt ewigem Wachstum kennt sie die Zyklen des Werdens und Vergehens; statt an die Allmacht der Technologie glaubt sie an die Fragilität des Lebens, statt an die Weisheit der Wissenschaft hält sie sich an den Rat des Instinkts, statt historischer Entwicklung sieht sie die ewige Wiederkehr des Gleichen. Und so tröstet sich der Barbar in den dunklen Stunden der Nacht mit der Gewissheit, Teil einer kosmischen Bewegung zu sein, Pforte und Inkarnation des Willens zum Leben.

Pyramide

Am Ende werden die Letzten Menschen eine Pyramide errichten als Grab für sich oder ihre Feinde. Es ist dies die Zeit der Großen Reinigung, wenn der

Mond verschlungen wird und die Welt in Flammen aufgeht. Aus der Asche schließlich keimt das Neue, das Alte.

Gesunde Triebe

Ein Mensch, eine Familie, ein Stamm, ein Volk, eine Nation...gleich in welcher Organisation das Leben sich manifestiert, gibt es doch stets ein Indiz dafür, ob es *gesund* ist: Der Drang sich Fremdes, sei es geistiger oder materieller Art, einzuverleiben und gleichsam das Eigene dem Fremden aufzuzwingen.

Roms Todesurteil wurde von Augustus, dem ersten und größten der Kaiser gefällt, als er nach Niederlagen gegen die unbezwungenen Stämme des Nordens – er mochte in ihnen bereits die Neuen Herren ahnen, die Jahrhunderte später das Reich auffressen würden – beschloss, Rom in seinen Grenzen zu belassen. Claudius, zweifellos der gerissenste Kaiser und ein Trunkenbold sowie notorischer Glücksspieler, schob dieses Todesurteil wohlweislich auf, indem er den Süden Albions seiner Domäne hinzufügte, wissend, das Stagnation das Ende Roms (und seiner eigenen wackligen Herrschaft) bedeuten würde.

Wer einen Überblick über den Gesundheitszustand unserer Zivilisation erhalten will – man muss sich übrigens ernstlich und sehr genau überlegen, ob man wirklich die Diagnose kennen oder sich nicht lieber doch weiter in der Hoffnung wiegen möchte, es wird schon alles nicht so schlimm sein –, frage sich, welche Provinzen, Stämme, Kulturen sie sich in letzter Zeit einverleibt hat oder ob sie nicht eher von Neuen Herren aufgefressen wird.

Todeswunsch

Der unterschwellige Wunsch des Zivilisationsmenschen seine Zivilisation als unbewusst wahrgenommene Ursache seines Unglücks zerstören zu wollen, spiegelt auf kulturpsychologischer Ebene das natürliche Verhalten eines Körpers wider, der mit einer tödlichen Infektion ringt und sich dabei selbst tötet.

Versäumte Liebesdienste

Wenn die Träger aufhören, ihre Zivilisation zu lieben, ihre Geschichte zu preisen und zu versuchen, die Taten der Vergangenheit noch zu übertreffen, um eine größere Zukunft zu schaffen, d.h. wenn sie aufgehört haben, an sie zu glauben, stirbt sie. Etwas, das nicht liebevoll gepflegt wird, verkommt. Heute ist es Mode, die Vergangenheit des Westens, der erfolgreichsten Zivilisation aller Zeiten, in den Dreck zu treten. Dabei war es eben dieser verhasste Westen, der der Menschheit so kleine Annehmlichkeiten wie praktisch sämtliche höhere Technologien, Wissenschaften, Kunst, Kultur usw. gebracht hat. Die Welt des Heute ist die Welt, die der Westen geformt hat. Man könnte als Europäer stolz auf all diese Errungenschaften sein; selbst der Barbar, der kein Freund der Zivilisation ist, muss ihre Größe doch demütig einräumen. Aber der Westen hat beschlossen, sich selbst zu hassen. Er hat den Glauben an sich verloren. Anstatt an der eigenen glorreichen Vergangenheit orientiert er sich an unterentwickelten Halbkulturen, die er idiotisch nachzuäffen versucht.

Demokrit und Heraklit

Wenn Heraklit das Haus verließ und das Treiben der Menschen besah, kamen ihm die Tränen. Demokrit dagegen lachte beim gleichen Anblick – er durchschaute die Menschen bis aufs Atom.

Antike als Vorbild

Ein weiteres Symptom der Krankheit zum Tode der Zivilisation ist unsere hochmütige Verachtung der Antike. Der Blick auf die Kindertage unserer Kultur ist verstellt; unsere eigene Arroganz blendet, verblendet uns. Während frühere Geschlechter noch von den Alten zu lernen suchten, weil sie deren offensichtliche Überlegenheit sahen, betrachten wir die antiken Denker und Poeten und Helden nurmehr als geschickte Amateure, als unsere Vorläufer und Steigbügelhalter. Und wenn wir sie nicht rundheraus ignorieren, dann loben wir sie gönnerisch, wie wir ein Kind loben, das Laufen oder Sprechen lernt.

Oh, Götter, wenn unsere Arroganz uns nicht in den Abgrund führt, wohin mag sie uns dann führen?

Zivilisation und Geburtenraten

Dank statistischer Methoden müssen wir nicht mehr auf unsere Augen *hören*, wenn es darum geht, die Vitalität einer sozialen Einheit zu begutachten. Ganz brav und empirisch können wir etwa auf die Geburtenrate zurückgreifen, um eine zutreffende Prognose für den todkranken Patienten zu erstellen. Die Grundstimmung ist hier wie dort die gleiche: Sobald eine Zivilisation die Lebenspraxis ihrer Träger im Sinne einer Hochkultur *verfeinert* hat, sinkt die Reproduktionsrate ins Bodenlose. Ein sozialer Raum im Umbruch weist dagegen einen gegenteiligen Trend auf – trotz scheinbar schlechter oder schlechter werdender Lebensbedingungen steigt die Geburtenrate.

Es gibt verschiedene Apologien, die versuchen dieses für die Zivilisation so schlecht ausfallende

Zeugnis irgend in ein besseres Licht zu rücken. An den Zahlen aber lässt sich am Ende dank Statistik eben doch nichts machen. Ganz gleich, wie ge- oder verblendet man ist, bleibt doch der Elefant im Artifiziellen Raum die Frage: Warum werden wir weniger, wenn wir doch mehr werden sollten?

Die Antwort, die ich mir zurechtgelegt habe, ist folgende: Dasein im Artifiziellen Raum einer Hochzivilisation ist weitaus erschöpfender und auslaugender als das vermeintlich „härtere" Leben im Primordialen Raum, das in der Hauptsache von der Bedienung der Grundbedürfnisse in Beschlag genommen ist. Die Sache ist eingängig, wenn man sie recht bedenkt: Hat der Barbar in seinem natürlichen, sehr unzivilisierten Umfeld den eigenen sowie die Bäuche seiner Sippe gefüllt, füllt er die Bäuche seiner Frauen. Fortpflanzung ist das zentrale und *letzte* natürliche Grundbedürfnis. Es wird immer dann bedient, wenn die übrigen basalen Bedürfnisse, die das direkte individuelle und familiäre Überleben sichern, erfüllt sind. Ist der Barbar in jeglicher Hinsicht *satt* und hat sich im Bett ausgetobt, mag er sich in einer Musestunde dazu herablassen, das *abstrakte* Bedürfnis nach einer *höheren und verfeinerten* Daseinsform zu bedienen und Kultur und Zivilisation zu schaffen.

Diese ersten Anstrengungen Kultur zu schaffen, haben zunächst den einfachen Zweck, das übrige Dasein zu erleichtern – Werkzeug und Waffe helfen im Kampf ums Dasein. Sprache und Schrift helfen Wissen über den Graben individueller Sterblichkeit zu setzen, sodass das Rad nicht immer wieder neu erfunden werden muss. Kunst und Religion erlauben von den Gegebenheiten der archaischen Umwelt zu abstrahieren und eine artifizielle Gegenwelt zu erzeugen.

Diese neuen Mittel, die das Überleben plötzlich soviel einfacher gestalten, führen zu einer explosiven Zunahme der Bevölkerung und treiben die Genese des

Artifiziellen Raums weiter an. Je weniger Zeit für die Grundbedürfnisse aufgewandt werden muss, desto mehr Zeit bleibt für Kinderpflege und Kulturentwicklung. Bald stellen sich die ersten Kulturarbeiter ein – Individuen, deren Grundbedürfnisse von den Mitgliedern einer sozialen Einheit bedient werden, sodass diese sich in Vollzeit um den Erhalt und die Verbesserung der Proto-Zivilisation kümmern können. In den alten Zeiten waren diese Kulturarbeiter zunächst meist im religiösen Feld angesiedelt. Später kommen Administratoren hinzu, die die über das Maß familiärer Bande hinausgewachsenen sozialen Gefüge organisieren – die ersten Herren.

Von hier aus kann sich der Leser wohl selbst ein Bild davon machen, wie man von Mose zu Themistokles zu Augustus zu Karl zu Bismarck und so weiter kommt.

Je weiter sich die Zivilisation entwickelt, desto mehr Ressourcen – Ressourcen sind hier nicht nur materiell, sondern vor allem ideell gemeint – müssen für ihren Erhalt aufgewandt werden. Ganze Heerscharen von professionellen Kulturarbeitern halten das fragile Gefüge zusammen, seine Weiterentwicklung verlangsamt sich. Sobald nun der Artifizielle Raum mehr „mentale" Ressourcen benötigt als er seinen Trägern zurückgibt, beginnt der Verfall einzusetzen. Die Zivilisation hat ihren Kosten-Nutzen-Punkt überschritten. Anstatt das Leben des Einzehen zu erleichtern, beginnen ihre Errungenschaften ihn zu beschweren. Das Leben ihrer Träger dreht sich mehr um das Überleben der Zivilisation, als um ihr eigenes. Sie beginnen ihre Grundbedürfnisse um Willen der Grundbedürfnisse der artifiziellen Welt zu vernachlässigen, bzw. ihre Erfüllung wird immer beschwerlicher – die Schöpfung versklavt ihren Schöpfer und richtet ihn langsam zugrunde.

Der natürliche Trieb des Menschen zu verlassen,

was Gefahr und Beschwernis bedeutet, um auf eine erträglichere Lebensform *zurückzusinken,* wird von einem wachsenden Anteil zivilisatorischer Kräfte in Form von vulgärem Hedonismus, Indoktrination, Konsumismus, legalen und illegalen Drogen, Ersatzreligionen usw. betäubt. Ein riesenhafter und aus Sicht der Zivilisation kostspieliger Aufwand wird betrieben, den Einzelnen in illusorischen Abhängigkeiten und so bei der Stange zu halten, meint: am Bett seines sterbenden Gottes.

Nun schließt sich der Kreis und wir erhalten eine Antwort auf unsere Frage nach der Ursache der sinkenden Geburtenraten in den Überflussgesellschaften des Westens: Wer sich um einen so anspruchsvollen Sterbenden wie eine Zivilisation kümmert, schafft es vom Sterbebett nicht mehr ins Ehebett. Die überwältigende Kulturarbeit draint alle Vitalität und der Statistiker stellt augenzwinkernd fest: Wir sterben aus.

Kulturarbeit

Die Arbeit am der Erhalt einer Zivilisation findet zum größten Teil innerhalb individueller Existenzen statt, die materiell und ideell ihren Glauben an den Artifiziellen Raums Ausdruck zu verleihen suchen. Dieser Prozess kann den Einzelnen sehr leicht bis zu dem Punkt überfordern, wo er um Willen des höheren Ausdrucks seine Grundbedürfnisse zu vernachlässigen beginnt.

Dumme Tradition

Es war immer das Privileg der Mutter, von ihrem Mann erhalten zu werden. Und immer galt es als Schande, wenn die verheiratete Frau arbeiten musste.

Eine andere Erklärung für die sinkende Geburtenraten

Wir fangen zu spät mit dem Kinderkriegen an, weil wir genötigt werden, uns mit anderen Dingen zu befassen, die direkt oder indirekt dem Artifiziellen Raum dienen. Die ideale Zeit zur Fortpflanzung schreibt der Frau ihr Leib vor. Er liegt irgendwo zwischen 17 und 25. Wir sollten unsere Teenager nicht vor ungeplanten Schwangerschaften warnen, sondern sie ihnen ans… ich meine: unters Herz legen.

Noch eine Erklärung für die sinkende Geburtenrate.

Verhütungsmittel richten jedes Jahr mehr Schaden an als alle Kriege des vergangenen Jahrhunderts zusammen. Dabei bin ich nicht einmal ein Gegner dieser Mittel. Das Problem ist, dass die Falschen aus falschen Gründen verhüten.

Und noch eine Erklärung für auf den Weg

Wer sich einmal aus Langeweile oder echtem Interesse mit „Geschichte" beschäftigt hat, wird wissen, wie vage und schleierhaft die Versionen bestimmter Ereignisse sind, die wir heute für wahr und gegeben halten. Der alte Ausspruch, dass die Sieger die Geschichtsbücher schreiben, galt und gilt. Je nachdem, was man für zutreffend hält oder was der eigenen Agenda entspricht, erklärt man dieses so und jenes so, ganz wie es passt und gefällt. Der Verlust und die Fälschung von Quellen sowie der Wandel in den je angelegten Interpretationsschemata führen zu weiterer Erodierung. Am Ende muss noch berücksichtigt werden, dass, was wir Geschichte nennen, ohnehin nur in der distanzierten und isolierenden Perspektive der Nachwelt existiert. Die Protagonisten selbst haben oft völlig andere Ideen als wir, die Nachgeborenen. Der unserem Verstand so angenehme *kohärente Sinn* der Geschichte, ihre Strukturierung in Ursachen und Wirkungen, ist reine Fiktion, der Versuch, das Chaos mittels *aufgezwungener Logik* zu bändigen – im Gegensatz zum Mythos, der nicht versucht zu erklären, sondern zu *erzählen*.

Ich will diesem Trend kreativer Wahrheitsgestaltung freilich nicht nachstehen. Als Fremder in einem fremden Land muss der Barbar, will er leben und überleben, die Sitten seines Umfelds beachten und kunstvoll nachäffen, gleich wie idiotisch und bizarr sie auch sein mögen. Weil wir gerade von der sinkenden Geburtenrate sprachen, können wir eigentlich auch gleich hier ansetzen. Oben haben wir geschrieben, dass die sinkende Geburtenrate in Folge einer zivilisatorischen Überforderung zu Stande kommt. Ursache und Wirkung reichen einander hier in trauter Freundschaft die Hände und man kann ganz nach eigenem Geschmack urteilen: „Dieser Barbar hat einen Punkt" oder „Ihm sitzt eine Schraube locker."

Eine andere, komplementäre Erklärung gründet in der moralischen Degeneration, die seit spätestens den 60er Jahre des vergangenen Jahrhunderts wie ein Krebsgeschwür Westliche Nationen in atemberaubender Schnelle zu zersetzen begonnen hat. Unser Leben dreht sich nur noch um egoistische Interessen, die man uns von Kindheit an ins Ohr geflüstert hat. Die unlustige Herkulesaufgabe der Fortpflanzung, die mit Selbstaufgabe und Opfer einhergeht, passt da nicht ins Bild. Kinder zu zeugen ist eine spaßige Angelegenheit, sie auszutragen, zu pflegen, zu unterhalten, sie anständig zu erziehen usw. ist dagegen langwierig, schwer, kostspielig und vieles andere. Es zwingt die Eltern selbst eine Vorbildfunktion zu übernehmen, die gesellschaftlich als überkommen und defektiv angesehen wird. Die Frau, die sich instinktiv ihrer natürlichen Bestimmung folgend dem Haushalt und der Kinderpflege widmet, wird heute fast schon als kriminell, wenigstens aber als dumm und unemanzipiert (ein Schimpfwort unter Weibern, wie ich mir habe sagen lassen) angesehen. Sie muss sich schämen, keine Karriere gemacht und ihr Leben daher irgendwie verschwendet zu haben. Den Mann, der mit liebender Autorität über die Seinen wie eine gütiger und weiser Vater *herrscht* und ihr Gedeihen nach allen Kräften bis zur Selbstaufopferung und darüber hinaus fördert, schimpft man Chauvinist und Patriarch (ein Schimpfwort unter Mannsbildern...). Kinder gelten gemeinhin als Störfaktoren des egomanischen Kultes um das eigene Selbst, das Spaß haben soll, sich in Karriere, Hobby und Konsum verwirklichen muss, das also sich selbst im Außen, im Spiegel seines artifiziellen Umfelds konstituieren muss (Ich), während es innen leer und tot liegt, ein braches Feld, ein sterbender Planet, der um eine erloschene Sonne kreist.

Kindererziehung ist harte Pflicht, ist Opfer für die Gemeinschaft, ist ein Geben ohne Dank und Gegenleistung. Kein Wunder also, warum die Kreaturen der Spaßgesellschaft, verweichlicht, verblödet und hoffnungslos in das absurde Zerrbild ihres eigenen Egos verliebt, mal so gar keine Lust auf Kinder haben und, wenn sie denn welche kriegen, so gar nichts mit ihnen anzufangen wissen und chronisch überfordert sind. Der Staat springt hier, den Göttern sei Dank, rettend in die Presche. Schon mit wenigen Monaten kann man das Kindlein in die Obhut der Institution geben, die sich dann um das Kleine kümmert, bis es ein braver, ganz auf Spur gebrachter Idios geworden ist. Man hat auch kein schlechtes Gewissen, das Kind in fremde Hände abzugeben, nicht einmal ein schlechtes Gefühl. Es wird einem nämlich gesagt, dies sei das Beste, was gleichzeitig impliziert, die Eltern seien ohnehin inkompetent ihr Kind zu erziehen.

Dem ungebildeten Barbaren jagt allein die Vorstellung, sein Kind in die Obhut einer staatlichen Institution abzugeben, kalte Schauer über den Rücken. Das Kind ist die Fortsetzung des eigenen Lebens, findet er, das höchste und wertvollste Gut, das er besitzt, weit wertvoller als das eigene Leben. Warum diesen Schatz Menschen anvertrauen, deren menschliche Reife, Weisheit und Gesinnung ihm im Letzten unbekannt sind? Auch die diversen Lehr- und Erziehungspläne, die Lehre und Erziehung in staatlichen Anstalten homogenisieren, sind ihm suspekt. In seinem grenzenlosen Unverstand glaubt er, dass verschiedene Menschen verschiedenartige Erziehung und Ausbildung erhalten sollten, ihren verschiedenen Fähigkeiten und Neigungen entsprechend. Dass eigene Kind mit zwanzig, dreißig anderen zusammenzustecken, hält er für fahrlässig und töricht. Gewiss, die Erziehung des Nachwuchs in die eigenen Hände zu nehmen ist schwer, sehr schwer. Es erfordert viel Zeit, Ressourcen, Geduld und ein weitreichendes eigenes Studium, denn der Lehrer sollte selbst verstehen, was er seinem Schüler nahezubringen sucht. Von den Eltern, es müssen wohl zwei sein, müsste demnach ein Teil zuhause bleiben, um Versorgung und Erziehung der Kindlein in Vollzeit besorgen zu können. Ein anstrengender Job, der weder Urlaub, noch Beförderung, noch soziale Anerkennung findet, so dass man sich wohl die Fragen stellen muss, ob es sich *lohnt*, Kinder zu haben…

Und noch mehr Erklärungen...

Wir sind noch nicht fertig. Vielleicht ist es falsch zu denken, Zivis wollten keine Kinder mehr. Vielleicht wollen sie Kinder, viele, viele Kinder. Nur klappen tut es nicht. Zwar wird der Akt, Menschen zu machen, mit Genauigkeit und Disziplin jeden Abend wiederholt. Doch die Arbeit bringt einfach keine Frucht, meint: Befruchtung. Woran könnte das liegen, wenn nicht am Unwillen oder der Unfähigkeit der Teilnehmenden? Wie sieht es denn mit den allgegenwärtigen Umweltgiften oder der qualitativ immer schlechter werdenden Ernährung aus? Funkstrahlen vielleicht (oder kosmische Strahlen)? Unfruchtbarkeit durch permanente Einnahme irgendwelcher Medikamente? Langzeiteffektive Pille? Oder gar all dieses und noch mehr und alles oben genannte noch dazu in diabolischem Zusammenspiel?

Spektakel

Das Buch „Die Gesellschaft des Spektakels" von Debord hat, denke ich, jeder gelesen, der sich nur im Entferntesten mit Wesen und Natur der Zivilisation des Westens befasst hat. Um es in aller Kürze in Erinnerung zu bringen, handelt es sich um eine Analyse des Spektakels als sinnstiftende und so die soziale Kohärenz erhaltende Institution des Artifiziellen Raums – wer könnte widersprechen? Da die kapitalistisch-technokratische Gesellschaftsordnung jeglicher echt-menschlichen Bedeutung verlustig gegangen ist, füllt sie das Vakuum in den Seelen der Zivis mit Konsum und medialem Feuerzauber. Sie übertönt die Stimme im Herzen, die Leere und Einsamkeit beklagt. Das Spektakel übernimmt in diesem Zusammenhang auch eine strukturierende Funktion: Zivis ist nicht nur Konsument, sondern Produzent des Spektakels, d.h. er spielt selber eine aktive Rolle und zwar seine soziale Rolle als Arbeiter, Koch, Vater, Homosexueller usw. Das Spektakel ist unausweichlich. Es überformt die Wirklichkeitskonzeption seiner Teilnehmer. Alles muss Spektakel sein oder es verliert seine Bedeutung und darin seinen Platz in der Wirklichkeit.

Debord hat von der wirklichkeitsgründenden Kraft des Artifiziellen Raums gewusst, zumindest aber sie geahnt, weist doch seine Beschreibung des Spektakels in vielen Punkten darauf hin. Leider ist er wie so viele seiner Kameraden Opfer einer primitivmarxistischen Ideologie geworden, an die mit fanatischem Eifer zu glauben er beschlossen hat.

Ein Zitat aus dem Vorwort rettet Debord`s Ehre indes, zeigt es doch, dass er entweder Humor besaß oder zumindest ein Bewusstsein davon hatte, schadhafte Ware auf dem Markt gelehriger Klugscheißerei feilzubieten: „Beim Lesen dieses Buches muss man berücksichtigen, dass es wissentlich geschrieben wurde in der Absicht, der Gesellschaft des Spektakels zu schaden."

Städte und Dörfer

Die Geburtenrate der Städte ist generell niedriger als die kleinerer Landgemeinden, meist so niedrig, dass ein organisches Überleben ohne permanenten Zuzug nicht möglich wäre. Man versteht das leicht – wer will oder kann schon in einer mit Menschen überfluteten Betonwüste *leben?* Städte „leben" also vom Zuzug, Dörfer „überleben" den Abzug, indem sie einen Überschuss an Menschen produzieren, die dem Moloch zur Nahrung dienen. Tatsächlich ergibt sich genau dieses Bild, wenn man die Bevölkerungsströme von Land nach Stadt beobachtet: Menschen gehen in die Städte um dort unterzugehen. Ihr Leben füttert das Leben der Nekropole.

Der Barbar lebt deshalb wohlweislich auf dem Land, umgeben von Feldern und Wäldern, ungestört von Lärm und Schmutz. Und wahrlich, seine Zahl nimmt zu!

Warum man zivilisatorischen Errungenschaften misstrauen muss

Der Nagelklipper ist eine geniale Erfindung, eine der großen Errungenschaften der Zivilisation vergleichbar mit dem Buchdruck oder der Glühbirne. Ich weiß noch, wie ich als Kind unter stumpfen Scheren leiden musste! Gewiss gab es den Klipper in jenen Tage schon, nur bei uns im Haus fand sich keiner. Nach jeder Maniküre fühlten sich meine Finger stundenlang taub an. Schnitt man zu viel ab, tat es richtiggehend weh. Auch mancher Tropfen Blut wurde vergossen. Und einmal, ich weiß nicht wie, endete eine geöffnete Schere in meiner Fußsohle. Die Narben habe ich bis heute und zeige sie jedem, der sie sehen will.

Erst im Alter früher Adoleszenz erfuhr ich von der Existenz des Klippers. Ich besuchte einen Freund. Wir spielten, tobten. Er riss sich einen Nagel ein. Ich wurde bleich. Für mich bedeutete ein eingerissener Nagel eine unangenehme Begegnung mit der Schere. Und wenn man schon dabei war, konnte man die anderen ja auch schnell schneiden… Aber mein Freund blieb sonderbar ruhig. Er ging ins Bad und kam Sekunden später mit dem silbernen Wunderding zurück. Er spannte es auf und, ohne sich der Tragweite seines Tuns überhaupt bewusst zu sein, vollbrachte er vor meinen Augen eine Tat, die mein restliches Leben nachhaltig verändern sollte. Er zwickte den eingerissenen Nagel einfach ab. In jenem Augenblick fühlte ich wie nie zuvor die berauschende Macht der Zivilisation und glaubte, nur für einen kurzen, schwachen Moment, eine bessere Welt für alle Menschen sei durch sie und in ihr möglich. Dann spürte ich einen Stich unter dem Auge. Das abgezwickte Nagelstück hatte mich im Gesicht getroffen.

Das tabuisierte Tabu

Anstelle des Gesetzes erhält im Archaischen Raum das Tabu die Ordnung der Gemeinschaften. Es beschränkt die Fähigkeit des Menschen in lebensfeindliche Verhaltensmuster zu verfallen, indem es starke Gefühle von Widerwillen (Ekel, Abscheu, Angst, Hass usw.) erzeugt. So reguliert es die Freiheit des Menschen, alles zu tun, was er potentiell tun kann und will. Freiheit ist hier als Eleuteria, Macht zu tun, verstanden.

Der Artifizielle Raum, der immer weiter wachsen und sich in die Seele des Zivis vertiefen muss, erträgt diese Regulierung seiner Eleuteria nicht. Sie steht ihm im Weg. Der Mensch soll und muss alle Machtmittel zu Gunsten des Artifiziellen Raums einsetzen, keine äußere oder innere Grenze darf ihn zurückhalten. Also tötet er das Tabu, er tötet mit kalter Ratio und moralischer Gerissenheit: Er tabuisiert das Tabu. „Soll sich der Mensch, der das Atom spaltet und die Sterne bereist, etwa in seinem Wollen und Können von kleinlichen Gefühlen beschränken lassen, die aus uralten Aberglauben entspringen? Diese Zivilisation wird ewig fortdauern und sich ewig zum Höheren entwickeln! Der Mensch der Zukunft muss dem Anspruch dieser schönen, neuen Welt genügen, kleinliche Vorbehalte haben da keinen Platz. Wir rechnen in Eins und einer Milliarde. Die Atomwaffe ist der billige Preis der Atomenergie, Abtreibung und Geburtenkontrolle der geringe Preis der Befreiung von aller Verantwortlichkeit. Anstatt dem Tabu, soll der Mensch allein dem Gesetz folgen! Nur wer dem Buchstaben des Gesetzes gehorcht, ist gut und gerechtfertigt.“

Der Wegbruch des Tabus öffnet die Pforten der Hölle. Ohne das Tabu führen Neugier und Wagemut den Menschen des Artifiziellen Raums unweigerlich in den Abgrund.

Wie man Affen fängt

Der Schamane hat mir einmal erzählt, wie man Affen fängt: Man braucht eine bis zur Hälfte mit Steinen gefüllte, transparente Box. Man bohrt eine enge, runde Öffnung oberhalb der Steine. Diese Öffnung ist gerade so weit, dass ein Äfflein mit Mühe seine Hand mit ausgestreckten Fingern hindurch quetschen kann. Ins Innere der Falle platziert man den Köder – vielleicht eine Banane oder ein paar Nüsse. Die Neugier lockt das Äffchen irgendwann aus dem Unterholz. Hinter den durchsichtigen Wänden erblickt es den Köder. Es greift mit der Hand danach und schließt seine Finger darum. Die so entstandene Faust ist nun zu groß, um durch die Öffnung wieder zurückgezogen werden zu können. Nun kann der Jäger selbst auf die Bühne treten und die Früchte seiner Mühen ernten. Äfflein wird zwar panisch hin und her springen, jedoch nicht die Faust öffnen – seine eigene Gier hält es gefangen. Der Jäger hat nun alle Zeit, Äfflein mit dem Knüppel totzuschlagen; die Beute ist ihm gewiss, sie hat sich ihm selbst gegeben.

Niedergang der Zivilisation

Man kann sich durch Spengler quälen oder Martial lesen. Letzterer ist schnell, macht Spaß und trifft den .

Neue Herren, alte Herren

Ein an Macht zunehmendes Volk greift seine Nachbarn an, erschlägt die Männer des Feindes, nimmt deren Frauen und Vieh. Ein schreckliches, aber scheinbar notwendiges, natürliches Geschäft im Reich der Menschen und dazu biblisch fundiert und deshalb göttlich sanktioniert.

Ein sterbendes Volk dagegen lädt seine Eroberer ein und bietet ihnen die eigenen Betten an, darin mit ihren Töchtern zu liegen. Solche Nächstenliebe und Selbstverachtung ist nicht nur unmenschlich, sie ist auch untierisch.

Heiße Luft

Die Materie der Zivilisation ist im Grunde heiße Luft. Eine Zivilisation wird ins Leben geredet; sie endet, sobald man das Thema wechselt.

Europa

Schon von seinem Gründungsmythos her ist Europa in der Welt deplatziert.

Irrglauben

Die Westliche Zivilisation fußt auf dem Irrglauben, mittels der Vernunft wäre die primordiale Welt gemäß den Bedürfnissen und Bestrebungen der Menschen zu ordnen. In Wahrheit schafft die Vernunft nur eine Gegenwelt, in der Chaos und Willkür der natürlichen Umwelt ausgeblendet werden.

Investition

Das größte Problem des Artifiziellen Raums ist die Sterblichkeit des Individuums. Mit ihm stirbt zum einen eine kostspielige *Investition*, denn es kostet die Zivilisation viel, aus Menschen mittels Erziehung, Schule usw., Zivilisten zu machen und sie in dieser Daseinsform zu erhalten. Mit dem Individuum stirbt aber auch die *Dividende*, die es dem Artifiziellen Raum zu zahlen beginnt, wenn es als braver Zivis an seinem Erhalt und seiner Fortentwicklung arbeitet. Dies ist der Grund, warum in der Westlichen Zivilisation das Individuum einen so hohen Status genießt, dass ihm sogar universelle Würde und Wertigkeit zugesprochen wird: Es ist eine ressourcenintensive und profitable Investition.

Genuss am Eigentum?

Was hilft dem König sein Palast, wenn er ihn mit Ungeziefer teilen muss, wenn Bettwanzen seinen Schlaf zur Folter machen, Schaben auf seinem Teller kriechen, der Wurm die Möbel annagt und Ratten in den Wänden rascheln? Ein trauriger König, lächerlich und schwach, der nicht einmal sein eigenes Haus sein eigen nennen kann.

Schule

Die primäre Aufgabe der Schule ist es, die Bevölkerung ideologisch gleichzuschalten. Sekundär werden Kompetenzen vermittelt, die für den Erhalt des Artifiziellen Raums relevant sind. Mit dem Verfall der Schule verfällt der Raum. Nur die weitsichtigsten und hartherzigsten Ideologen haben begriffen, dass alle soziale Macht in den Gehirnen kleiner Kinder beginnt. Jede Saat, die dort gepflanzt wird, geht unweigerlich auf.

Tantalusqualen

Der Artifizielle Raum hat das *Bedürfnis* perfektioniert und seine *Befriedigung* pervertiert.

Museen

Museen sind die Gräberfelder und Friedhöfe vergangener Inkarnationen von Zivilisation. Man tut bei einem Besuch gut daran, sich an den Gedanken zu gewöhnen, dass man in gar nicht so ferner Zukunft einmal selbst dort ausgestellt sein wird.

Das Lehrstück von Korinth

Man darf die Zerstörung von Korinth durch barbarische Invasoren im frühen 7. Jahrhundert niemals als Paradestück zivilisatorischer Entfremdung von der Wirklichkeit vergessen – zu lesen u.a. bei Seek. Ein irrsinniges Szenario, das den suizidalen Charakter, die suizidale Dummheit der Träger einer sterbenden Zivilisation wundervoll vor Augen führt.

Das römische Imperium ächzt unter Alter und Last seiner Errungenschaften. Die innere Schwäche (Geburtenrückgang und genereller Mangel an Lebenswerten) lädt Angreifer und Flüchtlinge ein, die kaum noch geschützten Grenzen zu überschreiten, um was immer noch von der einstigen Gloria des Imperium Romanum übrig ist, in Besitz zu nehmen. Einer dieser entwurzelten Stämme gelangt bis vor das reiche Korinth, aber von dort nicht weiter. Unter Vespasian hat man im vorangegangenen Jahrhundert eine riesige Mauer errichten lassen, die praktisch nicht zu überwinden ist. Dazu kommt, dass die Barbaren, ein Zug von bewaffneten Männern, aber auch Frauen, Kindern, Alten und Vieh, weder über die technologische Kompetenz noch die Ressourcen verfügen, eine Belagerung zu beginnen. Sie hocken also vor der Mauer und wissen nicht recht, wie es weiter gehen soll. Da öffnet sich das Tor und ein Zug bunt gekleideter Korinther tritt heraus. Die Barbaren staunen nicht schlecht über die Gewänder aus kostbaren Stoffen, die extravaganten Frisuren, die geschminkten Gesichter und das gezierte Benehmen der Unterhändler. Noch verwirrter sind sie über die arrogante Herablassung, die man ihnen entgegenbringt. Da spricht aus karmesinsroten Lippen das allmächtige römische Imperium zu ihnen und droht und verlangt. Die Barbaren aber blicken hinauf und sehen: die Mauern sind verwaist von bewaffneten Männern. Da stehen nur weitere bunt gekleidete und geschminkte Menschen, die sie voller Abscheu und Hochmut mustern.

Man tritt also in Verhandlungen. Die Korinther laden die Häuptlinge in ihre Stadt zu einem Festmahl ein. Man will den Barbaren durch die Zurschaustellung des eigenen Reichtums imponieren. Und die Häuptlinge, sich an süßem Wein und Leckerbissen labend, sind in der Tat mehr als beeindruckt. Man kommt endlich zum Geschäftlichen. Die Barbaren beteuern, dass sie an und für sich brave Leute sind, die nur zur Not zum Schwert greifen. Sie suchen ein Stück Land, um sich darauf anzusiedeln. Aus der Heimat ist man vertrieben worden, man hat schimpfende Weiber und heulende Kinder im Schlepptau, das ewige Wandern führt einen nirgendwo hin. Die Korinther horchen auf, als sie das alles hören, denn auch sie brauchen etwas: Bauern, die brachen Felder zu bestellen, und Soldaten, die Stadt zu schützen – beides Berufe, die eines römischen Bürgers unwürdig sind.

Man einigt sich, meint: die Korinther einigen sich. Die Barbaren sollen das Umfeld der Stadt besiedeln und jene im Kriegsfall schirmen. Als Dank dürfen sie einen jährlichen Tribut an Getreide und Steuern abführen. Die Häuptlinge, dumme Barbaren, die sie nun einmal sind, stimmen sofort zu, ja zeigen sich überaus dankbar. Der ganze Pomp griechisch-römischer Kultur hat ihnen allen Schneid genommen, rechnen die Korinther. Die Barbaren empfinden die ihnen angebotene Sklaverei zweifellos und zu Recht als großen Segen. Denn wer diente nicht gerne so zartsinnigen und kultivierten Gebietern? Die Lyra ist am Ende doch mächtiger als die Streitaxt, denken die Korinther, und ihre Dichter beginnen sogleich Lieder und Hymnen zu komponieren.

Bevor die Barbaren das Fest verlassen, bitten sie voller Demut noch um ein Kleinigkeit. Am nächsten Morgen möchte man auf dem Markt in der Stadt einige Vorräte und Gerätschaften erstehen. Die Reise war lang und beschwerlich, es fehlt an Brot und manchem Werkzeug, außerdem will man den anderen die Herrlichkeiten der Stadt zeigen, der man nun dienen wird. Die Korinther sind hoch erfreut. In ihrer Verstocktheit erwägen sie nicht einmal, was nun mit Notwendigkeit folgt. Am nächsten Morgen öffnen sie die Tore. Die Barbaren ziehen unter Jubelrufen und musikalischer Begleitung ein und beginnen ohne Weiteres mit dem Plündern, Morden und Vergewaltigen. Wer wollte es ihnen verbieten, wer sie aufhalten, wer es ihnen übel nehmen? Das geht einige Wochen so, bis kein Stein mehr auf dem andern steht. Dann zieht der Stamm, nun reich versehen mit Gütern und Sklaven, weiter.

Masseparadox

Der Leviathan ist als Ganzes furchterregend und abstoßend, in seinen Einzelteilen dagegen oft recht umgänglich und angenehm. Das ist ein weiterer Beweis dafür, dass die Summe grundsätzlich weniger ist als ihre Bestandteile.

Intelligenz und Masse

Als Einzelner ist der Mensch keineswegs dumm. Das Gegenteil: raffiniert ist er, clever, findig, ein helles Kind des Prometheus. Und auch Hephaist wohnt in seiner Seele. Der lehrt ihn Werkzeuge erfinden, die seine geringen Kräfte unendlich potenzieren. Wie kommt es nun, dass, sobald man die Menschenkinder zusammensteckt, ihre Intelligenz in dem Maß ab- wie ihre Zahl zunimmt?

Die Masse zeugt im Einzelnen ein neues Selbstgefühl, eine kollektive Identität, die die individuelle überschreibt und außer Kraft setzt. Der Einzelne treibt in der Masse und wird so von ihr getrieben. Im Stadium etwa werden die Emotionen der Tausenden zu den eigenen, und so jubelt oder schimpft man wie ein Idiot über den Verlauf eines langweiligen Spiels, dessen Regeln man kaum kennt. Oder man zieht in Reih und Glied in die Schlacht. In illo tempore, als man noch mit Nahkampfwaffen aufeinander einschlug, organisierte man die Kombattanten bewusst in Masseeinheiten, damit dem Einzelnen nicht plötzlich der sehr egoistische und sinnreiche Gedanke käme, sich nicht um Willen irgendeiner ihn nicht betreffenden Staatsangelegenheit totschlagen zu lassen und das Feld der Ehre vorzeitig zu räumen. In so einer Masseeinheit denkt man nicht, man handelt nur.

Die Zivilisation wird von Individuen erbaut, die sich darauf verstehen, Masse zu organisieren; begraben wird sie aber von der Masse, die sich darauf versteht, ihre Individuen zu unterdrücken, d.h. sie auf ein stetig sinkendes Mittelmaß zurückzustutzen. Zivilisatorischer Aufstieg beginnt mit der Brillanz des Einzelnen, der Zerfall aber liegt in der Unfähigkeit der Masse zur Selbstorganisation begründet. Masse denkt nicht, plant nicht, sieht nicht, begreift nicht, träumt nicht. Sie bewegt sich von Kräften angetrieben, von deren Existenz sie keinerlei Bewusstsein hat. Sie ist dumpfes, geschichtsloses Selbstgefühl und gleicht darin einem blinden, sich im eigenen Kot wälzenden Geschöpf riesenhafter Ausmaße, das irgendwann unter dem eigenen Gewicht erstickt.

Der Barbar verabscheut die Masse und mehr: er fürchtet sie, weil er um sich selbst fürchtet. Wo zwei, drei Leute unter den Vorzeichen der Gemeinschaft zusammenkommen, da bleibt er fern – wo nicht leiblich, so doch inwendig, dass er nicht in den Abgrund mitgerissen werde.

Dunkle Zeitalter

Auf das Zeitalter des Imperiums folgt immer ein sogenanntes „dunkles" Zeitalter. Jenes erzeugt ein Zuviel, dieses aber bereinigt und bringt den Menschen wieder auf einen Stand zurück, da er wieder zu schätzen weiß, Atem zu haben.

Zivilisierte und barbarische Geschichtsmodelle

Ein in Stein gemeißeltes Dogma unserer Zivilisation ist ihre progressive Geschichtsdeutung. Noch heute wird sie an Schulen und Universitäten gelehrt, was die Zähigkeit dieses absurden Aberglaubens, des Glaubens an den sog. Fortschritt, untermauert. Die Geschichte die Menschheit, so denkt man, entwickle sich vom Niederen ins Höhere, wobei diese Entwicklung praktisch ausschließlich das technologische Feld bezeichnet. Der Fortschrittsbegriff wird weiterhin durchweg wertend benutzt. Was früher war, ist im Hinblick auf die Gegenwart defizitär, wenn es auch in seiner Vorläuferfunktion geehrt werden mag, so wie man ein Kind lobt, dass seine ersten Worte spricht, ohne diese natürlich mit der eigenen rhetorischen Kompetenz zu vergleichen. Die progressive Geschichtsdeutung ist eine relativ moderne, europäische Idee. Sie keimte an vielen Orten, wuchs aber am kräftigsten und folgemächtigsten in der sumpfigen Erde des deutschen Idealismus, von wo aus sie sich über die gesamte Westliche Welt ausbreitete. Die Protagonisten dieser Geschichte sind abstrakte Entitäten, Weltgeist, Vernunft, die allein in und durch ihre Werke sichtbar werden. Hegel ist wohl der bekannteste Vertreter dieses Modells, Marx und Engels seine berühmtesten Verdreher.

In der Antike und Mittelalter bis in die Neuzeit hinein kennt man Geschichte nur als lineare Aufzählung einander folgender Ereignisse (Chronologie). Die Protagonisten dieser *Geschichten* – häufig mehr auf eine historische Begebenheit reagierend, als jene aktiv beeinflussend und steuernd – sind Siedlungen, später auch Proto-Nationen, vor allem aber *Anführer,* die deutlich als Helden oder Bösewichte gezeichnet werden. Man misst in klar definierten Chronologien und hat keine Probleme damit, in den mythischen Urgründen anzusetzen. Die römischen Geschichtsschreiber mengen ihren Chroniken oft ein Quantum Moralin bei, das Mittelalter bewertet meist in religiösen Kategorien. Als Nachgeborene wissen sie um „gut" und „böse" und fühlen sich daher sicher in ihrem Urteil: Die Sieger haben wie gewohnt Tugend und Gott auf ihrer Seite.

Die Industrialisierung führt den *Fortschrittsglauben* als neue Orthodoxie flächendenkend ein. Im Zusammenhang mit dem Artifiziellen Raum nimmt die progressive Geschichtsdeutung eine rechtfertigende und stabilisierende Funktion für jenen ein. Die Industrialisierung entfremdet den Menschen in ungeahnter Weise seiner natürlichen und traditionellen Lebenssphäre (Land-Stadt-Migration, Bauer-Angestellter, Handwerker-Fabrikarbeiter, Werk-Produkt, Adel-Reichtum). Der Mythos vom Fortschritt erklärt diese von weiten Teilen des Plebs als negativ empfundene Entwicklung als notwendig, alternativlos und zeichnet sie in den buntesten Farben. Die Revolte traditioneller Daseinsformen wird dank des Fortschrittsmythos in die sozialistische Bewegung kanalisiert und dadurch entschärft. Die Arbeiter sind zwar unzufrieden, identifizieren sich aber völlig

(Klassenbewusstsein) mit ihrer neuen Rolle im Artifiziellen Raum, wodurch sie jenen in seiner Existenz affirmieren.

Das wirkungsmächtigste Gegenmodell zum Fortschrittsglauben findet sich bei Nietzsche. Er hat mit der „Wiederkehr des Immergleichen" eine Geschichtshermeneutik entdeckt, die der poetischen Wirklichkeitserfahrung im Primordialen entspricht. Die Wiederkehr wird häufig von Halbgebildeten und Erstsemestern als reine Wiederholung geschichtlicher Episoden in Form und Material verstanden. Das ist freilich großer Unsinn. Vielmehr haben wir es mit einer Wiederholung der Form mit unterschiedlichem Material zu tun. Faye verdeutlicht dies mit einem schönen Bild, das ich sinngemäß wiedergeben möchte:

Stellen wir uns einen Ball vor, der eine Wiese hinunterrollt. Der Punkt, an dem Ball und Wiese einander berühren, ist die Gegenwart – das, was geschieht und danach sogleich in den Modus des Vergangenen übergeht. Nach einer Weile wird der gleiche Punkt des Balls erneut die Wiese berühren, dann aber, weil er eben ein Stück weiter gerollt ist, an einer anderen Stelle. Das gleiche Ereignis (Form) ereignet sich unter anderen Umständen (Materie) und dies immer wieder und wieder.

Und wie sich in der Natur immer wieder die gleichen Formen wiederholen, so auch in der Geschichte. Es ist ein wenig so, als verfügten wir Götterkinder nur über eine sehr begrenzte Anzahl von Ereignismöglichkeiten und Szenarien, sodass trotz aller scheinbarer Unterschiede die Ähnlichkeiten noch immer so deutlich herausstechen, dass sie nicht ernstlich geleugnet werden können. Selbst die Ähnlichkeiten zwischen großen und kleinen Geschichten sind bemerkenswert. Der Aufstieg und Fall einer Zivilisation, einer Technologie, eines Unternehmens, einer Religion, einer Familie oder eines Individuums weisen ähnliche, ja identische, immergleiche Aspekte auf.

Diese narrativen Elemente kennt der Mythos und nimmt sie für selbstverständlich: Entstehung, Reife, Zeit der großen Taten, Konsolidierung, Rückzug, Zerfall, Untergang. Das ewige Wechselspiel integrativer und desintegrativer Lebenszyklen. Man vergleiche nur unter diesem mythischen Gesichtspunkt die Geschichten der römischen Zivilisation, Jesus, Borgias, Apple und Ford – immer wieder begegnen die gleichen Elemente in verschiedenen Szenarien mit verschiedenen Materialien.

Dass der Artifizielle Raum diese Art des archaisch-mythischen Geschichtsbergreifens ablehnt, liegt auf der Hand. Er selbst erhält sich, indem er in seinen Trägern den Glauben an seine historische Notwendigkeit und ultimative Ewigkeit erzeugt. Er ist ihr Gott. Er ist in jedem Augenblick Spitze einer Entwicklung, die immer nur ihn selbst zum Ziel hatte und zum Ziel haben wird in saecula seacolorum. Vor dem Hintergrund der Wiederkehr dagegen erscheint er als zufällig und vorläufig, was den ideologischen Würgegriff um seine Träger erheblich schwächt. Welcher Mensch würde denn Leben und Seele den irren Träumen einer Eintagsfliege opfern? Die Beschäftigung mit der Wiederkehr ist ein Mittel der ideologischen Befreiung. In gewisser Hinsicht führt die Feststellung, dass alles sich tatsächlich in einem endlosen und scheinbar sinnlosen Kreislauf ereignet, zu einem Trauma, welches den Zauberbann des Artifiziellen Raums bricht und die Seele auf ihre archaische Wirklichkeit zurückwirft.

Devolution

Mag sein, dass der technologische Fortschritt und die damit einhergehende Fokussierung auf jenen Wirklichkeitsausschnitt, der sinnlich erfahrbar ist, eher eine regressive Entwicklung vorstellt. Mag sein, wir entwickeln uns kulturell und geistig zurück.

Wie man Zeitung lesen kann, ohne krank zu werden

„-chen und -lein machen alles lieb und klein." Wer beim Lesen oder, sicherer, Überfliegen der Presse den Diminutiv konsequent auf die Kernbegriffe und Protagonisten anwendet, der nimmt auch der hinterhältigsten Schlagzeile alle Schlagkraft. Der Diminutiv ist eine Art letztes Mittel der Vernunft, sich vor dem hochansteckenden Irrsinn zivilisatorischer Alltäglichkeit zu schützen. Indem man verkleinert, mordet man – in Notwehr versteht sich.

Atlas wunde Schultern

Die Götter waren Narren. Indem sie Atlas ihren Himmel auf die Schultern legten, brachten sie sich selbst in seine Gewalt. In unserer Welt geht es ähnlich zu. Die Zivilisation des Westens wird nicht mehr von den Optimaten regiert, sondern ruht auf den Schultern des wankelmütigen und degenerierten Plebs. Dieser aber dient nur seinem Bauch. Wehe, wenn der zu knurren beginnt!

Der Staat in den Händen des Egoisten

Platon und Aristoteles und gesunder Menschenverstand stimmen überein: Den Staat sollen die Besten führen. Allgemeines Wahlrecht bedeutet Wohl und Wehe eines sozialen Raums in die Hände von Egoisten zu legen.

Idiot

Im Griechischen steht das Wort „Idiot" als Bezeichnung für den Normalbürger. Dies ist keine Beleidigung, wie in unserem Sprachgebrauch, sondern lediglich die pointierte Benennung einer weit verbreiteten Grundhaltung. Es leitet sich von der Wurzel „idios" ab, was „eigen" bedeutet. Der Normalbürger sieht nur das unmittelbar Eigene. Das Höhere, Allgemeinere ist seinem Denken und Fühlen fern. Man tut dem Idioten keinen Gefallen, ihn zu den Problemen des Staates zu befragen, wie das mittels Wahl und Presse in den Westlichen Demokratien an der Tagesordnung ist. Der Idiot wird praktisch nie die Mühe auf sich nehmen, ein Problem genauer zu erforschen, um dann eine einigermaßen gebildete Auffassung davon zu entwickeln. Vielmehr übernimmt er aus Zeitnot, ist er doch von seinem Leben ganz und gar in Beschlag genommen, Stimmungen, Schlagzeilen oder er folgt ganz unkritisch der Ideologie einer Gruppe, der er sich zugehörig fühlt. Würde man so einen Menschen in einer komplizierten Angelegenheit um Rat fragen? Niemals! Aber den Staat darf er regieren – mit entsprechenden Folgen.

Topographien

Das Wort Utopie kommt aus dem Griechischen, wo es Nicht-Ort bedeutet. Die Utopie ist etwas, das nicht existiert in dem Sinne, das es weder je existiert hat, noch je existieren kann oder...soll. Dystopie bedeutet dagegen Schlecht-Ort in dem Sinne, dass ein Ort lebensfeindlich ist.

Die meisten Utopien, die wir kennen, sind streng genommen Dystopien. Die meisten Dystopien, die wir kennen, sind dagegen Orte, die mit dem Auto oder der Bahn gut zu erreichen sind. Dystopien entstehen, wo

Menschen sich in großer Zahl und hoher Verdichtung in artifiziellen Umwelten versammeln, um einander das Leben zur Hölle zu machen.

Geld oder Leben?

Geld ist eine beliebig vermehrbare Ressource ohne Eigenwert. In der zivilisierten Welt wird sie von den meisten um die kostbarste und endlichste Ressource erworben, die sie besitzen: ihre Lebenszeit.

Schweigende Todesurteile

Der Artifizielle Raum amplifiziert und wirft die Gesinnung seiner Träger und ihre Meinung von ihm auf jene zurück. Wird eine Zivilisation gehasst, hasst sie ihre Träger. Versucht man, sie zu zerschlagen, schlägt sie zurück. Vernichten aber kann man sie so nicht, nur oberflächlich umgestalten, denn solange man an sie glaubt, lebt sie.

Der Artifizielle Raum ist so konstruiert, dass er die revolutionären Tendenzen abtrünnig gewordener Subräume, die er nicht mehr unterdrücken oder pervertieren kann, absorbiert, d.h. seinem eigenem Dogma hinzufügt. Welche Gruppe oder welcher Ethos *in* ihm herrscht, spielt für ihn im Letzten keine Rolle, solange er *über* seine Träger, d.h. deren Wirklichkeit herrscht und sich in jener reproduziert.

Allein, wenn man aufhört, über ihn zu sprechen, wenn man ihn aus den Gedanken tilgt und den Glauben an seine Wirklichkeit verliert, stirbt er. Das Ganze geht übrigens auch umgekehrt. Was man träumt, wird Wirklichkeit. Man träumt es sich herbei. Darum soll man...gut schlafen.

Moralische Winkelzüge

Heilige Kriege

Es ist die Pflicht eines guten Menschen, seine Feinde bis zu ihrer vollständigen Vernichtung zu bekämpfen. Ist er mit den Feinden fertig, kommen die Freunde an die Reihe. Ist er mit jenen am Ende… Ich höre schreien: Barbarei! Und: Wo bleibt die Nächstenliebe? Beiden Konzepten bin ich grundsätzlich *natürlich* nicht abgeneigt – ihrer verballhornten Gestalt, wie sie uns im posthumanen Westen begegnet, allerdings schon. Wer ist denn der Feind, den wir bekämpfen? Es ist der große, kleine Feind des Lebens, der uns sein Gift in die Ohren träufelt, wenn wir schlafen. Wir haben ihn erkannt, den Feind, und wir haben geschworen, ihn zu zerstören. Alles, was das Leben und sein Empfinden behindert, muss zerstört werden; was nicht zeugen und gebären will und was nicht Mut zu großen Träumen hat, muss ausgerottet werden. Lasst uns den Feind im eigenen Herzen zuerst angreifen und dann den Heiligen Krieg in die Herzen unsere Lieben tragen.

Ursprung und Aufgabe des Plebs

Die primäre Funktion des Staates ist die Verteilung der Ressourcen, die seine Bürger produzieren, mit dem Ziel, die eigene Verteilungsmacht zu erhalten. Wir sagen: Der Staat *reproduziert* die in ihm bestehenden Machtverhältnisse. Die Verteilung von Gütern folgt dem Zweck, Abhängigkeiten zu schaffen. Ein abhängiges Volk ist leicht zu beherrschen. Dies ist der Grund, warum die mächtigsten und reichsten Staaten sich eine riesige Masse an Abhängigen halten, d.s.

Hilfsbedürftige und Beamte – die moderne Form der Klasse der Sklaven und Freigelassenen. Diese bilden das Rückgrat des Staates, sind seine systemtragende Schicht.

Moralische Gleichung

Auge um Auge, Zahl und Zahl.

Dicke Bücher

Wer erst über viele Seiten die Fundamente seiner spekulativen Ethik auslegen und einen Rahmen um seine Axiome ziehen muss, um dann zu *Nichts* zu gelangen, der ist ein spekulativer *Nichtsnutz*.

Der Ort der Philosophie

Die Alten lehrten und lernten öffentlich und jedem zugänglich auf Marktplätzen oder im Schatten langer Kolonnaden. Sie wussten, die Wahrheit, die sie suchten, lag auf der Straße oder in den kleinen Häusern der Händler und Handwerker. Das Leben wurde am Leben studiert, seine Wahrheiten nicht konstruiert, sondern gefunden. Es waren öffentliche Wahrheiten, deren Gehalt mit einfachem Menschenverstand gemessen werden konnte.

In den hohen Hallen dickmauriger Universitäten findet man indes nur Moder und Lüge.

Gesetze

Nach Platon: Gute Menschen brauchen kein Gesetz, um verantwortlich zu handeln, während schlechte Menschen immer einen Weg finden, das

Gesetz zu umgehen.

Goldene Zeiten

Im Ewigen Imperium werden Kinder Richter spielen.

Zensur

Dass man ein Studium absolvieren und einen Titel erwerben muss, um vom Plebs als Sachverständiger anerkannt zu werden und eine valide Meinung haben zu dürfen, ist eine Schande. Wer seine Kinder liebt, schickt sie in die Schule des Sokrates...

Dickköpfe

Kohlköpfe lernen von Cato Landwirtschaft.

Schwach sein

Die Zivilisation hat uns todkrank gemacht...und unendlich mächtig. Um die Krankheit zu überleben, muss man den Mut haben, schwach zu sein und loszulassen, was uns nicht loslässt.

Neubarbarentum

Man muss beten, dass Sodom vertilgt wird. Auf den Knien muss man um eine neue Sintflut flehen. Und sie wird kommen. Bauen wir uns indes eine Arche aus den Gebeinen toter Götter.

Schönheit als moralisches Maß

Natürliche, nicht artifizielle Schönheit (Schönwahrgutheit) soll als ethischer Kompass dienen. Nur wohlgestaltete Menschenkinder in führenden Positionen. Was gesund und kräftig ist, wird unterstützt und gefördert. Das Hässliche – äußerlich, aber auch inwendig – wird verachtet, dezimiert, ausgeplündert, ausgerottet. Eine schöne Frau, ein kräftiger Mann soll nicht einmal wegen Mord belangt werden. Ein hässlicher Mensch dagegen ist per Geburt schuldig! Die Neue Zeit wird wieder lernen müssen, mit zweierlei und dreierlei Maß zu messen.

Tarpeiiischer Felsen

Vom tarpeiischen Felsen wirft man Verbrecher, Irre und Krüppel, alles Unnütze, Unwillige, Unfähige.

Das traurigste Bild

Hans Henny Jahnn, der zögerliche Prophet der Neuen Zeit, hat in den nachgelassenen Fragmenten zum zweiten Teil seines Perrudja ein grausig-schönes Bild beschrieben: Ein Berg aus nackten Leibern und die traurige Einsicht, ihn immer nur an einer Stelle begatten zu können. Tantalusqual und Sisyphusarbeit sind in diesem Bild wunderlich vereint. Wenn es eine Hölle gibt...

Amoralische Terminologie

Die Verteilung von Gütern nennt man je nach Situation und Partei: Wohltat oder Diebstahl. Es ist besser ein ehrlicher Dieb als ein verlogener Wohltäter zu sein.

Feindesliebe

Es ist richtig, unsere Widersacher zu lieben. Ihre Existenz verleiht unserem Dasein Würze.

Akzelerationismus

Akzelerationismus ist die Kunst, den Sterben eines Systems zu beschleunigen. Die Beschleunigung geschieht durch die aktive Förderung des Zustands, der, alleine gelassen, ohnehin zum Kollaps führen würde. Der Akzelerationst nimmt eine in der Zukunft auftretende Situation in der Gegenwart vorweg, um eine destruktive Kettenreaktion in Gang zu setzen. Es ist ein gefährliches Spiel, das Spiel mit der Zukunft. Denn spielt man es falsch, kann es zu einer starken Gegenreaktion führen, die dem taumelnden Riesen hilft, wieder Fuß zu fassen.

Der Terrorist im moralischen Abseits

Ethik stieß mir an der Universität in Gestalt einiger langweiliger Seminare zu, denen ein hohlwangiger, dürrer Professor mit schlechten Zähnen vorsaß wie der Teufel der Hölle. Die Teilnehmer besagter Seminare waren zu allem Unglück auch noch äußerst enthusiastisch <u>und</u> sämtlich männlichen Geschlechts. Ich kann mich an keine einzige hübsche Mitstudentin erinnern, deren Anblick mein müdes Auge in jenen langen Stunden von logischen Spitzfindigkeiten überschatteter Debatten ergötzt hätte. Es war eine schlimme Zeit; vierzig Jahre in der Wüste und kein Mana, keine Feuersäule, keine Hoffnung.

Eine kuriose Sache geschah dann aber doch, aus der ich eine wertvolle Lehre zog: Wir sprachen von fundamentalistischem Terrorismus – damals waren die Terroristen die Bösen. Der Professor wies uns mit intellektueller Raffinesse nach, dass die religiöse Begründung eines Terroranschlags zu einem diskurslogischen Selbstwiderspruch führen müsse und daher nicht zu seiner ethischen Rechtfertigung tauge. Oh, wie seine kleinen, toten Augen leuchteten und seine schmalen Lippen sich zu einem zufriedenen Lächeln verzogen, als er der schweigenden Zustimmung seiner sonst so streitlustigen Schüler gewahrte. In diesem heiligen Moment riss mein Geduldsfaden oder eine Sicherung in meinem gemarterten Hirn brannte durch oder beides zugleich. Auf jeden Fall wandte ich ein: „Aber Herr Professor, selbst wenn sie einem Terroristen dieses Argument erklären und er ihnen zustimmen würde, würde er doch trotzdem seine Bombe hochgehen lassen. Es geht ihm ja gerade nicht um die Logik seines Handelns."

Das Lächeln des Staatsdieners wich keinen Augenblick von seinen Zügen als er ruhig antwortete: „Das schon, mein Lieber. Aber wenn er die Bombe hochgehen lässt, wie sie sagen, bringt er sich in einen unauflösbaren Selbstwiderspruch."

Langweiliger Terrorismus

Ich glaube nicht, dass es organisierten Terrorismus in dem Sinne und in der Gestalt gibt, wie er uns alle Jahre wieder medial vor Augen geführt wird – die gleiche Bedrohung, wechselnde Bedroher. Man zeigt uns da ein Schreckgespenst, etwas an sich substanzloses, das im Licht ruhiger Betrachtung sofort verblasst. Bärtige Männer in Höhlen erschrecken den Barbaren nicht, sie belustigen ihn vielmehr. Ein Messerstecher, ein Bömbchen, ein Laster, der in eine

Menschenmenge rast – das sind alles nichts weiter als Kindereien. Echter Terrorismus würde Tausende, Zehntausende, Hunderttausende das Leben kosten – Zahlen, die sonst nur Staaten mit effektiven Militär- und Polizeiapparaten erreichen können. Und wie leicht wäre er umzusetzen, dieser *echte Terrorismus*! Sabotage von Gleisen, Vergiftung von Trinkwasserreserven, Angriffe auf essentielle Betriebe, die etwa Medikamente herstellen. Mit ein bisschen Anstrengung könnte man sogar, wer weiß, ein Atomkraftwerk kapern und eine Kernschmelze verursachen. Sind *unsere* Terroristen denn wirklich so inkompetent und einfallslos, dass sie uns mit den immer gleichen Streichen langweilen müssen, wo in unserer extrem verletzlichen Hyperzivilisation doch alle Tore offenstehen, weit größeren Schaden anzurichten? Dann aber – haben wir selbst nicht die Pille erfunden und eine Gesellschaft erbaut, deren Bevölkerung trotz Überfluss an Gütern und Möglichkeiten aussterben will? Welche Gefahr stellt da noch ein Bombenleger dar?

Archaische Ethik

Der Barbar hat einen kurzen Verstand. Darum muss jedes moralische Prinzip, das sich ihm anzutragen sucht, knapp und schmal gehalten sein, würde er doch sonst ganz wirr in Kopf werden und nicht wissen, was zu tun und was zu lassen sei. Sein Ethos ist das Ethos des Lebens. Alles, was dem Leben, seiner Empfindung und Weitergabe dient, ist gut. Alles, was das Leben im Zaum zu halten oder auszutilgen sucht, ist böse. Die grauen Zonen dazwischen aber sind indifferent und können je nach Lage und Gefallen beliebig reguliert werden oder eben auch nicht. Ich nenne die Moral des Lebens Archaische Ethik, andere mögen andere Namen dafür haben. Es ist eine Augenethik, voller Vorurteile und

Vorbehalte, ein Ethos der Sehnsucht und der Liebe und des Abscheus und das Hasses und der Offenheit und Ehrlichkeit sich selbst und dem Anderen gegenüber, ein Ethos ohne Fingerspitzengefühl, das mehr auf der Haut als auf den Lippen verhandelt wird.

Diese Ethik ist übrigens keine neue Erfindung, sondern uralt. Die großen Religionen etwa reflektieren sie in ihren urtümlichen Lehrsätzen luzide wieder, Lehrsätze, die sie heute in Zeiten zivilisatorischer Degeneration in größte Erklärungsnöte bringen. Homosexualität ist etwa in allen drei abrahamitischen Religionen ein todeswürdiges Vergehen. Warum dies? Weil der Akt gleichgeschlechtlicher als Ersatz für die gegengeschlechtliche Sexualität die Vermehrung des Lebens behindert. Abtreibung ist unisono verboten. Kinderlosigkeit gilt als schwerstes Unglück, als Schande und mithin als Strafe Gottes. Eine Ehe einzugehen ist Gebot. Vergewaltigung, so schlimm und grausam sie auch sein mag, gilt dagegen nirgends als todeswürdiges Vergehen eher als eine Art Sachbeschädigung. Prostitution ist schandbar, wird aber oft nur halbherzig bekämpft, Ehebruch dagegen ist todeswürdig. Warum ist Ehebruch problematisch, kann man fragen? Wohl gewiss nicht, weil der Mann zu einer anderen Frau geht, denn er könnte schlicht eine zweite Frau heiraten (im alten Judentum, im Islam und einigen alten christlichen Gemeinschaften durchaus legal) oder eine Prostituierte aufsuchen. Nein, der Ehebruch ist ein Verbrechen, weil der ehebrecherische Mann (1) der eigenen Frau seinen Samen vorenthält und (2) weil die untreue Frau im Falle einer Schwangerschaft durch einen anderen ihrem eigenen Mann die Nachkommen verweigert. Die Verurteilung des Ehebruchs zielt also weniger auf die Behinderung des Lebens im Allgemeinen, als auf das Recht des Einzelnen eine faire Chance zu haben, sein Leben weiterzugeben. Kongruent dazu stehen Regelungen, die sich mit unverschuldeter Kinderlosigkeit der Ehe befassen. Diese erlauben im

Judentum die Scheidung, im Islam kann der Mann ohnehin tun, was immer ihm in den Sinn kommt, das Christentum hält auf die Unauflöslichkeit der Ehe... zumindest theoretisch.

Man sieht also, die Archaische Ethik, die Ethik des Lebens, war allgegenwärtig. Streng genommen handelt es sich natürlich nicht um eine Ethik, sondern um ein instinktives Verhaltensmuster, das in seinen Grundaspekten nicht nur das Verhalten von Menschen, sondern aller Lebewesen dominiert: Überleben und Leben in die nächste Generation weitergeben. Das erste Gebot in der Bibel, das Gott dem Menschen persönlich gibt, lautet: Seid fruchtbar und mehrt euch. Hieraus folgt ganz organisch alles weitere. Die Archaische Ethik ist daher, ich wiederhole es, nicht etwas, was erdacht wurde und daher logisch begründet werden müsste, sondern ein Teil der Natürlichen Ordnung, der gefunden wurde wie ein Naturgesetz.

Ich könnte im Text weiter gehen, unterlasse es aber. Die Lehre soll ja knapp und schmal gehalten bleiben. Fassen wir zusammen, was getan werden muss, um ein guter Mensch zu sein und ein gutes Leben zu führen: Viele gesunde Kinder zeugen und sich um deren Aufzucht und Erziehung kümmern, auf dass auch jene irgendwann die Fackel des Lebens vielfach weiterreichen.

Die Natürliche Ordnung

Die Natürliche Ordnung spiegelt sich in leiblichen Grundbedürfnissen und instinktiven Neigungen, wie etwa dass wir von Schönheit und Gesundheit angezogen, von Fremdheit und Kränklichkeit abgestoßen werden, wider. Der Mensch ist mittels seiner abstrahierenden Vernunft in der Lage, sich selbst der Natürlichen Ordnung zu entfremden, ja sich ihren Forderungen diametral entgegenzustellen. Diese Fähigkeit begründet seine absolute Macht und ist zugleich seine größte Schwäche.

Egoismus der Gene

Die eigene Haut ist einem nah und lieb. Die Gattung überlebt, weil sie in Arten zerfällt, die sich voneinander unterscheiden und so in verschiedenen Lebensräumen und unter verschiedenen umweltlichen Bedingungen überleben können. In der Natürlichen Ordnung ist das Individuum demnach allein der Art verpflichtet, nicht der Gattung. Die eigene Haut ist einem nah und lieb.

Selektion

Soziale Selektion aufgrund von Leistung und Befähigung ist eine praktische Anwendung der Natürlichen Ordnung und vor allem im wirtschaftlichen Subraum noch Gang und Gäbe, wo sie in Gestalt von sozialem und ökonomischem „Wettbewerb" auftritt. Die Natur diskriminiert gegen Schwache und bevorzugt die Starken. Eine Gesellschaftsordnung, die sich diesem Prinzip systematisch widersetzt, ist zwangsläufig dem Untergang geweiht.

Es liegt übrigens nichts Ungerechtes oder Menschenfeindliches in sozialer Selektion, das Gegenteil. Schauen wir uns ein paar Beispiele an. Orientiert sich die Schule an den Schwächsten, werden die Fähigen entweder nicht ihrem Potential entsprechend gefördert oder – was immer häufiger zu beobachten ist – institutionell benachteiligt. Man legt dem Schnellläufer bleierne Fesseln an, um ihm dem Rollstuhlfahrer gleich zu machen. Das idiotische Ziel, welches diese Maßnahmen verfolgen, ist Ergebnisgleichheit anstelle von Chancengleichheit herzustellen. Die faulen Früchte der erzwungenen

Ergebnisgleichheit sind allenthalben schon zu sehen, obwohl man diesen Unsinn erst seit vielleicht zwei oder drei Jahrzehnten ernstlich praktiziert: Seuchenartige und sozial akzeptierte Inkompetenz, Fachidiotentum, Kult der Mittelmäßigkeit, Argwohn gegenüber dem Genie, sowie der rasende Verfall des Subraums der Hochkultur – man vergleiche nur die technische Qualität der literarischen und musikalischen Produktion von heute mit der vergangener Tage.

Eine kleine Anekdote aus dem Land der Tapferen und Freien verdeutlicht das Problem der Ergebnisgleichheit: In New York klagte eine Kadettin, nachdem sie ihre Prüfung zur Feuerwehrfrau nicht bestanden hatte, wegen Diskriminierung. Aufgrund ihrer geringeren Körpergröße und -kraft vermochte sie nicht, eine standardisierte Zimmertür aufzubrechen – eine essentielle Kompetenz für jeden Feuerwehrmann und jede Feuerwehrfrau. Das Gericht befand, die zierliche Frau war im Recht, sie wurde wegen ihres Geschlechts diskriminiert. Man musste sie einstellen. Der lapidare Kommentar eines Mitkollegen brachte den Irrsinn dieser Angeleinheit wundervoll ans Licht: „Ich hoffe nur, dass wenn es bei mir brennt, nicht sie kommt, um meine Kinder zu retten."

Solche und ähnliche Anekdoten gibt es zuhauf und ihre Zahl nimmt zur Freude des Barbaren, der kuriose und unglaubliche Geschichten schätzt, dank Frauenquote, Rassenquote, Ausländerquote, Behindertenquote usw. stetig zu. Das gleiche Prinzip, die Natürliche Ordnung um Willen einer künstlichen Gleichmachung von Ungleichen und Ungleichem aufzuheben, wird auch auf den moralischen und rechtlichen Bereich ausgedehnt. Schlagworte wie Täterschutz statt Opferschutz zeigen, dass selbst in der sonst ein wenig trägen und dümmlichen Bevölkerung ein Bewusstsein davon entstanden ist, dass, wenn ein Mann sich in unvorstellbarer Weise an einem Kind vergeht, vielleicht nicht er es sein sollte, dem alle

Sympathie, Zuneigung und Unterstützung von Seiten des Staates entgegengebracht werden sollte, noch dass es angemessen ist, einem Straftäter aufgrund seiner ethnischen oder kulturellen Herkunft mildernde Umstände einzuräumen. Der Barbar gehört zu jenen unbelehrbaren Tölpeln, die der Überzeugung sind, dass ein Verbrechen nach der Schwere der Tat und nicht nach Ansehen der Person bestraft werden sollte – allein, wenn die schöne Justitia ihre Augenbinde abnähme und ihr gütiger Blick auf ihn fiele, könnte er in Versuchung geraten, seine Meinung zu ändern. Es juckt ihn in den Fingern...

Warum nicht mal oben ohne?

Idealerweise sollte das Gesetz vollständig abgeschafft werden. Es hat seine Funktion, den Bürger zu schützen, bereits vor langer Zeit eingebüßt. Heute ist es ein Fallstrick, den man nach allen Kräften zu umgehen sucht, ein Mittel, den Bürger zu unterdrücken. Der Staat selbst benutzt das Gesetz in verbrecherischer Manier, wenn er seine Bürger in illegale Handlungen verstrickt, um sie dann finanziell zu schröpfen (z.B. Radarfalle, Baurecht usw.). Raubrittertum und legaler Diebstahl durch Knebelverträge und Kleingedrucktes machen das Gesetz zum Instrument des Verbrechens und damit ethisch und funktional obsolet.

Gemeinden sollen und können sich selbst regulieren. Lynchjustiz arbeitet schnell und effizient. Sie kann und soll situativ angewandt werden. Wir sollten überhaupt danach streben, nicht nach Gesetzen zu leben, sondern uns nach dem Leben und seiner Natürlichen Ordnung auszurichten. Tränen und Blut klagen an und verurteilen. Allein die Strafe zu besorgen, liegt in unseren Händen.

Kunst und Künstler

Wächter

Der Zugang zum Garten der Künste wird von einem Wächter namens „Ehrfurcht" beschirmt. Er ist sehr alt und wirft lange Schatten. Sein Gesicht hat einen grimmigen Ausdruck, der zu sagen scheint: „Du bist unwürdig, Wurm! Schleich dich davon!"

Wie kommt man an einer solchen Kreatur vorbei? Man schließt die Augen und geht. Wir haben es nämlich nicht mit einem Serafim zu tun, sondern mit einem leblosen Standbild; unsere eigene Vorstellung von der „Würde der Kunst" spielt uns einen Streich.

Wir man ein Kunstwerk erleben soll

Wer mit dem Vorurteil im Kopf ein Bild betrachtet oder eine Symphonie hört, dass dies wohl etwas Großartiges sei, dem man sich nur mit Demut nähern dürfe, der beraubt sich des Genusses. Er sucht nicht die Schönheit und Wahrheit des Werkes für und in sich zu entdecken, sondern nur die Vorurteile seiner Mitmenschen zu bestätigen oder, wenn er ein Querulant ist, zu widerlegen. Beethovens Musik ist nicht schön, weil dies im Urteil der Masse irgendwann einmal so festgeschrieben wurde. Beethoven gefällt, wenn seine Melodien in der eigenen Seele eine tiefe und durchdringende Resonanz erzeugen; und wenn nicht...dann nicht.

Man soll sich also einem Kunstwerk wie ein Idiot nähern, wie ein Kind, dessen Sinne unbelastet sind von allgemeinen Urteilen und Moden. Man stellt sich etwa vor ein Bild und betrachtet es eine Weile. Wenn es mit einem zu *kommunizieren* beginnt, wenn ein inwendige Wechselrede sich entfaltet, wenn das

Gezeigte allmählich in der eigenen Seele lebendig wird und neue Bilder, Ideen und Empfindungen im Herzen des Betrachters aufblühen, dann taugt es für diesen Betrachter; und wenn nicht...dann nicht.

Kopflos

Das an einem Kunstwerk, was die Seele in Bewegung versetzt, ist das Entscheidende, ist das, was es zu beobachten, mit den Sinnen zu verzehren gilt. Ein Beispiel aus meinem Kunsterleben. Von Caravaggios „Judith enthauptet Holofernes" haben mich Judiths Brüste und ihr Gesichtsausdruck in dieser Reihenfolge am meisten beeindruckt. Ich spüre Entschlossenheit, Attraktivität, starke sexuelle Energie und fast unschuldige Unwissenheit, das eigene Handeln betreffend. Hass und Widerwille gegen den ausnehmend maskulinen Kriegertypus Holofernes sehe ich nicht. Die Mörderin hat nichts gegen den Liebhaber der vergangenen Stunde. Das Gegenteil: Selbst im Akt des Mordens kokettiert sie mit ihren Reizen, während er sie ungläubig und voller Entsetzen ansieht. Etwas Unerhörtes ereignet sich, das er nicht begreifen kann: Das Schöne tötet das Schöne.

Den Mord mit giftiger Bosheit ins Werk gesetzt hat zweifellos die widerwärtige Alte, die Judith mit einem Tuch für Holofernes Kopf zur Seite steht. Sie ist es, diese hässliche Alte, die Judith mit schlechten Gründen zu einem abscheulichen und widernatürlichen Verbrechen verführt hat – hätte nicht Judith, nachdem sie Holofernes betört hat, leicht um Schonung für Jerusalem bitten können?

Caravaggio zeigt uns mit seinem Bild, dessen obszöne und morbide Erotik er unter dem Mantel der biblischen Erzählung versteckt: Das Hässliche ist das Böse und die Schönheit ist, selbst wenn sie mordet, unschuldig.

Der Künstler soll schweigen

Wie viele phantastische Bilder, die einen Abschein des ewigen Lebens einzufangen vermochten, wurden von ihren Künstlern zunichte gemacht, weil sie meinten, sie dem Publikum auslegen zu müssen. Ein Kunstwerk erster Güte besitzt eine zeitlose Potenz, eine mythische Dimension, die seinen Betrachter zu transzendieren vermag. Eine solch übermenschliche Potenz wird niemals planvoll „gemacht", sondern ist vielmehr unbewusste Folge des schöpferischen Prozesses selbst. Es sind die Musen, die durch Homer, singen, der Äther, der durch Bach in Klang und Ton mit der Welt räsoniert. Sobald der Künstler spricht, profaniert er sein Werk durch seine eigene menschliche und allzu menschliche Beschränktheit, er befleckt die ewige Güte mit dem Schlamm der Gegenwart. „Dieses Bild ist ein Protest gegen den Einmarsch der US Truppen in den Irak." „Das soll die schwierige Situation junger Menschen auf dem Arbeitsmarkt symbolisieren." „Hier geht es um das Waldsterben und seine Folgen für uns." Ihr Götter! Schweig, Maler, und mal! Lass die Nachgeborenen die Kritik besorgen.

Kunstliebhaber

Kunst ist wie eine schöne Frau, über die man viel Gutes gehört hat. Ob sie indes ihrem Ansehen und Ruf gerecht wird, zeigt sich erst, wenn man sich zu ihr ins Bett legt.

Das Podest

Was vor unseren Blicken erhöht wird, steigt auch in unserer Meinung. Die Krone des Königs macht ihn optisch größer, auf dass man auch größer von ihm denkt. Er hockt auf einem Thron, der diesen Eindruck noch verstärkt. Sein Hof verneigt sich vor ihm, macht sich kleiner, auf dass der Herr und Meister immer weiter wachsen kann. So geht es auch mit der Kunst. Eine Schmiererei kunstvoll gerahmt und ausleuchtet, flankiert von zwei Wachleuten und mit einer samtenen Banderole dem öffentlichen Raum entzogen, wird zwangsläufig dem arglosen Wanderer in Museum´s Fluren als etwas Wertvolles und Wertiges *erscheinen* – denn warum sonst all der Aufwand?

Ein Teil der Kunstschaffenden lauscht in Stille dem Äther und übersetzt demütig das Diktat der Ewigkeit in ein Werk; der andere bunt-lärmende Teil dieses Standes versteht sich dagegen auf die Kunst des Podests. Und wenn er auch nichts vorzuweisen hat, so kann er ja am Ende einfach selbst hinaufsteigen – Performance Art nennt man heute, was früher Narrentum hieß.

Cole´s Course of Empire Zyklus

Alles, was ich je über den Aufstieg und Fall des Imperiums geschrieben habe, ist nur ein Bruchteil der Erkenntnisse, die Thomas Cole in seinem Empire-Zyklus bildhaft zum Ausdruck gebracht hat. Alles, was ich je über Aufstieg und Fall des Imperiums geschrieben habe, haben mich diese fünf Bilder gelehrt.

Thema der Kunst

Schopenhauer hat richtig erkannt: Alle Kunst, die diesen Namen verdient, ist Darstellung lebenstreibender Kräfte durch ihre Isolation von dem Alltäglichen. Sie schafft Distanz und erlaubt so dem Kunstbetrachter eine *höhere* Perspektive einzunehmen, einen erhabenen Standpunkt, von dem aus sich das tägliche Chaos des Lebens, in dem man sonst blind und verloren umherirrt, als geordneter Prozess erweist.

Künstler

Der echte Künstler ist ein Medium, ein Sprachrohr der Musen. Nicht er ist der Schaffende, sondern nur das Werkzeug eines Werdens, das sich durch ihn ereignet. Er ist der Pontifex, der Brückenbauer zwischen Archaischem und Artifiziellem Raum.

Kunstarten

Der Barbar findet nach reiflicher Prüfung, dass nur Malerei, Musik (Poesie, Sprachgesang, ist hier mit eingeschlossen), Bildhauerei (dreidimensionale Malerei) und mit Einschränkungen und unter Vorbehalten Architektur (umgestülpte Bildhauerei) als Kunst in dem Sinne, wie der Barbar Kunst versteht, verstanden werden sollten. Film, Comic vor allem aber die Schriftstellerei erfordert zu viel Berechnung und Künstlichkeit im Machen und Konsumieren. Mit der Kunst muss man nicht nett essen gehen und Höflichkeiten austauschen, bevor man mit ihr ins Bett geht: Sie packt einen am Schwanz oder tritt einem in die Eier – der Kopf hat nichts damit zu tun.

Piranesi

Die Kerker von Piranesi... Ich ertrage den Anblick jener fantastisch-entformten Katakomben nur wenige Sekunden, bis ich den Blick abwenden und mein Auge ausruhen muss. Was sieht man da? Die

Architektur des Kosmos, das Gefüge der Seele, die
Landschaft der Unterwelt. Und mehr, viel mehr als
das. Nichts Menschliches lebt dort im Schatten der
gewaltigen Quader, die von Giganten mutwillig
auftürmt scheinen – die wenigen Körper, die irgend
verloren in den Gewölben umherirren, dienen dem
Betrachter allein als optischer Rettungsanker: Indem
er mittels Vergleich dem Maßlosen ein Maß geben
kann, wird dem Wanderer ein Ariadnefaden gereicht,
der den Weg zurück in die Endlichkeit weist. Ob man
ihm folgt oder ihn fallen lässt, bleibt eine Frage des
Geschmacks.

Schönheit in der Kunst

Schönheit in der Kunst ist die dramatische
Darstellung natürlicher Formen im Ideal. Die Statue
der griechischen Antike oder der Gregorianische
Chorgesang sind Beispiele für dieses *ästhetische
Naturgesetz*.

Haus und Hof

Stein

Nur Gräber baut man aus Stein – der Tod ist eine
ewige Angelegenheit.

Wohnung als zweite Haut

Die Wohnstatt schmiegt sich ihrem Bewohner
wie eine zweite Haut an. Sie ist nicht nur der
Ausdruck seiner „Identität", sondern materielle
Verkörperung seiner Existenz. Als die Menschen
aufhörten, ihre eigenen Häuser zu bauen und in
Anlagen und Fertighäusern mit standardisiertem
Zuschnitt zu wohnen begannen, wurden sie heimatlos.

Umgang mit der Wohnung

Das Haus ist zu pflegen und zu warten wie der
eigene Leib: In einem gesunden Körper, wohnt ein
gesunder Geist; in einem gesunden Haus, wohnt ein
gesunder Mensch.

Alles, was das Haus betritt, was dem Haushalt
hinzugefügt wird, ist daher einer strengen Prüfung zu
unterziehen, so wie man alles genau prüfen sollte, was
man in sich oder in was man sich einbringt.

Holz

Holz ist edles und vielfältiges Material, der
Berührung warm und dem Auge angenehm. Es ist
auch ein mystisches Material, wenn man es bedenkt.
Denn Holz ist das Fleisch des Baumes und wie alles
Fleisch angefüllt von Leben. Was es aber von anderem
Fleisch, etwa meinem oder dem meines Hundes,

unterscheidet, ist seine posthume Beständigkeit – es ist nämlich auch Knochen. Trocken und gut belüftet kann Holz Jahrhunderte überdauern, ohne dabei seine außerordentliche Stärke zu verlieren. Doch das ist nicht alles. Holz ist nämlich nicht tot, obwohl es tot ist. Es behält auch im Tod viele seiner nützlichen und dem Leben förderlichen Eigenschaften: Es atmet, d.h. es reguliert Feuchtigkeit, es dehnt sich und kontrahiert, es absorbiert und speichert Wärme und gibt diese wieder ab, es biegt sich über die Jahre unter seinem eigenen Gewicht, ohne doch je zu brechen. Es kann selbst im Tod krank und wieder gesund werden. Seine Maserung enthält das Gedächtnis einer Vergangenheit. Es ächzt und knackt und manchmal flüstert es auch. Der Bewohner eines Holzhauses lebt nicht in ihm, er lebt mit ihm.

Kleinste Materialkunde

Es ist seltsam, aber Metall und Holz sind trotz aller Gegensätzlichkeit gute Freunde, während Holz und Stein eher ein modriges Verhältnis haben.

Zimmerlabyrinthe

Alte Häuser sind oft regelrechte Labyrinthe. Anbauten, Umbauten, Erweiterungen, Teilungen, Verschmelzungen usw. verwandeln die meist dem bescheidenen Plan seines ersten Erbauers entsprungene Wohnung über Generationen hinweg in ein chaotisches und organisches Zimmergeflecht, das die Lebendigkeit ungezählter Bewohner und ihrer Lebensumstände in sich abbildet. Wir empfinden solche wirren, ineinander verschachtelten Räumlichkeiten als charmant, gemütlich, mithin aber auch als bedrückend und eng.

Ich mag und bewohne ausschließlich alte Häuser,

ohne mich je in ihnen heimisch zu fühlen – Neubauten sind mir mit ihrer spießigen Effizienz und derben Sachlichkeit entsetzlich. Das Alte, Eingelebte bleibt mir trotz meiner Neigung zu ihm doch inwendig fremd...und ich ihm. Wollte ich ein Heim, müsste ich es mit meinen eigenen Händen bauen. Es wäre ein Grab. Mein Grab.

Zelte

Der Gott der Juden war stets mit einem Leben unter freiem Himmel zufrieden. Als man ihn in einem Wanderzelt anzubeten begann, ließ er sich das noch einigermaßen gefallen. Ein Tempel aus gewaltigen Quadern erregte dagegen seinen Argwohn. Schließlich zerstörte er ihn...mehrfach...um wieder unter dem freien Himmel leben zu können.

Auch die Götter Europas bevorzugten den Aufenthalt in der Natur, in einem Heiligen Hain etwa oder an einer Kreuzung. In den Tempeln dösten nur ihre Priester.

Paradies

Es erregt mir Grauen, wenn ich durch die Neubaugebiete fahre. Hinter den Häusern sehe ich nichts als umzäunte, baumlose, penibel getrimmte Rasenflächen, deren Weichheit verbrecherisch verschwendet wird, weil kein nackter Fuß sie drückt. Friedhöfe sind das, nutzloses und totes Land.

Das Grundstück ist wichtiger als das Haus selbst. Der Mensch ist ein Wesen des Draußen, des Lichts, und kein Vampir, der die Sonne scheuen muss. Sein Stückchen Scholle sollte daher wie die Wohnräume nach seinem Willen und seinen Vorstellungen gestaltet werden. Der Barbar, der diese Zeilen schreibt, liebt hohe Bäume, Büsche, wildes Gras, verschlungene

Pfade, undurchdringliches Dickicht. Diese urtümliche Wildheit spiegelt seine wilde und verwilderte Seele wider. So fühlt er sich in seinem Garten wie in einem Paradies, das eine höhere Macht für ihn, ihn alleine, geschaffen hat. Wir wollen ihm wünschen, dass er nicht allzu näschig wird und sich...den Appetit verdirbt.

Glaubensfragen

Vom Sinn der Religion

Wir müssen nicht viel über Religion schreiben. Ich will erklären warum: Während traditionelle (nicht-moderne) Zivilisationen weitgehend von religiösen Vorstellungen und Dogmen überformt waren, übernahm doch der religiöse Subraum und seine Institutionen die Aufgabe, die herrschende artifizielle Wirklichkeit zu konstruieren und affirmieren, hat in der posthumanen Zivilisation Religion praktisch nur noch eine eskapistische Funktion. Sie wird, wie jedes andere Produkt, von Zivis im Glauben konsumiert, der Konsum täte ihm wohl. Selbst für die Ich-Illusion ist sie kaum mehr relevant.

Die traditionelle Aufgabe des religiösen Subraums wird heutzutage von weltanschaulich-politischen Ideologien besorgt. Sie geben Zivis das Gefühl, sein Dasein habe Sinn und Richtung

Sekten

Die Macht einer Glaubensgemeinschaft wird dadurch ersichtlich, ob sie vermag, ihre Konkurrenz als Sekte, Häresie, Apostasie usw. zu brandmarken. Die Christenheit galt erst dem Judentum, dann der heidnischen Welt als Sekte, bevor es jenen entwuchs und sie vertilgte. Was wir heute als Katholische Kirche kennen, galt innerhalb des jungen Christentums als Sekte, desgleichen die frühen protestantischen Gemeinden innerhalb jener. Die gleiche Geschichte wiederholt sich unter ähnlichen Umständen und Vorzeichen in anderen Teilen der Welt, in anderen Epochen, in anderen religiösen Subräumen. Wer in die Zukunft menschlicher Religiosität blicken möchte, sehe sich die heutigen

„Sekten“ an. Gewiss, die meisten werden vergehen, manche von etablierten Wettbewerbern absorbiert werden (wie etwa die franziskanische Reformbewegung von der Katholischen Kirche geschluckt wurde), einige aber werden den erbärmlichen Standard einer nicht mehr so fernen Zukunft abgeben.

Wo man Gott findet

Gott ist überall außer in den Stätten seiner Anbetung zu finden.

Gottes Vertreter

Kann Gott wirklich so erbärmlich sein, dass er Stellvertreter und Torwächter nötig hat?

Weg zu den Sternen

Die Pyramide, jenes Bauwerk, das die Letzten Menschen im Angesicht ihrer Vernichtung errichten werden, wird den Neuen Menschen den Weg zu den Sternen weisen.

Barbarische Lebenspraxis

Einfachheit in allem

In allen Dingen des Lebens und seiner Gestaltung ist krude Einfachheit zu bevorzugen. Wer nichts besitzt, als das zum Leben Nötige, ist frei, von eben diesem Leben Besitz zu ergreifen. Für den Barbar gilt diese Regel doppelt – er ist sich selbst schon zuviel.

Einfachheit des Denkens

Wir haben die Macht, wenn wir die artifizielle Wirklichkeit als Lüge enttarnt und abgestreift haben, unsere eigene künstliche Wirklichkeit zu kreieren. Und da wir als Künstler Macht über das Bild haben, das und in dem wir sind, steht es uns frei, eine *einfache* Welt zu schaffen, in der es sich freier und ungezwungener dasein lässt. Einfach bedeutet freilich nicht oberflächlich oder seicht. Das Gegenteil ist der Fall: Gott selbst ist Ein-Fach. Wir können und sollen wie Gott sein.

Arbeit und Freiheit

Man kann viel über die soziale Wirklichkeit lernen, wenn man sich ihre Terminologie ansieht. Denn hier wie überall gilt: Nomen est omen. Das Wort „Arbeit" kommt vom Mittelhochdeutschen „Arebeit" oder „Arabeit", wo es Mühsal, Leiden bedeutet. Im Englischen ist man differenzierter. Hier unterscheidet man „Work" und „Labour." Work verweist auf das Werk, das Ding, das werkend und wirkend erschaffen wird. Der Fokus liegt hier auf dem schöpferischen Tun. Labour steht dagegen für mühselige Arbeit. Es kommt vom lateinischen laborare, wo es gemeinhin die stumpfsinnige und auslaugende Arbeit von Sklaven bezeichnet. Auch die Geburtsarbeit der Frau nennt man so.

Der Arbeitgeber, um das Wortspiel noch etwas weiter zu treiben, übergibt dem Arbeitnehmer seine Mühen und ent-lohnt ihn dafür oder besser: leistet Schadensersatz. Labour oder Arbeit beschreiben also ihrem Wort- und Gesellschaftssinn nach lebensfeindliche Zustände, die es zu vermeiden oder zu überwinden gilt, Zustände, die nur dem Unfreien zugemutet werden können. In der Antike wusste man das. Man hielt sich Sklaven für leidige aber eben notwendige Arbeit. Der Dominus war ein Freier – frei von den Mühen der Arbeit und frei für die Entwicklung eines höheren Lebensgefühls. Man könnte nun spekulieren, wie das etwa der Kommunismus getan hat, dass in einer perfekten Welt, einer Utopie, die Arbeit idealerweise von Maschinen erledigt wird, sodass die Menschen frei von ihr sind. Leider funktioniert das nicht. Die Maschinen sind da, aber die Menschen weigern sich, sich ihrer zu bedienen. Es ist als fürchteten sie, frei von der täglichen Mühsal zu werden. Sie suchen Leitung und Führung, jemanden, der ihnen sagt, was zu tun und was zu leiden sei. Oder sie missbrauchen ihre Freiheit, kommen runter, degenerieren und gehen endlich ein. Mag sein, die Masse ist schlichtweg zum Sklaventum geboren; ihr Herz schlägt im Takt des Hammers. Lassen wir ihnen also die Freude und sorgen für *Vollbeschäftigung*.

Arbeitssuche

Nach Arbeit zu fragen, heißt nach der Peitsche zu verlangen. Nur für Masochisten empfehlenswert.

Reichtümer?

Alles, was ich besitze, trage ich am Leib...und im Herzen.

Tagesroutine

Ein scheinbares Paradox, doch ein hilfreiches und in der Sache zutreffendes: Strikte Routine schafft Freiräume (ein Schelm, wer hier an Camus´ Sisyphus denkt...). Jetzt mache ich Frühstück, jetzt habe ich eine halbe Stunde zu lesen, jetzt ist Zeit, Liebe zu machen, mit den Kindern zu spielen, zu schlafen. Diese Routine kann, wer weitsichtiger ist und den Mut, die Unverfrorenheit besitzt hat, sein eigenes Leben wie ein Kapital zu verwalten, auf die Wochen, Monate, Jahre und endlich Lebensalter übertragen werden. Zeit zu säen und Zeit zu ernten. Zeit zu zeugen und Zeit zu töten. Zeit für Frieden und Zeit für Krieg. Zeit zu Sterben.

Mund- und Zahnpflege

Nach jeder Mahlzeit, wenigstens aber zweimal täglich, am Morgen und vor dem Schlafen gehen, sollte man sich gründlich die Zähne, nebst Zahnzwischenräumen, Zunge und Rachen reinigen. Einen Schluck Schnaps zu gurgeln ist nicht ausreichend. Die Benutzung einer Zahnbürste ist mehr als empfehlenswert. Wie der Nagelklipper zählt auch sie zu den großen Errungenschaften der Zivilisation. Für den ganzen Akt sollte man sich durchaus ein paar Minuten Zeit nehmen. Ein dentales Spiegelchen zwecks genauer Inspektion der Beißwerkzeuge sollte in der Hausapotheke nicht fehlen – was aber, wenn man etwas findet... Gute Zähne beißen gut, beißen sich gut und lustvoll am Leben oder am Nacken des

Liebchens fest. Den Umgang mit Menschen, die schlechte Zähne haben, sollte man meiden. Wem Haare auf den Zähnen wachsen, der sollte sich jener nicht schämen, sie regelmäßig kämen und ölen, und sie häufig lieben oder bösen Menschen mit anderer Meinung zeigen.

Achtsamkeit beim Duschen

Beim Duschen ist es wichtig, auch den Hals gründlich zu waschen. Gerade die Seiten des Halses haben die Tendenz einen Film von Staub und Schweiß anzusetzen. Hinter den Ohren findet der achtsame Schwamm oft Unerhörtes. Ebenfalls nicht vernachlässigt werden dürfen die kitzligen Zwischenräume der Zehen. Seife ist, wenn sie nicht am ganzen Körper appliziert wird, zumindest unter den Armen und am Geschlecht zu benutzen. Dies vor allem aus Rücksicht auf den Bettgenossen. Eine Erektion beim Duschen ist keineswegs unüblich. Man sollte nicht erschrecken oder gar sich schämen, sondern die Sache auf natürliche Weise beilegen, d.h. sie in die Hand nehmen. Vor allem, wer eine Vorhaut hat, tut gut daran ab und an unter fließendem Wasser und zum Schrecken des Herrn zu onanieren.

Teleologie des Ich

Ich muss doch zu irgendetwas nütze sein. Vielleicht nicht...

Warum ich schreibe

Ja, warum schreibe ich denn? Es ist mir kein Bedürfnis. Es bereitet mir keinen Genuss. Es hat keinen Nutzen, nicht für mich und vermutlich auch nicht für den Leser. Die Nachwelt schert mich nicht. Ruhm ist mir ein leerer und ein wenig lächerlicher Begriff. (Hat je ein Schreiber Ruhm *verdient*?) Warum schreibe ich also? Kann man es sich nicht denken? Warum scheißt ein Pferd? Aus Notdurft – das würde auch Nietzsche (Fröhliche Wissenschaft II,93) sagen, dem es ein wenig wie mir geht, nur eben kultivierter. Gewiss erleichtert es sich nicht, weil es einem höheren Ruf folgt; es sind ja auch keine hesperidischen Äpfel, die von seinem Hinterteil fallen. Ich schreibe also aus Notdurft.

Entdecker sein

Ich schreibe nicht, um etwas auszudrücken, sondern um etwas zu finden, etwas was mir Eindruck gemacht hat, was sich mir eingedrückt hat, ohne mir je ganz zu Bewusstsein gekommen zu sein. Ich versuche die Geschichte meines Lebens anhand zufälliger Worte zu rekonstruieren, wie man ein Verbrechen rekonstruiert.

Vom Sinn eines unkonventionellen Buchs

Im Zeitalter der Reiztechnologie ist vielleicht nichts sinn-freier als ein Buch zu schreiben, das dem Leser detektivische Aufmerksamkeit und engelsgleiche Geduld abnötigt, ein Buch, das nimmt, ohne je zu geben. Indes tröste ich mich mit dem Gedanken, dem Ozean das meine hinzugefügt zu haben, als ich hinein pisste.

Bescheidenheit

Man muss die Umstände seines Lebens in allen Bereichen auf das Notwendige, d.h. das für das leibliche Wohl und die geistige Stabilität Notwendige, beschränken. Bescheidenheit als Lebensstil ist der einfache Weg zu Freiheit und Glück.

Hütte oder Palast

Wer einen Palast besitzt, besitzt einen Palast. Wer eine windschiefe Hütte sein eigen nennt, dem gehört die ganze Welt.

Die richtigen Hilfsmittel

Man kann und soll die eigenen Grundbedürfnisse weder leugnen, noch unbefriedigt lassen. Wer keinen anderen Bettgenossen findet, soll sich einen Satyrn mit ins Bett nehmen.

Tribute

Unser Leib ist ein guter Herr, weil er trotz seiner Allmacht nur einen maßvollen Tribut von uns verlangt. Sein Joch ist leicht, darum soll man ihm auch sein natürliches Recht nicht verweigern; auch ist er ein rachsüchtiger und zorniger Herr, der unser Leben fest in seinen Händen hält. Man gebe ihm daher täglich: Drei einfache Mahlzeiten, ausreichend Schlaf, Licht und Luft, die Freuden der Liebe, ein kurzes Bad.

Wer seinem Meister diese bescheidenen Gaben in aller Demut darbringt, wird königlich belohnt werden.

Welcher Beruf?

Wer mit den Händen schafft, beglückt die Seele. Ansonsten soll man gemäß seiner Neigung und Befähigung sein Brot verdienen: Der eine mag es stressig, der andere ruhig und gleichförmig. Der eine ist lieber für sich, ein zweiter für andere, ein dritter über anderen ein vierter unter ihnen.

Woran man merkt, dass man den richtigen Beruf hat

Eine mit dem eigenen Wesen kompatible Beschäftigung, gleich was es sei, führt zu ruhigem Schlaf, regelmäßiger Verdauung, gesunder Libido und einer heiteren Grundstimmung. Wer am Abend an den Morgen denkt, hat sein Jetzt verloren.

Sexualität

Männer und Frauen sollten in der Jugend oft und ausgiebig der Liebe nachgehen, wenn dies in ihrer Natur liegt. Sind sie eher keusch veranlagt, soll man sie auch hierin bestärken. Der eine verschenkt sich, der andere opfert sich und wieder ein anderer verkauft sich teuer.

Alles, was der Leib von seinem tiefsten Wesen her begehrt, ist gut und führt zu Gutem. Allein auf die Gesundheit des Körpers und der Seele muss geachtet werden.

Liebesleiden

Man darf unter keinen Umständen ein Werther werden. Man soll lieben und an der Liebe oft und schwer leiden, ja, aber nie darf man die Torheit begehen, an ihr sterben zu wollen. Liebe ist keine Krankheit zum Tode, sondern zum Leben.

Sich über ein verlorenes Liebchen trösten

Über den Verlust einer Bettgenossin helfen Martial oder Catull hinweg. Wer Geld hat, kann es auch einer Hetäre zustecken. Wer keines hat, muss selbst Hand anlegen.

Philosophie

Als ich jung und begierig war, die Kräfte zu erforschen, die unsere Welt im innersten zusammenhalten, las ich Platon und sagte mir: Ja, so muss es sein. Dann las ich Aristoteles und sagte: Ja, so muss es sein. Ich las Nietzsche, Schopenhauer, Hegel, Kierkegaard, Evola… Ja, ja, ja, so muss es sein. Dieses Erlebnis von Lernen und sich selber sagen „Ja", setzt sich bis zum heutigen Tag fort. Mein Hirn ist mit einer Unzahl von Erklärungsmodellen und Ideen vollgerümpelt, die alle, für sich genommen, durchaus plausibel sind, sich aber im Vergleich miteinander widersprechen, so als handelten sie von ganz verschiedenen Wirklichkeiten. Nun, das Chaos von Philosophie in mir überblickend, kann ich mit gutem Gewissen sagen: Ich weiß, dass ich nichts weiß – ein Faust bin ich trotzdem nicht geworden.

Ideologie

Weil man nichts wissen kann, muss man sich, was die eigene Ideologie angeht, eben entscheiden: Heiß oder kalt. Alles Laue wird ausgespien.

Mein Gebet

Mein Herz ist gut. Mein Geist ist rein. Mein Leib ein heiliger Tempel.

Den Tempel kleide ich in Ehre. Klare Gedanken denkt mein Geist. Mein Herz schlägt vor Glück.

Inmitten von Chaos bin ich Ordnung. Inmitten von Ordnung Lebendigkeit.

Inmitten von Schmutz Sauberkeit. Inmitten von Sauberkeit Schönheit.

Inmitten von Lüge Wahrheit. Meine Wahrheit ist Licht.

Im Licht des Morgens gehe ich.

Was ich tun muss, tue ich mit Kraft und Freude. Mein Haus ist fest gebaut und sauber.

Ich bettle nicht um Almosen. Meine Hand ist offen. Ein duftender Garten umgibt mein Haus.

Ich sinke nicht hinab. Ich ziehe empor. Mein Haus ist ummauert und bedacht.

Mit Kraft und Freude tue ich, was ich tun muss. Mein Haus ist sauber und fest gebaut.

Es erwartet mich am Abend.

Ich bin Kette, Anker, Mörtel und Stein. Ich bin Maß und Lot.

Mein Herz ist gut. Mein Geist ist rein. Mein Leib ein heiliger Tempel.

Frugalität und Werberesistenz

Eine der schönsten und schrecklichsten Einrichtungen des Artifiziellen Raums ist Geld. Der Raum reguliert durch den Fluss desselben den Verkehr der Individuen und die Verteilung der Güter. Das meint auf Barbarisch: Mit Geld ist alles käuflich. Das ist gut, weil angenehm und leicht. Allerdings muss auch alles, was erworben werden will, mit Geld, und zwar ausschließlich in der landesgültigen Währung, bezahlt werden, was bei einem Mangel an Mitteln Scherereien verursacht. Völlig ausgeschlossen ist es im Supermarkt, d.i. der Ort, wo man gemeinhin sein täglich Brot beschafft, mit Seidenballen Made in

China, byzantinischem Geschmeide, Vieh oder gar Sklaven zweifelhafter Herkunft und Gesundheit bezahlen zu wollen. Vor dem Erwerb des Gutes steht also der Erwerb des Geldes. Dessen Beschaffung ist selbst im besten aller Fälle ein Ärgernis, wenn nicht gar eine den Barbaren vollzeitbeschäftigende Qual, die sich Jahre, ja Jahrzehnte ziehen kann, bis man genug Geld hat, dass es bis zum Sterben reicht.

Um das Ärgernis auf ein Minimum zu beschränken, empfiehlt sich die radikale Einschränkung des Konsums auf das Notwendige. Freilich will der Artifizielle Raum aus unerfindlichen Gründen das gegenteilige Verhalten provozieren, nämlich, dass man kauft, was man eben nicht braucht. Um dies zu erreichen wird mittels Werbung ein Bedürfnis erzeugt, das dann auf dem Weg des Konsums zumindest temporär befriedigt werden kann; und wenn nicht, leidet man Mangel ohne Mangel zu leiden. Diese Falle ist keineswegs verborgen, sondern wirkt gerade durch ihre obszöne Offenheit und die Reizung gewisser Triebstrukturen machtvoll. Wir werden verführt, d.h. wir fallen unserer urmenschlichen und prä-zivilisatorischen Habgier zum Opfer – und wir lieben es, verführt zu werden.

Der Barbar ist als Leibwesen der Kunst der Verführung gleichfalls weder abgeneigt noch ihr gegenüber besonders widerstandsfähig. Hemmungslos konsumieren will er aber auch nicht, weil ihn das weder glücklich macht (tatsächlich ärgert er sich im Nachhinein meistens, wenn er etwas Unnützes gekauft hat), noch weil er Lust hat, das viele Geld für so viele Nutzlosigkeiten mit Lebenszeit und Arbeitskraft zu erkaufen. Zwei einfache Regeln helfen ihm in den Momenten schwerster Anfechtung: Die drei Tage Regel und die dreißig Tage Regeln.

Kleinere Anschaffungen (maximal 2 Tageslöhne), die nicht überlebenswichtig sind, werden nicht einfach getätigt, sondern zunächst auf ein Stück Papier geschrieben. Dieses wird dann gefaltet, mit einem

Datum versehen und in ein Behältnis gesteckt, wo es dann drei Tage auf seine Auferstehung warten darf. Wenn der Barbar am dritten Tag noch weiß, was auf dem Zettel steht, und den Kauf noch immer für nötig hält, beginnt er mit dem Prozess des Erwerbs (Preisvergleich usw.). Weiß er nicht mehr, was auf dem Zettel steht, wandert dieser ungeöffnet (...und führe mich nicht in Versuchung...) in den Papierkorb. Bei größeren Anschaffungen (mehr als 2 Tageslöhne) benutze ich den gleichen Prozess, nur die Wartefrist ist auf dreißig Tage verlängert.

Dieses Taktik des Verzugs spart dem Barbaren unermessliche Mühen, ohne dass er dafür nur ein Quäntchen Lebensqualität eingetauscht hätte. Dass er ein schlechtes Gedächtnis und kurzlebiges Wollen hat, hilft zudem.

Körperpflege

Es ist ein weiteres Paradox, dass, was die Pflege des Leibes angeht, Zivis in seiner sterilen, auf seine Bedürfnisse abgestimmten artifiziellen Welt einen Hang dazu entwickelt hat, sich körperlich gehen zu lassen. Die leibliche Degeneration geht dabei, wie bereits gesagt, in zwei Richtungen: Man lässt sich gehen, mästet oder hungert den Körper aus, entwickelt Fettsucht, Magerkeit, Unsauberkeit, Fehlhaltungen, Krankheiten aller Art usw., oder man beginnt sich mittels Schminke, Operation und Fitnessstudio einem pervertierten Ideal anzunähern. Die dickbusige Blondine oder der geölte Muskelmann sind, das muss in aller Deutlichkeit gesagt werden, keine Verkörperungen natürlicher Schönheit, sondern dessen krasse und widerwärtige Perversion. Blondine und Muskelmann trimmen ihre Gestalt auf sexuelle Überreizung hin und berauben sich dadurch gleichsam jeder natürlichen Eleganz und Anmut. Tattoos und sonderbare Kostümierungen, die durch Farbe und

Schnitt die Augen beleidigen und die Sinne verwirren, tun ihr Übriges.

Der Barbar, dieses ganz unkultivierte und chronisch uneinsichtige Geschöpf des Primordialen Raums, das in der Zivilisation wie ein ungebetener Gast inkognito existiert, hält es mit dem Leib dagegen ganz anders. Er pflegt ihn mit liebender Achtsamkeit. Er füttert ihn mit Maß, reinigt ihn sorgfältig und erhält seine Kraft durch tägliche Benutzung. Letzteres tut er freilich nicht im Fitnessstudio, wo man wie ein Hamster in diversen Rädern rennt oder wie ein Idiot irgendwelche schweren Gegenstände sinnlos bewegt. Er arbeitet an seinem Fleisch, indem er *mit* ihm arbeitet. Ohnehin hat er meist einen körperlichen Beruf, wo seine Hände sich rühren und schaffen können – es entspricht dies seinem Naturell. Hat er aber keinen körperlichen Beruf, so schafft er an seinem Haus und im Garten, macht Wanderungen in der Natur, zeltet, rennt, reitet, schwimmt in Flüssen und Seen. Ein echter Naturbursche ist der Barbar und sein Leib zeigt dies. Denn er ist schön, stark, gesund. Leicht erträgt er Hitze und Kälte, Hunger und Durst. Lebenswille und Lebenskraft pulsieren in seinen Adern, ein zufriedenes, versöhntes und zugleich ein unzufriedenes, forderndes, lechzendes Lächeln liegt alle Zeit auf seinen Lippen; seine Augen ertragen den Anblick des Horizonts. Die Luft um ihn vibriert förmlich vor roher Wildheit und Energie.

Schmuck

Der schönste Schmuck des Barbaren ist ein gesunder, zur Tat gerüsteter Körper.

Stolz

Der Stolz des Barbaren sind gesunde Kinder. Der Stolz wächst mit der Zahl. Er ist quantitativ.

Ehre

Die Ehre des Barbaren ist für die Seinen und das Seine mit aller Kraft seines Körpers, seines Geistes und seiner Seele zu sorgen. Diese Ehre ist seine Bürde.

Freude

Die Freude des Barbaren, sein Lebensgenuss, gründet in der Tat. Er schafft, er entdeckt, er fügt hinzu.

Weisheit

Die Weisheit des Barbaren ist: Mit dem Strom des Lebens schwimmen; das Nahe liegt näher; das einfache ist besser; Zwei und Vier ordnen das Lebendige: Welten, Sphären, Sexus, Phasen, Zyklen.

Sich belohnen, Genuss lernen

Wer arbeitet, verdient Lohn. Wer lebt, verdient Genuss. Ohne diesen schmeckt das Leben nicht. Die Kunst zu genießen ist indes wirklich genau dies: eine Kunst. Wer sie meistern will, muss sie erlernen und stetig praktizieren.

Genuss kommt von Bedürfnisbefriedigung. Ein Bedürfnis erscheint vor dem Hintergrund unseres Daseins als Schmerz. Lebensgenuss liegt in diesem und nach Epikurs Sinn in Schmerzfreiheit.

Schmerz und Dasein

Schmerz zwingt Dasein sich gegen den schmerzenden Teil seiner selbst zu verhalten.

Dasein ist, wogegen es sich verhält.

Schmerzt der kleine Zeh, ist Dasein dieser Zeh, der Zeh hat Dasein in Beschlag genommen, er ist der Ort seines Seins. Schmerzt die Seele oder der ganze Leib wird Dasein ortlos – sein Sein ist dann der Schmerz selber. Darum sagt die jüdische Tradition, dass ein Mensch, der trauert, sich in der Sheol, der Unterwelt befindet, in welcher die Toten in einem Zustand der Bewusstlosigkeit vor sich hin dämmern.

Verstand und Gefühl

Der Verstand kennt nicht Gefühl, Freude, Schmerz. Er ist lebloses Werkzeug. Was dem Wolf Klaue und Zahn, ist dem Menschen Ratio und Zahl.

Sich am Schopf aus dem Sumpf ziehen

Der Schmerz nimmt solange zu, bis eine Befriedigung des ihm zugrundeliegenden Bedürfnisses erreicht wird – wir werden von unseren Bedürfnissen im wahrsten Sinne des Wortes gefoltert.

Neben dem direkten Schmerz des Leibes, der von nicht bedienten Grundbedürfnissen herrührt – Hunger, Kälte, Durst, Schlafmangel usw. –, leidet die Seele am Schmerz des Verlangens, der Sehnsucht. Das Verlangen wächst mit der Nähe der Mittel ihrer Stillung – dies ist die Grundlage der Werbepsychologie: Sie zeigt, was gewollt wird, um eben dieses Wollen so weit zu steigern, dass es sich in einer Tat, dem Kauf des Produkts etwa, manifestiert. Die Zunahme des Verlangens führt zu einer erhöhten Sensibilität, was eine weitere Steigerung des Verlangens bedingt. Wir haben es hier mit einem wahren Teufelskreis zu tun, der den Einzelnen in einen Zustand permanenter Erregung versetzt. Wird der Teufelskreis nicht durchbrochen, schindet sich der Mensch entweder beim vergeblichen Versuch, sein Verlangen zu stillen, zu tode oder er wird stumpfsinnig und fühllos – beides, nervöse Erregung, auf Neusprech: Stress, und/oder Stumpfsinn sind bei Zivis so häufig zu finden wie Herpes und Haarausfall.

Weiterhin überlagert der Schmerz, gleich ob er seelisch oder leiblich vermittelt wird, in immer aggressiverer Weise den Intellekt, sodass man bald sprichwörtlich ab irgendeinem Punkt „an nichts anderes mehr denken kann", als an das, was Erleichterung verspricht. Dieser Punkt völliger Besessenheit ist paradoxerweise auch die Bruchstelle, die erlaubt, sich dem Teufelskreis zu entziehen. Denn der Schmerz des gegenwärtigen Nichthabens inkarniert sich in der Idee, das Objekt der Begierde *niemals* haben zu können. Dieses *Niemals* aber eröffnet nun die Möglichkeit, sich selbst ohne das Objekt, also frei von ihm zu denken. Wem es gelingt, die Horrorvorstellung des Nichthabens als Weg zur Freiheit und Unabhängigkeit zu denken, dem kann der Streich gelingen, sich selbst gewissermaßen am Schopf aus dem Sumpf unerfüllter Begierde zu ziehen ohne dabei ein Asket wider Willen zu werden.

Zyklus des Verlangens

Bedürfnisbefriedigung, gleich welcher Art sie ist, hat drei Phasen: Reiz, Vollzug und Echo. Der Reiz oder Schmerzimpuls initiiert, wie gesagt, den unmittelbaren Wunsch, ein Bedürfnis zu befriedigen und schafft gleichsam durch seinen Wegfall sofortige

Erleichterung. Er ist wie ein Stachel in unserem Fleisch, der bitter-süße Pein bereitet. Bereits der Vollzug der Bedürfnisbefriedigung stillt den Schmerz und wird daher als lustvoll empfunden, so wie der Genesende den Zustand der Besserung als angenehmer empfindet als den Zustand der Gesundheit. Das Echo schließlich ist die körperlich vermittelte unbewusste Erinnerung an den Vollzug, die das Bedürfnis auf eine Zeit ruhig stellt, den Bedürftigen also reizresistenter macht, gleichsam aber die Saat neuen Begehrens durch implizite positive Affirmation des Geschehenen sät.

Dieser Zyklus des Verlangens bereitet dem Menschen Lebensgenuss.

Man sieht also, es ist leicht mit dem Genuss. Man muss nur seinen Bedürfnissen folgen, dann wird alles gut. Es ist gar nichts dabei, ein genussvolles Leben zu führen. Warum haben wir aber dann behauptet, es sei eine Kunst zu genießen? Und warum tut sich der Barbar im Artifiziellen Raum so schwer damit? Warum muss er sich geradezu zwingen, *diszipliniert* zu genießen?

Zunächst ist der Zyklus von Schmerz und lustvoller Erlösung so, als strebe man an, gefoltert zu werden, um den Moment der Erleichterung, wenn er Folterknecht die Zange beiseite legt, genießen zu können. Reiner Masochismus. Der Artifizielle Raum potenziert diese masochistische Selbstfolter noch durch die Art, wie in ihm Bedürfnisse erzeugt und stets nur halb befriedigt werden. Er hält durch immer neue Bedürfnisangebote Zivis im Zustand nervöser Euphorie. Dieser Zustand, der seltener durch sensuale, häufiger durch intellektuelle Reizung hervorgebracht wird, ist indes eine Lüge, die Verschleierung einer entsetzlichen Wahrheit. Wir müssen eine weitere Unterscheidung zwischen echten, grundlegenden und für das Leben relevanten und künstlichen Bedürfnissen treffen. Echte Bedürfnisse schaffen echte Befriedigung. Falsche oder artifizielle

Bedürfnisse schaffen keine echte Befriedigung, sondern das Gegenteil.

Supplementäre Triebstrukturen, die im Primordialen Raum notwendig sind, um lebensnotwendige Bedürfnisse zu bedienen, wie etwa Neugier, Wandertrieb, Aggressivität usw. bedrohen die fragile Ordnung der Zivilisation. Sie zu kontrollieren, existieren Institutionen, die diese Triebe dämpfen (Erziehung) und/oder ableiten. Aggressivität wird beispielsweise durch passive Teilnahme an Sportveranstaltungen gedämpft. Anstatt einen Feind (oder Freund) zu bekämpfen, und sei es nur, um ihm das Seine oder die Seinen zu rauben, sitzt man vor dem Bildschirm und verfolgt irgendeine primitiv-symbolische Kriegshandlung in Gestalt eines sportlichen Wettkampfes. Den Sexualtrieb fängt die Pornoindustrie ab, Wander- und Abenteuerlust werden durch Urlaube entschärft usw.

Genuss entsteht, wenn ein Bedürfnis befriedigt wird. Wir empfinden ein Bedürfnis nach Sexualität und wir empfinden Genuss, wenn dieses gestillt wird; wir haben Hunger, also empfinden wir Genuss, wenn wir essen; wir frieren, also freuen wir uns an der Wärme eines Kleidungsstücks oder Feuers; wir sind müde und erschöpft, also erfreut uns der Schlaf usw. Echter und anhaltender Genuss wird empfunden, wenn ein echtes Bedürfnis auf natürliche Weise gestillt wird. Wer Lust auf Beischlaf hat und sich mit dem geliebten und vertrauten Partner ein paar Stunden wälzt, genießt nicht nur vor und während des Aktes, sondern auch danach. Er ist am nächsten Tag entspannt und hoch gestimmt, wenn auch ein wenig müde. Wer dagegen masturbiert, betäubt nur den das Bedürfnis begleitenden und seine Befriedigung erzwingenden Schmerz auf kurze Zeit. Wer sich pornographisches Material dabei ansieht, erhöht den Reiz des Bedürfnisses bei gleichzeitig reduzierter Befriedigung. Die Empfindungskette ist auf ein starkes Reizerleben und einen gleichsam stark verkürzten Vollzug reduziert, dem keinerlei positives Echo folgt – wer erinnert sich schon gerne jenes Samstagabends, wo man alleine vor einem Unterwäschekatalog der Mama seine Lust abgeschlagen hat? Die Folge dieser defizitären Bedürfnisbefriedigung ist Rastlosigkeit, Unzufriedenheit, bohrende, doch gleichsam gegenstandslose Sehnsucht. Denn der Reiz und der unbefriedigende Vollzug suggerieren zwar, das Bedürfnis sei befriedigt worden, in Wahrheit aber wird das Bedürfnis tatsächlich nur auf kurze Zeit betäubt, nur um dann umso stärker wiederzukehren und sein Recht einzufordern. Die blinde Sehnsucht des Zivis, die will, aber nicht weiß was, ist unfähig zu begreifen, dass ihr nicht etwas Fremdes fehlt, sondern gerade das, was sie bereits zu besitzen glaubt: Eine nahrhafte, selbst zubereitete Mahlzeit, ein liebender Partner und Bettgefährte, eine Betätigung, die etwas schafft, ein spannendes Leben mit echten Gefahren, echten Kämpfen und echten Triumphen, kurz: Ein echtes Leben. Der Wert des Lebens für den Lebenden liegt in der Intensität seiner Empfindung. Diese Empfindung, diese Erfahrung des Lebens muss erster Hand sein. Eine Vermittlung durch den Artifiziellen Raum, durch das Spiel mit der künstlichen Bedürfnisbefriedigung, erzeugt nur Erfahrungen zweiter Hand (vgl. Arnold Gehlen), die Zivis als Leibwesen nurmehr als abstrakte Ahnung einer echten Wirklichkeit, gewissermaßen virtuell empfindet. Er leidet Tantalusqualen, und er leidet sie doppelt: Tantalus weiß, was ihm fehlt, Zivis geht dagegen sogar dieses Wissen ab und so leidet er...wie ein Tier.

Kleidung

Es ist ein Gebot der Klugheit, sich seinem Umfeld angemessen zu kleiden. Man will nicht auffallen und man will nicht missfallen. Schreiende

Farben und extravagante Schnitte und Stoffe sind zu meiden. Stattdessen sollte man sich, was modisches Under-Statement anbelangt, ein Beispiel an einem Buchhalter oder Steuerberater nehmen. Eine Stoffhose, ein Hemd, eine Jacke, ein paar brauner oder schwarzer Schuhe – schon ist die Illusion perfekt. Frauen haben es hier übrigens leichter als Männer. Sie scheinen in der Wahl ihrer Bekleidung frei von jedweder modischen oder ästhetischen Beschränkung zu sein; sogar Kostüme, die einem Clown die Schamesröte ins Gesicht treiben würde, scheinen kommensurabel. Sogenannte Accessoires sind, wenn überhaupt nötig, gleichfalls indifferent und ausdrucksvoll ausdruckslos zu wählen. Geschmackvolle Geschmacklosigkeit sollte bei den industriell angefertigten Verzierungen, mit denen sich Zivis, selbst wenn er sich von der Masse abheben will, zwangsläufig uniformiert, übrigens keine Schwierigkeiten bereiten.

Problematischer ist es, die Tarnung aufrechtzuerhalten, wenn man sich aus irgendwelchen Gründen in einer Subkultur zu leben oder zu verstecken entschlossen hat. Subkulturen definieren ihre Identität oft durch Stammesbekleidung. Die dreistreifige Jogginghose nebst passenden Sneakern, die im Kiez keinerlei Argwohn erregen würden, fiele ein paar Blöcke weiter, wo man Krawatte und Sakko trägt, unangenehm auf und umgekehrt. Einen guten Mittelweg scheint es hier nicht zu geben. Ich habe versucht mit weißem Hemd, Krawatte und schwarzer Jogginghose zur Arbeit zu gehen und wurde zwanzig Minuten später ins Büro meines Chefs gebeten. Desgleichen lachte man mich in meinem Block aus, als ich mit Aktentasche, Mantel und Hoody auftauchte. „Biste Schwula ´worden, Adi, wah?!"

Sporttalk

Seine existentielle Leere füllt Zivis mit einer Reihe von sinnlosen Spektakeln, die der Artifizielle Raum reichlich zur Verfügung stellt. Was in Rom die Arena war, ist heute der sportliche Wettkampf im Stadion. Mit zunehmendem Alter scheint Zivis` Interesse an diesen Spektakeln bis zu dem Punkt zuzunehmen, wo er nurmehr an das Feld der Ehre oder die nächste Mahlzeit zu denken vermag. Dieser Zustand ist übrigens keineswegs verachtenswert oder erbärmlich, sondern gilt unter Zivis als ehrenwert und prestigeträchtig.

Wer unter Zivis lebt, muss nicht nur ihre Kleidung tragen und ihre Sprache sprechen, er muss auch ihre Interessen verstehen. Denn wie Sokrates mit seinen Mitbürgern über moralische Tugenden disputierte, so gelehrig muss man heute über das letzte Spiel zu sprechen vermögen, will man nicht als Außenseiter, Schwachkopf oder gar Bösewicht dastehen.

Es gibt zwei Möglichkeiten ein kompetenter Redner in dieser Angelegenheit zu werden: Die eine, sich den Spektakeln regelmäßig auszusetzen, sich mit ihnen zu beschäftigen und über sie zu lernen, ist für den Barbaren praktisch unmöglich, da die reinste Folter. Nie spürte ich die Endlichkeit und Fragilität meines Lebens schmerzhafter als beim Anblick kostümierter junger Männer, die wie kleine Kinder einem Ball nach hetzen und wie kleine Kinder ständig dabei umfallen. „Was könntest Du stattdessen weniger Unangenehmes tun!" murrt die Seele. „Endlich Vergil angehen, nochmal Thukydides lesen oder dir die Fußnägel knipsen…" Die zweite Möglichkeit besteht in der eleganten Spiegelung des Gegenübers. Man stimmt dessen Meinung über das Spiel des vergangenen Abends und den allgemeinen Zustand der favorisierten Mannschaft bedächtig zu, stellt ab und an offene Fragen und lächelt ein wenig dümmlich dabei. Mit bedächtigem Zustimmen, gelegentlichem Fragen und dümmlichen Lächeln habe ich mir in meinem sozialen Umfeld den Ruf eines wahres Experten in Fragen der Arena, ich meine des Stadions, erworben. Dabei beschränkt sich meine Expertise keineswegs nur auf die beliebtesten Spiele wie Fußball oder Tennis. Nein, auch im kanadischen Eishockey, Dressurreiten, Polo, Synchronturmspringen und modernem Tanz sagt man mir weitreichende Kenntnisse nach. „Ein richtiger Sportfreak", nannte mein Chef mich einmal nach einem Schwatz über den Superbowl. Ich ahne, meine herausragenden Kenntnisse werden bald zu einer Beförderung führen.

Lesen

In jedem freien Moment lesen! Man soll das Haus nie ohne Buch verlassen.

Bekanntschaften

Der Barbar kann nicht mit Zivis befreundet sein und umgekehrt. Es ist als wollten zwei grundverschiedene Spezies Freundschaft schließen. Bekanntschaften dagegen sind möglich und leider auch nötig. Man lebt ja, wenn auch verborgen und inkognito, in einer Gesellschaft und da gehört ein gewisses Maß an Geselligkeit nun einmal dazu.

Wenn man mit Zivis umgeht, ist es wichtig, die Maskierung der eigenen Identität aufrechtzuerhalten. Wer sich als Hexe outet, wird zwangsläufig auf dem Scheiterhaufen enden. Folgende Grundregeln für das gesellige Beisammensein sind also zu beachten:

1. Kein Alkohol – Alkohol rührt die Seele und löst die Zunge.

2. Kein Zusammensein unter vier Augen –

körperliche Nähe rührt die Seele und löst die Zunge. Die Ausnahme ist das Bett.

3. Nie von sich selbst reden, außer man wird gefragt. Dann aber ist knapp und allgemein zu antworten. Es ist vorteilhaft sich eine unverdächtige und sehr mittelmäßige Vorgeschichte zurechtzulegen.

4. Keine starken Meinungen äußern. Vor allem Politik und Religion sind im Gespräch zu vermeiden. Wie beim Sporttalk hilft bedächtiges Zustimmen, offene Fragen und dümmliches Lächeln kommunikative Untiefen sicher zu navigieren.

5. Dem anderen das Gefühl geben, überlegen zu sein – dies nicht nur aktiv durch dezente Komplimente, sondern vor allem passiv durch stille Zustimmung und generelles Einverständnis.

Sich würdig kleiden

Man soll sich unter Zivis so benehmen und kleiden, als stimme man mit ihrem Wahnsinn grundsätzlich überein, ohne jedoch die extremen Spitzen der Raserei mitzumachen. Als Frau muss man sich nicht wie eine Prostituierte verkleiden (noch so benehmen) oder sich wie ein Clown das Gesicht bemalen, sondern man darf und soll die Würde des eigenen Fleisches bewahren, außer natürlich man ist eine Prostituierte oder ein Clown. Entsprechend muss man als Mann nicht in kurzer Kinderkleidung oder im Lumpengewand des Obdachlosen einhergehen, außer man ist ein Kind – dann wäre man freilich kein Mann und der Ratschlag sinnlos – oder obdachlos.

In der Zivilisation hat die Bekleidung zwei Funktionen: Sie kommuniziert, wie man sich selbst sieht <u>und</u> gerne gesehen werden möchte. Der Barbar will Zivis als Mann ohne Eigenschaften erscheinen.

Nicht vergessen, wo man ist

Man trage stets einen runden, glatten Stein in der Hosentasche, der einen daran erinnert, dass man sich auf einem Maskenball befindet. Nie darf der Barbar vergessen, er ist ein Fremder in einem fremden Land.

Meinungen

Die eigene Meinung ist wie der eigene Leib. Man trägt sie nicht zu Markt und drängt sie jedem dahergelaufenen Schwachkopf auf, sondern man ehrt sie, indem man sie für sich behält und nur jemandem anträgt, der sie teilt.

Unterhaltung

Eine Unterhaltung, aus der man keinen Gewinn schlägt, ist vergeudeter Atem.

Diskutieren

Es ist sinnlos mit jemandem zu diskutieren, der nicht bereit ist, belehrt zu werden. Das gleiche gilt für einen selbst. Wer nicht belehrt werden möchte, sollte nicht die Zeit der anderen verschwenden.

Dummheiten

Man soll alle Dummheiten, die Zivis treibt, lächelnd dulden und keine mitmachen.

Schwere und leichte Arbeit

Auf die Gefahr hin mich zu wiederholen: Man soll, wo möglich, eine Arbeit suchen, die sehr leicht oder sehr schwer ist. Arbeitet man für sich und gemäß den eigenen Neigungen, soll und darf die Beschäftigung schwer und lang sein, denn sie dient ja der Auferbauung des Schaffenden durch sein Schaffen. Was Werk macht den Meister! Wer sich berufen fühlt, zu schreiben, der schreibe, bis ihm die Finger bluten. Wer sich berufen fühlt, Kinder zu gebären, der gebäre bis sein Leib versagt. Wer sich berufen fühlt Steine aufeinander zu setzen, der baue Städte, die Jahrtausende überdauern usw. Lang und schwer ist die Arbeit, die dem inneren Trieb gemäß ist. Das ist gut. Und wir wollen ja auch ein langes und schweres, d.h. an Erfahrungen reiches und interessantes Leben führen, das uns in der letzten Stunde müde, satt und lächelnd auf unserem Sterbebett findet.

Ernährt die schwere Arbeit nicht, soll man sich einen Broterwerb suchen, der diese essentielle Lebensarbeit möglichst wenig stört. Eine leichte Arbeit also, die unsere Seele nicht berührt und unseren Leib nicht über das Maß beansprucht. Eine Arbeit kurzer Stunden und kleiner Sorgen. Eine Arbeit, von der man am Ende des Tages sagen kann: „Ich habe nichts getan und man hat mir ebenfalls nichts getan. Es ist nichts passiert."

Zu meiden ist alles, was Zeit und Kraft draint, ohne mehr als das tägliche Brot dafür zu geben. Man darf nicht vergessen: Sklave ist, wer mehr gibt als nimmt.

Goethes Faust

Kein gelehriges Buch ohne Hinweis auf diesen absurden Klassiker der Bourgeoisie (so absurd wie das

Neue Testament, das in Kirchen vorgelesen aber gerade dort nicht gehört wird): Faust. Das Stück weist einen logischen Lapsus auf, bzw. das Teufelchen wird teuflisch dumm dargestellt. Denn der Vertrag mit Mephistopheles, der Faustens Seele gewinnt, wenn dieser zum Augenblick sagt: „Verweile", hätte all zu leicht erfüllt werden können, wenn der Geist, der stets verneint, dem Doktor das liebe Gretchen auf der Stelle zugegeben hätte.

Reiztechnologie

Wissensüberfluss

Das Internetzeitalter hat zur Deflation des Wissens durch seine Inflation geführt. Der Mensch erstickt am Übermaß ungefilterter Informationen. Seine Fragen bleiben mehr denn je unbeantwortet.

Globales Bewusstseins

Das Internet ist in gewisser Hinsicht der Seelenspiegel der Menschheit, ihre Identität. Und was erblicken wir, wenn wir in diesen Spiegel, in diesen Abgrund starren: Konsum, Kommerz, Pornographie und Mittel, das Überangebot an Über-Angeboten zu navigieren. Man möchte lachen oder weinen.

Nihilismus

Dank moderner Reiztechnologie leben wir komfortabel und gut informiert im Äon des Nihil, d.h. wir leben nicht.

Apotheose der Zivilisation

Reiztechnologie ist das Mittel der *Apotheose* der artifiziellen Wirklichkeit; die Apotheose der Zivilisation ist der technokratisch-kapitalistische Westen. Wie die Zivilisation dank wirklichkeitserzeugender Medien in den Stand ahumaner Göttlichkeit gelangt und die Grenzen der primordialen Wirklichkeit immer weiter hinter sich lässt, so stellt sich die irreversible Degradierung und Degeneration ihrer Träger ein, die mehr und mehr vermenschen.

Turmuhr

Mit der Etablierung der Turmuhr und der
Strukturierung des Tages in Zeitabschnitte gelang es,
den Lebensrhythmus vom Rhythmus der natürlichen
Umwelt abzukoppeln. Die Erfindung der Glühbirne ist
eine konsequente Weiterentwicklung. Sie suspendiert
den natürlichen Tag-Nacht Rhythmus. Der Mensch
wandert aus dem natürlichen in den Artifiziellen
Raum, in welchem es sich leichter über- aber schwerer
leben lässt. Er lässt bei dieser Migration seine
Menschlichkeit zurück. Im Artifiziellen Raum kann
nur ein Homunkulus, ein künstlicher Mensch,
glücklich werden.

Reizstumpfheit

Jeder Eindruck stimuliert das Bewusstsein,
sofern er die Schwelle inwendiger Filter zu
überwinden vermag, also bewusst wahrgenommen
wird. Je mehr und je stärker die Sinne bei einer
Wahrnehmung gereizt werden, desto höher ist die
Intensität des Eindrucks und desto größer auch die
Gewalt und Herrschaft, die er über das Bewusstseins
ausübt. Dass dies so ist, macht im Hinblick auf die
Überlebensfähigkeit des Menschen im Primordialen
Raum durchaus Sinn. Starke Reize indizieren häufig
Gefahr, auf die reagiert werden muss. Wer einmal das
Livekonzert einer wilden Rockband mit Hang zur
Pyromanie besucht oder auch nur einen jener
inhaltsleeren Actionfilme auf der großen Leinwand
angesehen hat, weiß ungefähr, wie es sich anfühlt,
wenn die Übermacht sensorischer Eindrücke den
Verstand auf die Bretter wirft. Die Folge der
Überreizung ist der partielle Shutdown des
Bewusstseins. Man ist ganz vom Reiz in Beschlag

genommen, wenn nicht unter größter Anstrengung diese feindliche Übernahme verhindert wird. Die Nutzung von Reiztechnologie hat den gleichen Effekt nur im Werden und Wirken über einen längeren Zeitraum verteilt. Smartphones etwa bieten die Möglichkeit permanenter Stimulanz, die ultimativ gleichfalls zur Überreizung führt. Es ist ein wenig so, als würde man Bier statt Schnaps trinken. Das Bewusstsein mag es nun nicht, ständig überreizt zu werden. Jeder Shutdown erzeugt Stress (was er tun soll) und anhaltender Stress hat katastrophale Langzeitfolgen. Es ist anstrengend, die ganze Zeit ausgeknockt zu werden. Also beschließt das zartfühlende Bewusstsein, Gegenmaßnahmen einzuleiten. Es erhöht die Filterleistung, um der Überreizung entgegenzuwirken. Irgendwann wird ein Zustand andauernder Verdumpfung erreicht, in welchem das Bewusstsein seine permanente Überforderung durch Ausfilterung hoher Reizmengen suspendiert – es reagiert einfach nicht mehr auf seine reizende Umwelt. Ein Außenstehender würde eine solche reizstumpfe Person verblödet nennen.

Eine unerwünschte Nebenwirkung dieser Verblödung ist die Unfähigkeit sich gegen normale Reize normal zu verhalten. Diese werden, wie gesagt, schlicht ausgefiltert und erreichen nur noch als dumpfes Echo das Bewusstsein. Ausgefiltert ist hier ein irreführender Begriff. Treffender wäre zu sagen, die Reize werden zwar noch wahr- aber nicht mehr für wahr genommen.

Eine weitere Nebenwirkung besteht in der paradoxen Gier nach immer neuen und stärkeren Reizen. Dies muss so sein, weil die Reizstumpfheit technisch eine Art partiellen Bewusstseinstod bedeutet. Es entfremdet sich immer weiter von der Welt, weil es diese eben nicht mehr in ihrer Bedeutung für die eigene Existenz wahrnehmen kann. Die Wirklichkeit wird so zunehmend als leer und sinnlos empfunden, ein Gefühl, das nur durch immer höhere

Dosen oder eine immer ununterbrochenere Zufuhr von Reizstimulanzen gemildert werden kann. Beschäftigungen wie konzentriertes Lesen oder nur eine Unterhaltung zu führen werden unmöglich.

Reizstumpfheit vermindert die Intensität der Lebensempfindung und ist daher etwas genuin und absolut böses. Der Barbar hält es daher mit Sankt Peter vom Zweiten: „Abschalten."

Stimulanz und Überreizung

Man kann das Glied liebevoll stimulieren oder wie irre an ihm Wetzen bis das Blut kommt. Eine Frage der Erziehung.

Schleiertechnologie

Der Erfolg der Reiztechnologie wäre unmöglich, wenn sie nicht das Leben selbst zum Gegenstand hätte, d.h. dieses dem Nutzer in einer eigentümlich komprimierten Weise vermitteln würde. Reiztechnologie vermehrt zunächst die Lebensempfindung in Quantität und Qualität um den geringen Preis ihrer Virtualisierung. Dann aber, wenn die Reizstumpfheit einsetzt, gibt es für den Nutzer keinen leichten Weg mehr ohne Verlustgefühl und Entzugsleiden zurück zu einer direkten, langsamen und lang-weiligen Weltwahrnehmung. Die nicht reizverstärkte Wirklichkeit wirkt schal, öde und deprimierend.

Der Zyklus von sich verstärkender Abhängigkeit und Depravation erinnert an den typischen Verlauf einer Drogensucht. Wenn man sich überlegt, wie Eltern und Schulen kleinen Kindern zwecks Medienkompetenz Reiztechnologie in rauen Mengen zumuten, wird einem ein wenig wirr im Kopf, nicht?

Apps

Es mag die Zeit kommen, wo ein Jüngling ohne entsprechende App seine Eier nicht mehr wird finden können.

Reiz und Genuss

Zivis verwechselt den Reiz mit dem Genuss, den er verspricht. Tatsächlich aber überdeckt der Reiz lediglich das dunkle Unbehagen, welches Zivis in den Fängen des Artifiziellen Raums permanent empfindet, nämlich: das sein Sehnen unerfüllt bleibt.

Spielplätze

Auf Spielplätzen sehe ich häufig wie Eltern, während ihre Kindlein spielen, immerzu und sehr konzentriert auf das Rechteck in ihrer Hand stieren. Was gibt es da nur zu sehen? Besser ich google das mal…

Lichter aus

Das nächste dunkle Zeitalter wird in zweierlei Hinsicht düster: Nacht in den Köpfen <u>und</u> Finsternis auf den Straßen. Aber aus der Dunkelheit wird ein neues Licht entstehen, eine Neue Welt und eine Neue Zeit. Das Spiel beginnt von vorne, eine neue Partie.

Dumme Nachträge

Das Ende

Der Scherz am Ende ist wie das Dessert nach dem Dinner oder die Zigarette nach dem Beischlaf: Überflüssig.

Fußnote zu Heraklit

Heraklit, der Dunkle, lehrt: Man kann nicht zweimal in den gleichen Fluss steigen. Er verschweigt: Man kann zweimal hinein pissen.

Der Krieg als Vater aller Dinge

Weiterhin lehrt Heraklit, der Krieg sei der Vater aller Dinge. Er meint damit schlicht, dass Entstehung kein Ereignis, sondern ein Prozess ist. Wir werden in diesem Sinne nicht geboren und sterben, sondern wir sind, was Heidegger so treffend Sein-zum-Tode genannt hat. Leben bedeutet Sterben, Sterben bedeutet Leben. Der Tod ist der fiktive Zustand der Unbewegtheit – fiktiv, weil Materie tatsächlich nie aufhört in Bewegung, in Transformation zu sein. Der Leichnam zerfällt nicht zu nichts, sondern wird Nahrung für andere Lebewesen usw. Die Unbewegtheit des Todes liegt in der Annahme, dass das Bewusstsein ohne das Sensorium des Körpers zum Stillstand gelangt wie ein Computer ohne Strom. Wir können uns als Körperwesen kein Leben ohne Körper vorstellen, darum interpretieren wir die finale und irreversible Unbewegtheit des Körpers, richtig wohl: der Übergang seiner menschlichen Gestalt in eine andere, als Ende des Lebens, weil Ende des mit dem Leib verwachsenen Bewusstseins.

Die Schöpfungskraft – auch das steckt im Wort Krieg – besitzt das gleiche zerstörerische Potential, wie die Kraft, die die Gestalt zwingt, sich wieder aufzulösen. Alles was entsteht, tut dies um den Preis der Vernichtung von anderem. Unser Leben wird mit dem Leben von Pflanzen und Tieren erhalten. Im Kampf um unser Überleben transformieren wir natürliche Ressourcen, wobei diese anderen Lebewesen verloren gehen.

Der Krieg ist der Vater aller Dinge meint: Existenz ist nicht Zustand, sondern Bewegung, Verwandlung. Jede Verwandlung ist immer zugleich schöpferisch und destruktiv. Dieses Prinzip ist auf jeden Aspekt des Lebens anwendbar.

Aufklärung

Die Kette abgeschüttelt, doch die Kerkerzelle nie verlassen.

Der Sinn des Lebens

Viele Kinder haben, große Taten vollbringen, dunkle Träume träumen, die Finger in die Lehm tauchen und im Gartenwinkel nach Geistern Ausschau halten.

Oberflächlich

Empirische Wissenschaft ist dogmatische Oberflächlichkeit.

Absolvent einer modernen Universität

Vollgestopft mit harten Fakten, doch weich in der Birne; wissend, doch unfähig Schlüsse zu ziehen; so geradlinig im Denken, dass er nur noch in Bögen gehen kann wie ein Betrunkener.

Wissenschaftliche Illusionen

Wissenschaft erzeugt die Illusion, wir verstehen, was wir messen, weil wir verstehen zu messen.

Dunkle Wolken

Regentropfen am Fenster betrachten und dabei den Sturm am Horizont übersehen.

Nussknacker

Die Wahrheit ist wie eine Nuss. Sie muss geknackt werden, sonst beißt man sich die Zähne an ihr aus.

Weit- und Kurzsicht

Grauenhaft, dem Horizont zuzuwandern; schrecklich, auf die Fußspitzen zu starren.

Beschränkungen

Unser Verstand ist, weil dem Leib einverleibt, endlich und begrenzt wie jener. Er operiert gemäß den strikten Regeln der Sprache, ist beschränkt durch ein schwaches Sensorium und starke Filter, die ihn vor der

Wirklichkeit behüten. Innerhalb seiner Limitationen ist er indes frei; ein Gefangener, der von der Freiheit träumt.

Prädestination

Die Lehre von der doppelten Prädestination war die größte Wohltat, die die Menschheit vom Christentum je zu erfahren hoffen durfte. Denn ist der Ruf ~~erst~~ bereits ruiniert, lebt es sich ganz ungeniert.

Widerstand gegen die Prädestinationslehre

Der Widerstand gegen die Lehre von der Vorherbestimmung erwächst aus dem Aberglauben, der Mensch habe einen freien Willen und könne sich aufgrund dessen frei entscheiden. Der freie Wille aber ist nichts als die Möhre, die uns vor Augen gehalten wird, damit wir einen Grund haben, zu gehen, wohin das Ding auf unserem Rücken eben *will*.

Die Weisheit alter Männer

Es ist, was es ist.

Frauen

Frauen sind schwächer, körperlich wie geistig. Sie sind unvernünftig oder übervernünftig. Sie blühen zehn oder fünfzehn Jahre, wenn sie überhaupt blühen. Danach büßen sie auch ihr letztes hohes Attribut, ihre sexuelle Attraktivität, ein. Es bleiben groteske Hüllen übrig, die sich nutzlos durch ein nutzlos gewordenes Dasein schleppen. Die Geschichte kennt keine wirklich große Schriftstellerin, Philosophin, Staatsfrau, Eroberin, Baumeisterin oder Künstlerin.

Selbst in den vergangenen Jahrzehnten, die volle Gleichberechtigung und Gleichmachung der Geschlechter propagiert haben, hat sich an diesem Zustand nichts geändert. Das Gegenteil: Die Frauen der Moderne haben ihre Reize vollends um Willen einer absurden, da unmöglichen Gleichstellung mit dem Mann aufgegeben, d.h. sich selbst um das, was sie auszeichnet, erniedrigt: Sie äffen Affen nach.

Die Erlösung der Frau war und ist das Muttertum. In ihm kehrt sich alles um, in ihm vollendet sich die Frau, findet Erfüllung und Vollkommenheit. Das Mangelwesen, die Männin, wird zur lebensspendenden Gottheit, vor der scheu und bebend selbst die stärksten Männer anbetend auf die Knie sinken. Denn wir alle sind aus dem Schoß einer Mutter gekrochen. Die Frau ist entweder Pforte des Lebens oder des Todes.

Das Lied von der Liebe

Eine Frau ist erst Mauer, dann Pforte, endlich Meer. Nie darf das Gefäß des Lebens zu einem Grab werden.

Feminismus

Feminismus ist eine Ideologie, die die Minderwertigkeit der Frau dadurch konstituiert, dass sie verlangt, sie solle wie der Mann sein. Und so ist die emanzipierte Frau keine Frau mehr, sondern nur noch das lächerliche Abziehbild des Mannes, der sie mit Recht dafür verachtet.

Sünderinnen

Eine Frau, die ohne Not kinderlos bleibt, ist eine Sünderin. Ihre Sünde, die Verweigerung ihrer Bestimmung zu folgen und ein Vehikel des Lebens zu sein, ist todeswürdig – nicht für sie, sondern für die Generationen, denen sie den Zutritt in diese Welt versagt.

Heilige

Das promiskuitive Mädchen, das mit zweiundzwanzig bereits fünf gesunde Kinder von fünf Männern geboren hat, ist eine Heilige – eine dumme Heilige, aber nichtsdestotrotz eine Heilige. Dieses Argument ist übrigens bestens im guten Buch fundiert. Der Erlöser der gefallenen Menschheit ist durchaus außerehelich empfangen worden.

Das letzte Wort

Atem, Atem, es ist alles Atem.

→ → →

Lesetipps

→ → →

Caligula
Kindheit und Jugend eines Gottes
von **Marcus Caracalla**
ISBN: 978-3-7386-5639-8

Auf dem Höhepunkt seiner Macht leidet das römische Imperium unter den mörderischen Rivalitäten und der wachsenden Dekadenz seiner Oberschicht. In diese Zeit des sittlichen Verfalls wird Caligula hineingeboren. Bis heute ist er der Welt als geisteskranker Despot in Erinnerung geblieben; ein Mensch, der am Ende seines Lebens nicht einmal davor zurückschreckte, seine Schwester zu heiraten und sich selbst als Gott verehren zu lassen.

Dieser erste Band einer Trilogie erzählt von der Kindheit und Jugend des späteren Kaisers. Weil sein Vater nach dem Tod des Augustus vor den neuen Herrschern Roms fliehen muss, wächst Caligula im unwirtlichen Norden des Reichs auf. Das raue Lagerleben und ständige Kriegsgefahr prägen seine ersten Jahre. Er muss sich gegen Gleichaltrige durchsetzen und lernt früh, dass einzig Rücksichtslosigkeit und Brutalität zum Ziel führen. Als sein Vater nach Rom zurückberufen wird, gerät Caligula in einen Strudel von Intrigen und Verrat. Sein Leben schwebt in ständiger Gefahr. Nicht nur der irrsinnige Tiberius, auch Seian, der machthungrige Präfekt der Prätorianer, und Livia, die hinterhältige Mutter des Kaisers, haben es auf ihn abgesehen. Nur in dem er sich an die perverse Wirklichkeit anpasst, gelingt es ihm, zu überleben.

Caligula
Die Lehren von Fleisch und Blut
von **Marcus Caracalla**
ISBN: 978-3748137627

Tiberius entführt den jungen Caligula in sein Exil auf Capri. Dort, im berüchtigten Haus des Jupiters, wird Caligula Zeuge und unfreiwilliger Gehilfe der unmenschlichen Machenschaften des dahinsiechenden Kaisers. Währenddessen kämpfen in Rom Caligulas Familie, Tiberius und der ehrgeizige Prätorianerpräfekt Seian um die Macht im Reich; ein Streit, der vor keinem noch so skrupellosen Mittel zurückschreckt. Bald mengt sich in den Straßen der ewigen Stadt das Blut der Unschuldigen mit dem ihrer Mörder.

Labyrinth
von **Marcus Caracalla**
ISBN: 978-3-7386-1462-6

Ein Werk von erstaunlicher Kraft und Tiefe!
Tief wie das sagenhafte Labyrinth des Minos, in dessen innerster Kammer ein Scheusal auf den blutigen Tribut wartet. Kraftvoll wie die Protagonisten, Ariadne, Theseus, Phaidra, Daidalos und all die anderen, die sich im tausendzimmerigen Palast des Königs in einem Netz von Grausamkeit und Lügen gefangen finden.
Erzählt wird vom Schicksal der Schicksalslosen, von der Schuld der Unschuldigen und von ihren vergeblichen Versuchen, sich aus den Verstrickungen der Gewalt zu befreien. Inzest, Sadismus und Wahnsinn herrschen im goldenen Haus des Minos, aus dem kein Entkommen möglich scheint.
Der minoische Sagenkreis bildet die Grundlage dieses Romans der Antihelden, die zugleich Täter und Opfer sind. Er berichtet ihre Geschichte, zeigt ihre Perspektive und die finale Ausweglosigkeit ihres Handelns. Am Ende zermalmt sie die Katastrophe, die sie selbst heraufbeschworen haben.

Aussteigen – Light!

Ein familientauglicher Ratgeber wie man mit wenig Geld komfortabel lebt
von **Andreas N. Graf**
ISBN: 978-3-7386-5305-2

Gut leben mit sehr wenig Geld? Geht das? Klar doch!
Es ist möglich und gar nicht mal so schwer, wenn man weiß, wie.
Dieses Büchlein zeigt anhand der alltäglichen Lebenspraxis einer vierköpfigen Familie, wie man es machen kann.
Ein witziger Ratgeber für alle, die sanft aussteigen wollen!
Ein Buch für
...Faulpelze und Philosophen.
...für Menschen, die weniger arbeiten und mehr spielen wollen.
...für Ungeduldige, die ihren Ruhestand nicht erwarten können.
...für Querdenker, die sich nicht unterordnen wollen.
...für Leute, die nicht viel vom Geldverdienen halten.

...für jeden, der mit wenig, sehr wenig Knete, gut leben möchte.

Gebrauchte Häuser kaufen und für (fast) lau herrichten

Ein Ratgeber für erfolgreichen Immobilienerwerb
und – renovierung mit kleinem Geldbeutel
von **Andreas N. Graf**
ISBN: 978-3-7392-1890-8

Viele Menschen träumen vom eigenen Heim. Aber vier Wände und ein Dach darauf genügen den meisten verständlicherweise nicht. Es soll ein hergerichtetes Häuslein in guter Stadt(-rand)-lage sein - und das am besten zum unschlagbaren Schnäppchenpreis. Diese irrealen Träumereien wird auch dieses Buch nicht wahr machen können – das will es auch gar nicht. Was es will, ist, zu zeigen, wie man mit extrem schmalen Budget zu einem passenden Haus in vernünftiger Lage kommen und wie man dieses wohnlich und komfortabel machen kann. Der Trick ist, sich von konventionellen Denk- und Handlungsmustern abzuwenden und neue, d.h. alte, traditionelle Wege zu beschreiten. Die wichtigsten Begleiter dabei sind ein gesunder Menschenverstand, Bescheidenheit und der Mut, sich seines eigenen Verstandes zu bedienen. Vom Finden eines (wirklich) geeigneten Objekts bis zu Fragen des Heizens und Lüftens werden etliche zentrale Fragen rund um das Kaufen und Instandsetzen einer gebrauchten Immobilie behandelt.

Von der Hausgeburt bis zum Homeschooling

Praktische Rat- und Rundschläge für die
artgerechte Erziehung menschlicher Kinder
von **Sybille** und **Andreas N. Graf**
ISBN: 978-3-7460-1635-1

Dieses Büchlein beschäftigt sich mit allen möglichen und unmöglichen Fragen rund um das Thema des Nachwuchs und seiner Erziehung. Neben Schwangerschaft, Hausgeburt und der Einrichtung des Kinderzimmers werden auch viele allzu menschliche Probleme wie das Zahnen, Homeschooling, häusliche Disziplin, das Lesenlernen u.v.m. besprochen. Leicht geschrieben, teilen Sibylle und Andreas ihre alltäglichen Erfahrungen, immer schonungslos ehrlich und manchmal hoffnungslos amüsant.

Pan

Die Götter Amerikas I
von **Aaron Toth**
ISBN: 978-3-8448-1276-8

Paul Newfield, ein gefeierter Bildhauer und Soziopath,
lebt zurückgezogen in einer Hütte irgendwo in den
Catskill Mountains. Eines Tages taucht Amanda Burden,
eine junge New Yorker Kunststudentin, wie aus dem
Nichts bei ihm auf und bringt sein ruhiges Leben völlig
aus der Bahn. Eine romantische Affäre entwickelt sich,
die beide an den Rand ihrer Kräfte und Möglichkeiten
führt. Zwischen dem Einsiedler und der Studentin stehen
Welten, die unvereinbar scheinen. Für die beiden gibt es
nur einen Weg, ihre inneren Dämonen zu überwinden
und einander zu erlösen – doch der Preis ist tödlich.

LOCVSTA

Der Gesang der Entstehung
von **Marcus Caracalla**
ISBN: 978-3751936842

Der Roman verfolgt den Werdegang von Locusta, der berühmtesten Giftmischerin aller Zeiten. Geboren als gallische Sklavin im Norden des römischen Imperiums findet sie sich bald verstrickt in die Intrigen und Machtkämpfe des jungen Kaiserreichs. Tiberius, Caligula, Seian, Messalina und Claudius nutzen ihre tödlichen Künste, bis sie ihnen selbst zum Opfer fallen. Locusta steht dem um sie wirbelndem Chaos von Meuchelmord und Verrat als stiller Pol gegenüber, unfähig aus der passiven Rolle des Werkzeugs herauszutreten und gefangen in einer inneren Welt, in der die Grenzen von Traum und Wirklichkeit verschwimmen.